教师教育系列教材

幼儿园健康教育与活动
(微课版)

苑海燕　佟晓川　主　编
金雪菲　王梦雨　副主编

清华大学出版社
北京

内 容 简 介

本书是一本专为学前教育专业学生、幼儿园教师及家长设计的健康教育指导教材。全书共分八章，系统且全面地介绍了幼儿园健康教育的理念、内容和方法。

本书第一章从幼儿园健康教育的相关概念、意义、原则等方面进行概述，并尝试从《幼儿园教育指导纲要(试行)》与《3—6 岁儿童学习与发展指南》两个权威文件的视角审视学前儿童健康教育，为后续章节的学习奠定了理论基础。第二章至第六章，分别聚焦于幼儿身体保健教育、幼儿体育活动、幼儿园安全教育活动、幼儿园饮食营养教育活动与心理健康教育活动。这些章节详细介绍了针对不同年龄段幼儿的健康教育内容、目标、原则和方法。第七章与第八章以教育部对师范类专业认证的标准为导向，详细介绍了幼儿园健康教育活动说课与听课的相关内容。

本书的特色在于系统性和实用性。一方面，全书内容紧扣幼儿园健康教育的实际需求，注重理论与实践相结合；另一方面，书中配备了丰富的案例和活动设计，方便教师和家长在实际教学中进行操作。此外，本书还注重家园共育理念，强调家长在健康教育中的重要作用。

本书是一本兼具理论性和实践性的教材，无论是学前教育专业的学生，还是幼儿园的教师或家长，都能通过学习本书，更好地理解和实施健康教育，促进幼儿的全面发展。

图书在版编目(CIP)数据

幼儿园健康教育与活动：微课版 / 苑海燕，佟晓川主编. -- 北京 ：清华大学出版社，2025.9.
(教师教育系列教材). -- ISBN 978-7-302-70126-2

Ⅰ. G613.3

中国国家版本馆 CIP 数据核字第 2025ZE8651 号

责任编辑：陈冬梅
装帧设计：刘孝琼
责任校对：么丽娟
责任印制：刘 菲

出版发行：清华大学出版社

    网   址：https://www.tup.com.cn, https://www.wqxuetang.com
    地   址：北京清华大学学研大厦 A 座   邮   编：100084
    社 总 机：010-83470000   邮   购：010-62786544
    投稿与读者服务：010-62776969, c-service@tup.tsinghua.edu.cn
    质量反馈：010-62772015, zhiliang@tup.tsinghua.edu.cn
    课件下载：https://www.tup.com.cn, 010-62791865

印 装 者：三河市人民印务有限公司
经 销：全国新华书店
开 本：185mm×260mm   印 张：13.25   字 数：322 千字
版 次：2025 年 9 月第 1 版   印 次：2025 年 9 月第 1 次印刷
定 价：49.80 元

产品编号：097768-01

前　言

党的二十大报告指出，坚持以人民为中心发展教育，加快建设高质量教育体系，发展素质教育，促进教育公平。加快义务教育优质均衡发展和城乡一体化，优化区域教育资源配置，强化学前教育、特殊教育普惠发展，坚持高中阶段学校多样化发展，完善覆盖全学段学生资助体系。学前教育作为基础教育的基石，培养优秀的幼儿教师显得尤为重要。本书编写团队深入领会党对教育的要求，确保教材内容符合党对高校人才培养的总体要求。同时，根据教育部相关文件，明确课程与教学改革要解决的重点问题，结合地方本科师范类学校的办学定位，确定课程目标，精选课程内容，不断丰富教材资源。

2017年，《教育部关于印发〈普通高等学校师范类专业认证实施办法(暂行)〉的通知》提出，为贯彻落实党的十九大精神，培养高素质教师队伍，按照国家教育事业发展"十三五"规划工作要求，推进教师教育质量保障体系建设，提高师范类专业人才培养质量，决定开展普通高等学校师范类专业认证工作。该实施办法规定，认证以"学生中心、产出导向、持续改进"为基本理念。学生中心，强调遵循师范生成长成才规律，以师范生为中心配置教育资源、组织课程和实施教学；产出导向，强调以师范生的学习效果为导向，对照师范毕业生核心能力素质要求，评价师范类专业人才培养质量；持续改进，强调对师范类专业教学进行全方位、全过程评价，并将评价结果应用于教学改进，推动师范类专业人才培养质量的持续提升。该实施办法对学前教育专业的教材提出了新要求。

本书面向学前教育专业的本科与专科层次，立足教育部师范类专业认证的思想与原则进行编写。本书第一章从幼儿园健康教育的相关概念、意义、原则与途径等方面进行概述，并尝试从《幼儿园教育指导纲要(试行)》与《3—6岁儿童学习与发展指南》两个权威文件的视角审视学前儿童健康教育；第二章到第六章分别从幼儿园健康教育五大方面的内容阐释其教育活动的目标、内容、设计与实施；第七章与第八章为本书的创新之处，以教育部对师范类专业认证的标准为导向，详细介绍了幼儿园健康教育活动说课与听课的相关内容。本书编写体例新颖，结构清晰，形式活泼，内容贴近实际，理论联系实际，体现了应用性和实践性的特色，既便于在教师指导下学习，又有利于学生自学。

本书由沈阳大学师范学院苑海燕和辽宁师范高等专科学校的佟晓川担任主编，负责全书大纲的拟定和书稿的统筹。具体分工如下：苑海燕负责第一、五、六、七、八章；佟晓川负责第二、三、四章；金雪菲参与编写第五章；王梦雨参与编写第六章。

最后，对本书所参考的诸多资料与研究成果的作者表示衷心的感谢。由于编者水平有限，书中难免存在一些疏漏和不妥之处，希望专家、学者、同人给予批评指正。

编　者

目　　录

第一章　幼儿园健康教育概述

本章学习目标

➢ 了解健康的含义与标志。
➢ 掌握幼儿健康的含义、特性与标志。
➢ 重点掌握幼儿健康的影响因素。
➢ 重点掌握幼儿园健康教育的意义与任务。
➢ 了解幼儿园健康教育评价的内涵与原则。
➢ 重点掌握幼儿园健康教育评价的内容、类型与方法。
➢ 了解《幼儿园教育指导纲要(试行)》中健康教育领域的内容与解读。
➢ 了解《3—6岁儿童学习与发展指南》中健康教育领域的要点与解读。

重点与难点

➢ 幼儿健康的影响因素。
➢ 幼儿园健康教育的意义与任务。
➢ 幼儿园健康教育评价的内容、类型与方法。

导入案例

一位研究人员针对3~6岁幼儿健康生活素养存在的问题，在重庆开展了深入调研。以下是部分幼儿教师针对访谈问题的相关回答。

教师A1："我觉得如今的孩子内心较为脆弱，难以接受批评。有时候只是正常指出他们的错误，他们就难以接受。因此，心理素质培养十分重要。"

教师A2："我们幼儿园缺少有关心理健康教育的课程，多数时候我们只能在日常活动中对孩子进行引导。"

教师B1："我们幼儿园没有专门的心理健康相关课程，教材里偶尔会有相关内容，但数量极少。而且我们自身也缺乏专业知识，遇到孩子情绪方面的问题时，只能简单地进行安慰。"

教师B2："很多小朋友不敢直面挫折，畏难情绪极为严重。这与家庭教育有很大关系，父母常常过度宠爱孩子，无法接受孩子的不良情绪，进而偏袒小朋友。这不是一个好现象。"

教师A3："现在很多家长主张快乐教育，一旦孩子出现不高兴、失落等情绪，他们往往认为是教师教育过于严格所致。有时候，我们都不敢批评孩子。"

从以上访谈内容能够看出，幼儿身心健康素养方面，尤其是心理健康教育方面，无论是教师在日常教育中的涉及频率，还是幼儿园相关课程的设置，都存在严重不足。同时，教师缺乏心理健康领域的专业素养，也是导致幼儿身心健康素养发展水平较低的重要因素。此外，还有部分教师提到家庭教育对孩子身心发展的影响，他们认为家庭的溺爱和不当观念，也是许多孩子身体素质较差、内心脆弱的重要原因。

(田楠.3—6岁幼儿健康生活素养培育研究——以重庆城镇幼儿园为例[D]. 重庆: 西南大学，2021.)

第一节 健康与幼儿健康

幼儿期是身体和心理发育的重要时期，维护和促进幼儿身心健康，不仅关系到幼儿当前的健康状况，也将对其未来的发展产生重要而深远的影响。树立正确的健康观念是开展幼儿园健康领域工作，促进幼儿健康成长的认知基础。

一、健康的含义与标志

健康是人类生存和发展的基础，是人类一直追求的目标之一，也是人类的基本需要和权利。每个人都希望自己能拥有健康。从古至今，任何时代和民族都会把健康视为人生的第一需要。古希腊哲学家苏格拉底(Socrates)说，健康是人生最可贵的。美国思想家拉尔夫·沃尔多·爱默生(Ralph Waldo Emerson)说，健康是人生第一财富。德国思想家卡尔·海因里希·马克思(Karl Heinrich Marx)也认为，健康是人的第一权利，是一切人类生存的第一个前提，也是一切历史的第一个前提。可见，健康作为人类的共同追求目标由来已久。没有健康的人生，一切都会黯然失色，这就要求人们重视健康、维护健康，而这一切都要从正确认识健康的内涵开始。

(一)健康的含义

20 世纪 30 年代，美国心理学家戈登·H. 鲍尔(Gordon H.Bower)和斯坦利·霍尔(Stanley Hall)对健康给出了一个较为完整的定义，"健康是人们在身体、心情和精神方面都自觉良好、精力充沛的一种状态。其基础在于机体一切器官和组织机能正常，并掌握和实行适应物质、精神环境和健康生活的科学规律"。1948 年，世界卫生组织(World Health Organization，WHO)在宪章中指出，"健康不仅是没有疾病或虚弱，而是身体上、精神上和社会适应方面的完美状态"。美国社会学家塔尔科特·帕森斯(Talcott Parsons)则从社会文化学角度对健康进行定义，"健康可以理解为社会化的个人完成角色和任务的能力处于最适当的状态"。这些关于健康的定义，把人的健康从生物学的意义，扩展到了精神和社会关系(社会相互影响的质量)方面的健康状态，把人的身心、家庭和社会生活的健康状态均包括在内。

1978 年，国际初级卫生保健大会发表的《阿拉木图宣言》进一步重申了健康的含义，即"健康不仅是疾病与体弱的消失，而且是身心健康、社会幸福的完美状态"。1990 年，世界卫生组织又进一步深化了健康的概念，认为健康包括身体健康、心理健康、社会适应健康和道德健康四个方面皆健全。其中，身体健康是指躯体、器官、组织、细胞等形态、机能正常，生长发育良好，生理反应正常，能够承担负荷后的适宜反应；心理健康是指在各种环境中能保持良好的心理效能状态,内心世界丰富充实,能够适应外界变化;社会适应健康是指在与他人及社会环境的相互作用下,有良好的人际交往关系和适应社会角色的能力,这些角色包括职业角色、家庭角色,以及学习、工作、娱乐、社交中的角色转换;道德健康是指不能损害他人利益来满足自我需求,能按照社会公认的道德行为规范准则约束自己及支配自己的思维和行为,具有分辨真伪、善恶、荣辱的是非观及能力。我们认为这是目前人类对健康较为全面、完整的观点。

(二)健康的标志

怎样才算健康呢?世界卫生组织对健康的定义中包含三个层次的含义。一是身体健康,即生理状态良好,人体各器官、系统的功能正常,没有疾病和身体残缺,精力充沛。二是心理健康,表现为三个方面的良好状态,即良好的个性人格、良好的处世能力和良好的人际关系。三是社会健康,即个体能很好地适应周围环境、社会生活的各个方面,使自己的思想、情感和行为与社会环境的要求相协调,从而适应生活的各种变化。

1999 年,世界卫生组织提出了人类新的健康标准,即"五快三良好"。身体健康标准为"五快",具体内容如下。

(1) 吃得快:进餐时,有良好的食欲,不挑食,并能很快吃完一顿饭。

(2) 便得快:一旦有便意,能迅速排泄大小便,而且感觉良好。

(3) 睡得快:有睡意时,上床后能很快入睡,且睡眠质量好,醒后头脑清醒,精神饱满。

(4) 说得快:思维敏捷,口齿清晰。

(5) 走得快:行走自如,步履轻盈。

心理健康方面也有"三良好"的标准,具体内容如下。

(1) 良好的个性。情绪稳定,性格温和;意志坚强,感情丰富;胸怀坦荡,豁达乐观。

(2) 良好的处世能力。观察问题客观、现实,具有较好的自我控制能力,能适应复杂的社会环境变化。

(3) 良好的人际关系。助人为乐,与人为善,对人际关系充满热情。

由此可见,健康是一个立体、全方位的概念。首先,就个体发展而言,其生物性和社会性的发展都依赖于健康的维系。从婴儿诞生起,其对周围环境和抚养人的高度依赖,童年早期机体各器官功能的逐渐成熟,以及日后身体各部位生长发育所需的保护,都与健康密切相关。其次,人的社会性决定了随着年龄增长,个体必然会受到家庭、邻里、集体生活机构、社区和国家等因素的影响,这些因素会直接或间接地作用于其行为,使社会因素与生物、心理因素相互交织,影响和制约着人的心理健康。最后,在信息时代,幼儿可能处于相互矛盾的生存环境中。一方面,高度发达的科技创新和日益丰富的物质产品为幼儿提供了广阔的生活平台;另一方面,这个生活平台也因利益驱动变得不那么纯粹和优质。因此,主体与客体的平衡、与人交往的协调、面对环境变化的适应都必须以健康为前提条件。

二、幼儿健康

幼儿是指 0~6 岁的儿童。他们的身体和心理都处于不断生长发育的过程中,并在与周围环境和人的相互作用下逐步实现社会化，因此，我们不仅要将他们看作身体各系统不断生长、功能不断完善的生物个体，还要将其作为心理不断发展、持续与环境和人相互交往、相互作用的社会人来看待。

(一)幼儿健康的含义与特性

幼儿健康是指学前阶段幼儿身体的各个器官、组织生长发育正常，没有生理缺陷，能有效抵抗各种急性、慢性疾病，体质不断增强。同时，其心理发展达到相应年龄组幼儿的正常水平，情绪积极，性格开朗，没有心理障碍，对环境有较快的适应能力。幼儿健康的特性主要表现在以下五个方面。

(1) 幼儿健康主要包括身体、心理健康和社会性的良好发展。在以往的学前教育实践中，受历史因素影响，在幼儿健康问题上往往只关注其身体健康，对于其心理健康与社会性的良好发展问题则缺乏必要的重视。随着社会的发展和科技的进步，人们已经逐渐认识到心理健康与身体健康是密不可分的，幼儿心理因素对于其健康所起的作用在一定意义上甚至超过生理因素，身体健康是幼儿健康的基础，良好的心理状态是保证幼儿健康的基本条件。社会性健康则反映和保障着幼儿的心理健康发展。幼儿健康由身体健康、心理健康和社会性健康发展 3 个方面构成，不可分割。

(2) 幼儿健康首先意味着持续正常的生长发育，应当呈持续上升趋势。从幼儿健康的内涵来看，解剖结构的完整和生理机能的正常是幼儿身心良好发展的物质基础。持续正常的生长发育是指身体器官组织的构造正常，各个生理系统的主要功能发挥良好，能够有效抵抗各种疾病，体质不断增强。从幼儿发展的总体情况来看，随着年龄的增长，其生长发育是沿着幼稚—成熟—完善的方向逐步推进的；从幼儿发展的整体趋势来看，无论是身体发育、心理发展，还是社会性发展都应呈持续上升趋势。良好的身体基础源于优生优育及后天的培养锻炼，这也正是平时所说的提高人口素质的"三优"，即优生、优育、优教。

(3) 幼儿身心发育水平存在个体差异，但总体发展水平必须保持在正常范围内，与同龄幼儿的发展水平相近。由于个体遗传、生活环境等方面的差异，幼儿在身体发育和心理发展上往往表现出不同的特点，这种个体差异即使在相同年龄、相同性别的幼儿群体中，也表现出不同的特点。例如，幼儿在身高、体重、机能及认知、情感、意志等方面的发展，往往表现出发展水平上的差异。我们应当认识到，幼儿间的发展水平存在个体差异，但只要幼儿的发展水平未超出其年龄段应有的正常范围，都可以视作健康。

(4) 幼儿心理健康的重要前提是认知能力的发展，特别是智力的正常发展，这是幼儿生活、学习和社交的基础。从心理学的角度来看，人的心理健康发展依赖于良好的认知，幼儿在社会生活中通过不断的认知，体会真挚的情感，培养基本的意志品质，从而影响其良好个性的发展。总之，幼儿只有在认知得到良好发展的情况下，才能进行正常的心理活动，心理才能健康发展。对于幼儿而言，幼儿心理健康意味着认知能力发展正常，情绪反应适度，社会适应良好，人格健全。

(5) 幼儿社会性健康发展是幼儿健康不可分割的组成部分。幼儿的社会性健康包括正确的社会认知与社会情感、良好的自我意识、熟练的社会技能、高尚的道德品质和良好的社会适应性。随着社会的发展和人们认识水平的提高，幼儿社会教育受到越来越多的关注，社会性健康发展是幼儿健康的重要组成部分，也是学前教育的基本任务。《幼儿园教育指导纲要(试行)》①对幼儿社会性健康的标准进行了详尽的阐释。幼儿的社会性健康发展可以有效地促进心理健康和身体健康。学前阶段是幼儿社会性发展的关键期，幼儿的自我意识、交往能力、人际关系和对社会环境的认知与适应能力是幼儿社会健康应当关注的重点，这些因素会对幼儿一生的身心健康产生深远影响，这一点已成为当今社会的共识。

《纲要》指出："在重视幼儿身体健康的同时，要高度重视幼儿的心理健康。"所以在促进幼儿健康的过程中，既要重视其身体健康，又要重视其心理健康和适应能力的培养。一个人只有在身体、心理和社会适应等方面都健全，才是健康的人。因此，幼儿在幼儿园期间，幼儿园必须加强对幼儿的健康服务和保育，对其进行精心的照顾和养育，培养他们的独立生活能力和自我保护能力，预防身心疾病的发生，同时关注幼儿的情绪和需求促进其身心和谐健康发展。

(二)幼儿健康的标志

幼儿健康是一个动态的过程，只有及时了解、准确评价幼儿的健康状态，才能更积极地改进和完善幼儿园健康教育工作。《3—6岁儿童学习与发展指南》②中指出，发育良好的身体、愉快的情绪、强健的体质、协调的动作、良好的生活习惯和基本生活能力是幼儿身心健康的重要标志。

1. 身体健康

1) 生长发育良好

身高、体重、头围、胸围等各项体格发育指标、生理机能指标和生化指标符合健康标准，食欲良好、睡眠充足、精力充沛等。

2) 机体对内外界环境有一定的适应能力

幼儿具有一定的抵抗疾病的能力，较少生病，对冷热等环境的变化具有适应能力。

3) 体能发展良好

幼儿的活动能力发展正常，各种基本动作(抬头、翻身、坐、爬、站立、走、跑)适时出现；肌肉较有力，身体动作较平稳、准确、灵敏协调，手、眼协调能力发展良好；等等。

2. 心理健康

1) 动作发展正常

动作发展与脑的形态及功能的发育密切相关，幼儿躯体大动作和手指精细动作的发展水平处于正常范围是心理健康的基本条件。

2) 认知发展正常

具备的一定的认知能力是幼儿生活与学习的重要条件。学前期是幼儿认知发展极为迅速的时期，因此应避免各种原因造成的脑损伤或不适宜的环境刺激，防止幼儿产生不健康的心理。

3) 情绪健康，反应适度

情绪健康是心理健康的重要组成部分。积极的情绪状态可以提高幼儿活动的效率，同

---

① 本书以下正文统一简称为《纲要》。
② 本书以下正文统一简称为《指南》。

时，积极的情绪状态反映了中枢神经系统功能的协调性，也表明个体的身心处于良好的平衡状态。幼儿的情绪表现出较大的冲动性和易变性，但随着年龄的增长，他们的情绪自我调节能力增强，稳定性逐渐提升，并开始学会恰当地发泄消极情绪。

4) 人际关系融洽

幼儿之间的交往是维持心理健康的重要条件，也是获得心理健康的必要途径。心理健康的幼儿乐于与人交往，能与同伴合作，在游戏中能够谦让待人。

5) 性格特征良好

性格是个性最核心、最本质的表现，它反映在对客观现实的稳定态度和习惯化了的行为方式中。心理健康的幼儿，一般具有热情、勇敢、自信、主动、合作等性格特征。

6) 没有严重的心理卫生问题

幼儿由于发育不完善，极易产生心理问题，其不健康的心理往往以各种行为方式表现出来，如吮吸手指、遗尿、口吃、多动等。心理健康的幼儿应没有严重的或复杂的心理卫生问题。

3. 社会性发展良好

良好的社会性是幼儿智力发展的基础，也是幼儿终身发展的需要。幼儿良好的社会性发展是指他们在与他人互动中逐渐形成的社会行为和情感发展，这包括建立亲密关系、理解分享他人情感、合作与分享、解决冲突的能力。这种发展有助于幼儿建立良好的人际关系，培养积极向上的社交技能，增强自信心和自尊心，促进认知发展，提高思维能力和问题解决能力，以及更好地适应幼儿园和学校生活。

(三)幼儿健康的影响因素

20 世纪 70 年代中期，美国教育学家本杰明·布鲁姆(Benjamin Bloom)提出了考量个体或群体健康状态的公式 HS= f(E)+ACHS+B+LS。其中，HS 表示健康状态，E 表示环境因素，ACHS 表示保健设施的易获得性，B 表示生物学因素，LS 表示生活方式因素。健康是这 4 类因素相互交叉、渗透、影响、制约等综合作用的结果。

人的身体健康、心理健康和社会适应能力既依赖于他们个体的遗传特质、成长状况，也与他们所处的环境密切相关。世界卫生组织经研究发现：在影响个人健康和寿命的四大因素中，生物学因素占 15%，环境因素占 17%，卫生医疗服务与保健设施因素占 8%，生活方式因素占 60%。

1. 生物学因素

生物学因素包括遗传和心理。影响健康的生物学因素包括由病原微生物引起的传染病和感染性疾病；某些遗传或非遗传的内在缺陷、变异、老化导致人体发育畸形、代谢障碍、内分泌失调和免疫功能异常等。遗传还与高血压、糖尿病、肿瘤等疾病的发生有关。近年来，由于传染病发病率的下降和环境条件的改善，遗传因素在许多疾病成因中所占的比重越来越显著，遗传疾病也越来越凸显。根据最新研究，目前已知由遗传因素直接引起的人类遗传性缺陷和遗传疾病近 3000 种，占人类各种疾病的 1/5 以上。在社区人群中，特定的人群特征如年龄、民族、婚姻对某些疾病的易感性、遗传危险性等，是影响该社区健康水平的生物学因素。遗传是不可改变的因素，但心理因素可以改变，保持积极心理状态是保持和增进健康的必要条件。身体健康是心理健康的基础，而心理健康又是身体健康的必要条件。生理活动与心理活动是相互联系、互相影响的。

2. 环境因素

环境包括自然环境与社会环境。

1) 自然环境

自然环境是指围绕人类周围的客观物质世界，如水、空气、土壤及其他生物等。自然环境是人类生存的必要条件。在自然环境中，影响人类健康的因素主要有生物因素、物理因素和化学因素。

自然环境中的生物因素包括动物、植物及微生物。一些动物、植物及微生物为人类的生存提供了必要的保障，但另一些动物、植物及微生物却通过直接或间接的方式影响甚至危害人类的健康。

自然环境中的物理因素包括气流、气温、气压、噪声、电离辐射、电磁辐射等。在自然状况下，物理因素一般对人类无危害，但当某些物理因素的强度、剂量及作用于人体的时间超出一定限度时，会对人类健康造成危害。有报道称，当幼儿长期在高压电线附近活动时，幼儿患白血病的危险性增加50%。

自然环境中的化学因素包括天然的无机化学物质、人工合成的化学物质及动物和微生物体内的化学元素。一些化学元素是保证人类正常活动和健康的必要元素；而还有一些化学元素及化学物质在正常接触和使用情况下对人体无害，但当它们的浓度、剂量及与人体接触的时间超出一定限度时，将对人体产生严重的危害。

保持自然环境与人类的和谐，对维护、促进健康有着十分重要的意义。若破坏了人与自然的和谐，人类社会就会遭到大自然的报复。

2) 社会环境

社会环境涉及政治制度、经济水平、文化教育、人口状况、科技发展等诸多因素。政治制度确定了与健康相关的政策、法律、法规，经济水平是提高人们健康水平和卫生事业发展的根本基础，文化教育影响人们的健康观念和生活方式等。良好的社会环境是人们健康的根本保障。

幼儿生活的社会环境大到国家、社区，小到幼教机构、家庭，它们都会对幼儿的健康产生重要的影响。从孩子出生到进入小学，对他们影响较大的社会环境主要有家庭、托幼机构和社区等。

家庭是幼儿早期生活的一个基本社会环境。家庭经济和营养状况、家庭结构、家庭氛围、家庭的教养方式、家长的身心素质、生活方式等都与幼儿的生长发育和身心健康密切相关。比如，家庭气氛会对幼儿的心理健康产生影响，在气氛紧张、父母关系不和谐的家庭里，父亲和母亲常常烦恼不安、性情暴躁、言语粗鲁，幼儿长期处在这种情绪中，又缺少温暖和关爱，容易情绪紧张，从而形成孤僻、自私、玩世不恭等不良品质，对其心理健康产生负面影响。

托幼机构是幼儿生活的又一个重要社会环境，也是影响其身心健康的重要因素。托幼机构是对幼儿实施保育和教育的场所，承担着为幼儿提供保健服务的任务。托幼机构的教育要求、教师的观念与行为、保健设施的完善程度和服务质量等直接影响着幼儿的健康状况。

社区是由生活在一定地域范围内的人所形成的社会生活共同体，它既是人们聚集、生活的特定地域，也是社会成员参与社会活动的基本场所。它是具体的地方社会，是大社会的缩影。社区的地理位置、生态环境、住房条件、基础卫生设施、就业机会、邻里和睦程度等都在不同程度上影响着社区居民的健康。幼儿周围的人口、地理、环境、经济、文化、社会组织等资源，都会对其身心健康产生影响。

3. 医疗卫生服务与保健设施

随着社会的发展与经济水平的提高，我国政府不断加大医疗卫生资源的投入，医疗卫生资源总量稳步增长，医疗机构数量持续增加。党的二十大报告指出，推进健康中国建设。把保障人民健康放在优先发展的战略位置，完善人民健康促进政策。深入开展健康中国行动和爱国卫生运动，倡导文明健康生活方式。同时指出"深化医药卫生体制改革，促进医保、医疗、医药协同发展和治理"，并指出"建立生育支持政策体系""实施积极应对人口老龄化国家战略""积极发展商业医疗保险"和"促进中医药传承创新发展"，为我国医疗保障、儿童医药、老年医药和中医药产业的发展指明了方向。医疗卫生服务数量与质量的提高，有利于保障居民群众的健康水平。

此外，公共保健设施的普及，如社区公共健身场所、社区活动中心的健身器械等，对于强健居民体魄、预防疾病也具有重要意义。

4. 生活方式因素

生活方式是个体采取的行为或养成习惯的总体表现。家庭生活方式是家庭成员相互作用的结果，是影响幼儿营养状况的社会因素中最直接、最能动的因素，表现在休闲、运动、饮食、睡眠等方面。其中，父母是幼儿饮食、睡眠、卫生、运动、休闲等生活习惯的首要影响源，是健康生活方式的示范者和塑造者。

20世纪50年代以后，人类的疾病谱和死亡谱发生了根本性变化，传染性疾病和营养不良疾病的患者越来越少，而由慢性病，即病史较长的退行性疾病引发的痛苦和死亡则越来越受到关注。在慢性病的发生、发展和防治过程中，行为习惯和生活方式的作用尤为突出。

现有的统计数据表明，幼儿哮喘、过敏等慢性病的发病率呈上升趋势。而幼儿的行为习惯和生活方式等，很多时候会受成人的影响。例如，成年人吸烟，使幼儿遭受二手烟的侵害。世界卫生组织评估，二手烟对幼儿健康的危害是多方面的，主要包括引发幼儿哮喘、幼儿猝死综合征、气管炎、肺炎和耳部炎症等。

第二节　幼儿园健康教育的意义与任务

幼儿园健康教育是幼儿教育的重要组成部分。幼儿园健康教育既要遵循幼儿教育的一般理论与方法，又要以医学、心理学知识为理论基础，还与行为学、传播学等诸多学科相关，是一门需采用多学科的理论和方法进行研究的综合学科。

一、健康教育的基本概念

关于"教育"，一般界定为培养人的活动，泛指一切可以增进人们的知识、技能、身体健康及形成或改变人们思想意识的活动。从"教育"出发思考"健康教育",并非易事。不同国家在文化、政治及经济方面的差异,导致人们对健康教育有不同的理解,对健康教育的认识也有一个逐步深化的过程。一直以来,对健康教育主要存在以下几种认识。

(一)健康教育是一门研究如何促进健康行为形成的学科

一些研究者认为,健康指个人在生理、心理、社会性三个方面综合表现出来的一种最佳状态,而教育的最终目标是使每位受教育者能发挥其最佳的潜能,要达到健康的境界必须以教育为基础,健康教育是研究人类健康行为,试图了解如何维护自身健康的一门独立学科,它不同于过去的生理学、解剖学、生物学或体育学。美国总统健康教育委员会(The President's Committee on Health Education)认为,健康教育是借助教育的方法,将健康知识转化为个人与社会所需的行为模式,即健康教育是沟通健康知识和健康行为的教育过程,自然科学(生物学、化学、生态学等)、健康科学(解剖学、生理学、微生物学、流行病学等)及行为科学(社会学、心理学、社会心理学、人类学、文化人类学、精神医学等)是构成健康教育的基础。另有一些学者认为,健康教育是涵盖生物科学、健康科学及行为科学的综合学科。

(二)健康教育是经验总和或是提供经验的过程

有人认为,健康教育是促使人们自愿选择健宸行为的所有学习计划的总和;也有人认为,健康教育是一切影响个人、社会及种族的健宸习惯、态度及知识的经验总和;还有人认为,健康教育是提供学习经验的过程,其目的是影响个人及社会的健康习惯和态度。中国协和医科大学流行病学家黄建始教授认为,健康教育是一种动态的说服过程,它通过信息传播和行为干预,帮助个人和群体掌握卫生保健知识,树立健康观念,自愿采纳有利于健康的行为和生活方式的教育活动与过程。

(三)强调健康教育的目的是增进知识,激发情感,尤其是养成行为

有人认为,健康教育是激发人们接受并利用健康信息,形成有益的习惯,避免有害的行为,从而使自己更健康;也有人认为,健康教育是借助教育方法,将健康知识转化为个人与社会所需的行为模式。1954年,世界卫生组织健康教育委员会的报告指出,健康教育与一般教育一样,旨在促进人们知识、态度和行为上的改变,致力于培养人们养成有益健康的行为,使之达到最佳的健康状态;1969年,世界卫生组织提出,健康教育工作的着眼点在于民众及其行为,总的来说,在于诱导并鼓励人们形成并保持有益于健康的生活习惯,合理而明智地利用现有的保健设施,并自觉地实施改善个人和集体健康状况或环境的活动;1981年,世界卫生组织的慕沃勒菲(A. Moarefi)提出了被人们广泛重视的观点,即健康教育帮助并鼓励人们有达到健康状态的愿望,知道如何做以实现这一目的,每个人都尽力做好本身或集体应做的努力,并知道在必要时如何寻求适当的帮助。

(四)将健康教育的目标定位于"个人健康"及"社会健康"

美国生态学家罗布·邓恩(Rob Dunn)提出,健康教育最重要的一个目的就是要激发人们对个体和社会健康状态的关注和兴趣,而不是主要考虑疾病问题,这样人们就有能力自己

预防需要治疗或矫正的各种情况。有人认为,健康教育是通过改变人们的认识、态度和价值观念,促进大众学习并运用医学知识与技能,增强自我保健能力,进而营造健康的社会环境;也有人认为,健康教育是通过促进健康的生活方式,推动社会健康活动,改善有益于健康生活的条件,从而增进健康。虽然目前对健康教育的内涵有不同的理解,但在 1988年、1991 年召开的第 13 届、第 14 届世界健康教育大会上,100 多个国家的健康教育专家一致认为,健康教育绝不是一般卫生知识的传播、宣传和动员,其着眼点是帮助人们建立和形成有益于健康的生活方式和行为。基于上述认识,我们认为,健康教育是传播知识,改善态度,促使人们自愿地采取有利于健康的行为,从而提高生命质量的教育活动。健康教育的出发点和归宿都是促进个体及群体健康行为的产生。

二、幼儿园健康教育的意义

《纲要》明确要求:"幼儿园必须把保护幼儿的生命和促进幼儿的健康放在工作的首位。"向幼儿开展健康教育,是人类社会进步的必然需求,是幼儿身心发展的内在需要,也是幼儿教育不可或缺的组成部分。无论从社会发展的宏观层面,还是从幼儿个体成长的微观角度来看,幼儿园健康教育都具有十分重要的意义。

(一)幼儿园健康教育是保证幼儿身心健康发展的特殊需要

我国学前教育家陈鹤琴先生认为,幼儿园首要关注的应当是幼儿的健康。捷克教育学家扬·阿姆斯·夸美纽斯(Jan Amos Komenský)也指出,学前教育的目的在于为幼儿奠定体力、智力和道德的初步基础,尤其要重视幼儿的健康。婴幼儿时期是一个人生命的起始阶段,身体各个器官和系统的发育尚未成熟,功能也不完善,自我保护意识薄弱,对疾病的抵抗能力较差,对外界环境的适应能力不足,容易受到各种伤害。同时,幼儿心理发展迅速,但容易受到多种因素的影响,易出现多种行为问题和心理异常现象。因此,让幼儿积极主动地参与一些力所能及的健康教育活动,能够消除危害健康的因素,纠正他们不良的生活和卫生习惯,降低发病率。在接受健康教育的过程中,幼儿不仅能学到丰富的健康知识,还能转变对健康的态度,形成有利于自身和他人健康的行为。

(二)幼儿园健康教育是对幼儿进行全面素质教育不可缺少的教育内容

幼儿的身心健康是其全面和谐发展的基本前提,是培养其智能素质、品德素质和审美素质的基础。健康既是幼儿身心和谐发展的成果,也是幼儿身心充分发展的必要条件。健康的身体是个体生存并实现良好社会化发展的必备要素。幼儿园健康教育在促进幼儿身体健康发育的同时,对幼儿道德的发展也有着积极的推动作用。丰富多彩的健康教育活动不仅能够满足幼儿活泼好动的心理需求,还有助于幼儿学习自我服务技能,纠正某些不良习惯,培养幼儿讲究文明、遵守社会公德的行为,使他们学会与同伴和谐相处,感受和创造健康之美。这些都有利于幼儿身心和谐、全面地发展。

(三)幼儿园健康教育将为幼儿一生的健康和生活奠定良好的基础

19 世纪英国伟大的哲学家和启蒙思想家约翰·洛克(John Locke)认为,人生幸福可以用一句简短而精准的话来概括：健全的心智寓于健康的身体。凡是身体和心智都健康的人，便无须再有其他奢望；如果身体和心智有一方面不健康，那么即使获得了其他东西也是徒劳。人生命历程的每一个阶段都应当高度重视健康问题，积极汲取健康信息。任何时候放松对健康知识的学习和应用，健康就会离自己远去。3～6 岁是每个人自身发展的黄金时期，也是人生的奠基阶段，因此，这一阶段的健康显得尤为关键。幼儿时期的健康不仅能提升幼儿的生命质量，还能为其一生的健康赢得先机。幼儿园健康教育作为终身健康教育的基础阶段，对幼儿进行健康教育，帮助他们树立健康的生活信念，培养健康的生活方式，对于提高他们一生的生活质量和生命质量是十分必要的。

(四)幼儿的身心健康是国家、民族发展的需要

习近平总书记在党的二十大报告中指出，推进健康中国建设。人民健康是民族昌盛和国家强盛的重要标志。把保障人民健康放在优先发展的战略位置，完善人民健康促进政策。健康体魄是青少年为祖国和人民服务的基本前提，是中华民族旺盛生命力的体现。陈鹤琴先生认为，"健康的身体是一个人做人、做事、做学问的基础"。他还指出，"强国必先强种，强种必先强身，要强身首先要注意幼年的儿童"。也就是说，关注人类早期的健康教育是国家和民族发展的必然要求。人类的发展、社会的进步，依赖一代又一代人的不懈努力和创造。而科学技术的进步、国家经济的发展，乃至整个社会文明的进步，从根本上都取决于一个国家下一代的素质和竞争力。因此，幼儿的健康是提高人口素质、民族素质的重要保障。只有个体身心健康，才能推动整个社会的健康发展，才能建设强大而繁荣的国家。

三、幼儿园健康教育的任务

健康教育主要涉及人们对健康的认识、态度和行为的教育与养成。幼儿园健康教育的任务也体现在以下三个方面。

(一)帮助幼儿获得健康知识

幼儿对于健康的态度及健康行为、习惯的养成，建立在对健康正确认识的基础之上。应引导幼儿明白"我应该怎么做""我不应该怎么做""如果这样做了会出现什么后果"等道理。

为幼儿提供健康知识，既要考虑适合幼儿身心发育和发展的特点，又要考虑他们的理解能力和接受能力。所选择的内容应与幼儿的日常生活密切相关，注重科学性和可接受性。对于年龄较小的幼儿，不必苛求知识的系统性，可以根据幼儿所处环境的特点及他们发展的需要进行相关教育。对于年龄较大的幼儿，可以适当地帮助他们进行健康知识的归纳与概括，使他们获得较系统、全面的健康知识，不断提高其分析、综合和解决问题的能力。

(二)帮助幼儿树立正确的健康态度

个体的健康态度不仅反映了他的行为倾向，还能直接影响其行为。幼儿形成正确的健康态度，是促使他们将健康知识转化为健康行为和习惯的动力。

帮助幼儿学会关心自己的健康，树立"我要爱护自己""我要做健康的小主人"的意识和态度，要让他们相信：只要掌握必要的知识与技能，养成良好的行为与习惯，注意自我保健和自我保护，就能照顾好自己，成为健康的小主人。一旦幼儿形成较为稳定、正确的健康态度，可能会对其一生的行为产生持久的影响。

(三)帮助幼儿形成健康的行为习惯

健康教育的主要任务和最终目的就是促使人们建立和形成有益于健康的行为习惯。只有将健康的知识和对健康的正确态度转化为健康的行为，才能真正达到维护和促进健康的目的。应让幼儿逐步明白，只有掌握一定的健康知识，并按照正确的方法去实践，才能真正获得健康。幼儿园教师应努力帮助幼儿在日常生活中改正不良行为习惯，培养良好行为习惯。

学前阶段是行为习惯形成的关键时期。应在幼儿尚未受到不良的生活、行为影响之前，给予适时、适当的健康教育，这对幼儿健康行为习惯的形成将起到事半功倍的作用。在日常工作中，幼儿园教师和家长要经常关注幼儿的健康行为，及时指出不良的健康行为，帮助他们建立起比较稳固的行为模式，从而养成健康的行为习惯。

健康知识、健康态度和健康的行为习惯是相互联系、相互作用的。健康知识的获得是健康教育的基础，正确的健康态度是形成健康行为的动力，而养成健康的行为习惯则是最终的目的。在对幼儿进行健康教育的过程中，要处理好三者之间的相互关系，将它们有机地结合起来，相互渗透、相互促进，最终达到促进幼儿身心健康的目的。

第三节　幼儿园健康教育评价

《纲要》指出，教育评价是幼儿园教育工作的重要组成部分，是了解教育的适宜性、有效性，调整和改进工作，促进每一个幼儿发展，提高教育质量的必要手段。

一、幼儿园健康教育评价的内涵与原则

(一)教育评价的内涵

教育评价是根据一定的教育价值或教育目标，运用可行的科学手段，通过系统收集和分析整理信息资料，对教育活动、教育过程和教育结果进行价值判断，从而不断自我完善和为教育决策提供依据的过程。现代教育评价的本质特征是对教育活动、教育过程和教育结果进行价值判断，而教育价值观则是教育评价思想的核心，对教育评价起着决定性作用。

(二)幼儿园健康教育评价的内涵

幼儿园健康教育评价是指对幼儿园健康教育实施过程及其效果的全面审核，包括对幼儿发展状况与健康状况的评价、对幼儿健康教育活动的评价、对教师的评价、对卫生保健工作状况的评价等。

幼儿园健康教育评价有助于了解幼儿园健康教育计划是否符合幼儿健康发展的需要，

是否明确了幼儿面临的主要健康问题。它可以检验健康教育计划是否激发了幼儿学习健康知识的积极性，是否促进了幼儿态度和行为的改变，达到了预期目的。另外，它还可以为改进教育设计方案提供依据。

(三)幼儿园健康教育评价的原则

1. 实效性原则

注重实际效果是幼儿园健康教育评价的显著特点。其重点有两个：一是通过健康教育活动的开展，重点评价幼儿在知识、态度及行为习惯方面的改善情况；二是注重评价幼儿生长发育水平、身心健康状况、疾病控制情况等，从而分析健康教育的效果。

2. 方向性原则

方向性原则是指确定健康教育评价目的、构建健康教育评价指标体系及进行评价活动时，要与健康教育总目标相一致，要与党和国家的教育方针、政策和法律法规中的规定相一致。健康教育总目标是评价的依据和出发点，没有总目标的评价是难以想象的。而总目标本身总是要体现一定的方向性，总目标的正确与否，取决于所引导的方向是否正确。因此，健康教育评价必须保证正确的方向。从总体上说，评价的方向性体现在幼儿园健康教育要符合国家既定的教育方针，符合《纲要》的总目标。从具体要求上说，对健康教育各个环节的评定、考核，要体现相应的目标要求，体现目标要求的方向与走向。

3. 发展性原则

幼儿园健康教育评价的目的不仅仅是鉴定幼儿园健康教育的水平，更重要的是要以促进幼儿园健康教育质量的不断提高和幼儿的健康发展为最终目的。依据目标，重视评价过程，充分发挥教育评价的反馈调节功能，及时发现成绩和不足，并对存在的问题做出适当调整和改进，才能不断改进健康教育活动。

4. 客观性原则

幼儿园健康教育评价的客观性原则是指评价时必须把握健康教育的客观规律，实事求是，以客观事实为依据，从客观实际出发获取真实信息，依据科学的标准，对健康教育活动的过程和结果进行分析和判断。贯彻客观性原则，要求评价者确定的评价指标必须符合评价目的的要求，反映评价对象的本质特征，评价标准要合理。客观性原则还要求评价者要正确理解和把握评价标准，克服主观随意性和情感因素的影响。在评价方法的选择上，客观性原则要求评价方法需与评价内容的性质相匹配，且应综合运用多种方法，以确保收集的评价信息全面且准确，进而使评价结论更加客观、可靠。

5. 定量评价和定性评价相结合的原则

为了确保健康教育评价的客观性和科学性，必须对健康教育状况进行深入的定量分析。但是教育现象异常复杂，有的可以定量测量，有的只能定性描述，有的需要先定性再定量，有的可以直接定性，因此必须将定量评价与定性评价结合起来，才能科学有效地对健康教育进行评价。

6. 评价与指导相结合的原则

在幼儿园健康教育评价中，评价与指导应紧密结合，有对什么问题的评价就应有相应的指导。从评价到指导、从再评价到再指导，只有通过不断的循环与反复，才能促进幼儿园健康教育质量的不断提高。

7. 尊重幼儿发展的个体差异原则

对幼儿进行健康评价时，要尊重幼儿的个体差异，不能搞"一刀切"。《指南》指出，"幼儿的发展是一个持续、渐进的过程，同时也表现出一定的阶段性特征。每个幼儿在沿着相似进程发展的过程中，各自的发展速度和到达某一水平的时间不完全相同。要充分理解和尊重幼儿发展进程中的个别差异，支持和引导他们从原有水平向更高水平发展，按照自身的速度和方式到达《指南》呈现的发展'阶梯'，切忌用一把'尺子'衡量所有幼儿"。

二、幼儿园健康教育评价的内容

幼儿园健康教育评价涉及的范围广泛，内容丰富。从宏观层面来看，它包括对幼儿园健康教育的整体规划的评价，对幼儿园健康教育目标、内容、组织形式和方法的评价，对参与健康学习的幼儿的评价，以及对进行健康指导的幼儿园教师及其他相关人员的评价；从中观层面来看，它包括对幼儿园健康教育活动的评价，对幼儿自身生长发育和发展状况的评价，对卫生保健工作状况的评价；从微观层面来看，它主要涉及幼儿在健康认知水平、健康意识与态度、健康行为与习惯这三个方面的评价。

根据幼儿园健康教育的实际情况，我们可以从以下几个维度探讨幼儿园健康教育评价的内容。

(一)从教育系统所包含的评价对象来看，包括对幼儿、教师和环境的评价

1. 对幼儿的评价

对幼儿的评价从依从性评价向独立性评价转变，从个别评价向多方面评价拓展，健康状况的观察与测量是幼儿健康领域评价的主要方式。具体来说，对幼儿的评价包括以下内容。

(1) 具有初步的生活习惯与自理能力，具备一定的安全意识和自我保护意识，保持良好的心理状态。

(2) 要经常对幼儿身体发育情况及基本活动能力进行调查。

(3) 充分发挥幼儿在活动中的主体作用，让幼儿积极主动参与健康领域内的活动，在活动过程中通过探索和发现来建构知识与技能。在体育活动中，幼儿能主动配合教师放置和收拾器材及整理场地。

(4) 体育活动中，幼儿能跟随教师的预设积极探索，愉快地投入动作的体验，情绪高涨，有成就感。

2. 对教师的评价

健康领域中对教师的评价应以自评为主，园评应以自评为依据，在广泛听取各方面意见、开展日常保育岗位检查、了解幼儿健康状况及家长反馈的基础上进行全面评价。

(1) 教师能关注多数幼儿的健康状况,同时能注意到幼儿的个体差异,能满足个别幼儿的合理需求,使每位幼儿在原有的基础上得到提高。

(2) 教师在健康教育活动中扮演着启发者、引导者、观察者和合作者等多重角色。虽然教师在活动中减少了直接灌输的内容,甚至取消了部分灌输,但教师事先对环境和材料的准备工作、组织工作都大幅增加,因此对教师的作用不应有丝毫的忽视。

(3) 贯彻保教结合原则,充分利用日常生活、体育活动等各个环节,培养幼儿良好的生活卫生习惯、自理能力和自我保护意识。

(4) 教师应主动培养自己对体育活动的兴趣,不断提高自己的动作能力和身体素质,使自己的动作规范,充满活力,为幼儿起到示范作用。

(5) 在健康教育活动中,教师应积极创造条件,组织或创设有利于合作的活动环境,并对幼儿的合作过程进行引导。

3. 对环境的评价

(1) 幼儿生活和活动的环境应确保安全,符合幼儿健康卫生标准。房屋、设备、场地必须安全;周围环境应保持安静、整洁、优美;室内光线充足,通风良好,空气清新;桌椅等家具的高度要适合幼儿的身材;家具、电器、玩教具、书籍等均应符合安全卫生标准;幼儿要有自己专用的毛巾、喝水杯等,并按时进行消毒;盥洗室应保持清洁卫生。

(2) 通过为幼儿提供、创设丰富的符合健康领域教学内容要求的机会、情景、环境,鼓励幼儿主动思考、推理和解决问题,从而增强幼儿健康意识,养成健康习惯。

(3) 营造宽松自由、接纳理解、尊重支持的氛围,让幼儿获得安全感,情绪稳定,主动、愉快地参与各种活动。

(4) 保证幼儿有充足的户外体育活动的时间,通过提供丰富的器材、宽阔的场地及创设游戏情境,满足所有幼儿的运动需求。器材设计需有层次感,以适应幼儿的个体差异,满足不同的运动兴趣及需求,同时提升幼儿自我评价的能力。

(二)从健康教育活动的过程和效果来看,是对幼儿园健康教育活动的评价

此部分内容将在第八章"幼儿园健康教育活动听课"部分详细阐述。

(三)对幼儿的知识—态度—行为的状况进行评价

对幼儿的知识—态度—行为(KAP)的状况进行评价,是通过对幼儿的健康知识、健康态度和健康行为习惯的养成状况进行调查,从而评价健康教育的效果,进而了解幼儿对健康教育的需求。具体而言,主要包括以下 3 个方面的内容。

1. 健康知识

对幼儿健康知识水平的评价,通常采用前后对照测试的方法。考虑到幼儿认知水平的特点,一般通过口头测试来了解他们对健康知识的掌握情况。

2. 健康态度

对幼儿健康态度的评价,主要是指对幼儿执行和保持健康行为的积极态度进行评价。促进幼儿的健康发展,既离不开成人的健康指导,也需要幼儿力所能及地主动参与。

因此，对幼儿健康态度的评价，也是健康教育评价的重要环节。

对幼儿进行健康态度的评价，通常主要考察幼儿是积极主动还是消极被动地执行和保持某种健康行为。

3. 健康行为

对幼儿健康行为的评价，主要是指对幼儿良好的生活、卫生、品德行为习惯等方面的形成情况进行评价。

总之，为了促进幼儿的健康发展，应让幼儿积极发挥其健康潜能，主动参与健康评价的过程，这样的自我评价更有助于其健康态度的培养和健康行为的形成。

(四)对幼儿生长发育与动作发展情况的评价

1. 幼儿身体健康生长

幼儿身体生长主要指幼儿在生理方面的发展状况，通常包括以下几个方面。

(1) 生长发育形态指标用于评价幼儿生长发育的水平和速度，包括身高、体重、围度(头围、胸围)、坐高等。

(2) 生理功能指标，如血压、脉搏、肺活量、握力和呼吸频率等，是评价幼儿身体各系统器官生理功能的重要参数。

(3) 疾病或缺陷，包括贫血、佝偻病、龋齿、斜视、弱视、脊柱弯曲等常见疾病或缺陷等。

2. 幼儿动作发展

幼儿动作发展评价涉及两个方面：大肌肉动作和小肌肉动作。

大肌肉动作由大肌肉群组成，属于随意动作，常伴有强有力的大肌肉收缩、全身运动神经的活跃及肌肉的能量消耗。幼儿时期，比较常见的大肌肉动作有走、跑、跳跃、钻、爬、踢球等。

小肌肉动作也称精细动作，是由小肌肉群组成的随意动作。幼儿小肌肉动作的发展主要体现在手部，包括指尖动作、手指屈伸及手眼协调。

3. 创造性运动能力

创造性运动强调培养幼儿在运动中的创造性，主要关注运动的节奏和表现力，包括对节奏的敏感性、动作表现力、动作创意等方面。

三、幼儿园健康教育评价的类型

幼儿园健康教育根据不同的分类标准，可将评价分为不同的类型。具体来说，可以从以下 5 个角度进行分类。

(一)按评价的基准分类

1. 相对评价

相对评价是在评价对象的集合总体中选取一个或若干个对象作为基准，然后将其余评价对象与基准进行比较，也可以用某种方法将所有评价对象排列成先后顺序。例如，在进餐时，有的幼儿吃得快、吃得多或吃得干净，而有的幼儿则吃得慢、吃得少或吃得不太干净，这里的"快"与"慢"、"多"与"少"、"干净"与"不太干净"，都是因班而异的相对评价。相对评价标准通常依据评价对象之间的比较来确定个体在集体中的相对位置，但容易因评价对象的具体情况而出现标准的高低变化。

2. 绝对评价

绝对评价是在评价对象的集合之外确定一个客观的标准，将评价对象与该客观标准进行比较，并做出价值判断。幼儿健康的绝对评价标准往往按照托幼机构卫生保健制度、托幼机构管理条例、托幼机构健康教育目标等加以确定，不以被评价者的具体情况为依据，所有评价对象都与客观标准进行对照比较。例如，幼儿的身高、体重、心率等指标是反映其生长发育及生理功能的重要评价标准，其中的评价标准都有相应的科学规定。绝对评价具有科学准确、可以信赖的客观标准，因此，较为公正合理，并且因揭示了评价对象与客观标准之间的绝对差距而有助于评价对象明确努力方向。但绝对评价标准也是由人制定的，评价过程也是由人掌握的，因此很难做到绝对公正。尽管如此，绝对评价仍然是健康教育评价中最重要的评价方法。

3. 个体内差异评价

个体内差异评价是指将被评价者集合总体中的各个对象的过去和现在进行比较，或者将某一个对象的若干侧面进行比较的评价方法。例如，评价一所幼儿园的健康教育水平，可以从幼儿健康行为的形成、健康知识的掌握及健康态度的改善等方面加以评定。对于某一幼儿而言，有可能通过评价，发现其健康知识得分偏高、健康态度得分居中、健康行为得分偏低，这样可以启发教师和家长需要在后两方面加强教育。由此可见，个体内差异评价能够顾及个体之间的差异，在充分考虑个体原有水平的基础上进行个体发展变化的评价，因此一般不会对被评价者构成压力，但弊病在于可能因既不与客观标准比较，又不与其他被评价者比较而缺乏进一步改善目前状况的动力。

在幼儿园健康教育评价中，我们更倾向于将相对评价、绝对评价及个体内差异评价结合起来使用。

(二)按评价的功能及运行时间分类

1. 诊断性评价

诊断性评价，又称前期评价，是在开展健康教育活动之前进行的预测性评价，或是对评价对象的发展基础和条件进行测定。其目的在于了解评价对象的基本情况，发现存在的问题。例如，在制订健康教育计划前，需要了解幼儿的发展情况、健康需求及兴趣，否则无法确定健康教育的内容及重点。后续可在更充分了解幼儿兴趣和需求的基础上，制订新的健康教育计划。

2. 形成性评价

形成性评价，也称为中期评价，是健康教育活动中的一种持续性评价方式。它旨在通过收集活动过程中的信息，促进幼儿参与学习过程，优化教育进程和方法。这种评价方式有助于及时获取反馈，适时调整教育策略，以实现教育目标。例如，通过实施健康教育计划，观察幼儿的健康知识是否发生了积极转变，这构成了健康教育效果即时评价的基础。依据评价结果，我们可以决定是否继续执行或调整计划。此外，教育策略的各个方面，如健康教学的艺术、环境的创设、幼儿的反应等，都是评价的内容。

3. 总结性评价

总结性评价，又称终期评价，是在健康教育计划实施后对其最终结果进行的评价。它以预先设定的健康教育目标为依据，判断评价对象达成目标的实际水平，包括是否进一步解决了幼儿的健康问题、提高了幼儿的生活质量等幼儿园健康教育工作者最关心的问题。总结性评价既是最终的评价结果，也是制订新的健康教育计划的依据。幼儿的身心健康还受到非行为因素和非健康因素的影响，因此，总结性评价应实事求是，既要充分肯定已取得的健康教育效果，又不刻意掩盖教育中的不足之处。

(三)按评价对象的复杂程度进行分类

1. 单项评价

单项评价是指对健康教育某一方面进行的评价，如健康教学活动的组织水平、日常健康教育的水平、幼儿生长发育的水平、托幼机构膳食管理制度等。

2. 综合评价

综合评价是指对幼儿园健康教育进行的全面评价，评价范围可以涉及一个国家、一个地区或某一所幼儿园。

(四)按定量或定性进行分类

1. 定量评价

定量评价是指在幼儿园健康教育评价中采用数学方法进行定量计算或数字描述的评价。例如，每年幼儿园都会对幼儿进行身体检查，从而对幼儿的生长发育进行定量评价。幼儿生长发育最常用的评价指标是形态指标，即身体及其各部分在形态上可测出的各种量度，如长度、宽度、围度及重量等。形态指标有体重、身高、头围、胸围、臀围、坐高、皮下脂肪等项目，其中，身高体重及头围这三项指标不仅测试方便，而且能为准确评价幼儿生长发育的水平提供重要信息。幼儿生长发育评价标准参照国际通用的由世界卫生组织推荐的0~6岁幼儿体格发育标准。以上评价指标均可用数字表述。

2. 定性评价

定性评价是指对不便量化的评价对象，采用定性的方法做出价值判断。例如，幼儿园健康教育评价中使用的生长发育五等级评价法对幼儿体格生长偏离的鉴定(有低体重、消瘦及肥胖之分)、对幼儿生活自理能力的评价等都属于定性评价。

在具体实施幼儿园健康教育评价时，应注重定性评价与定量评价相结合。定量评价不以人的主观意志为转移，而是以收集的客观资料为依据进行科学统计，因此较为公正，但有时过于简单化，从而忽略了健康教育过程中的复杂性和多样性。定性评价能够考虑到健康教育过程中作为主体的幼儿的生物、心理、社会等方面的多元因素，通常通过自然情境下的观察和谈话来获得有价值的信息，因此不同的评价者可能会得出不同的结论。如何在幼儿园健康教育评价中将定量分析的方法和定性分析的方法结合起来综合运用，是一个值得进一步探讨的问题。

(五)按参与主体进行分类

1. 自我评价

自我评价是指评价者依据指定的指标，对自身的健康教育工作做出的价值判断。作为一名普通的幼儿教师，日常需进行自我总结与自我评定；作为一名研究型的幼儿教师，在教育过程中更是要不断进行自我反思与总结。因此，自我评价是一种易于开展的评价类型。并且，被评价者即为评价主体，只要评价态度端正，对评价中各方面实际情况的掌握会更准确。不过，自我评价因缺乏外界参照体系，对评价标准的把握主观性较强，容易出现评价过高或过低的情况。

2. 他人评价

他人评价是指评价主体不是被评价者自身的评价，而是来自外部的评价。例如，上级业务指导人员、幼儿教师观摩健康教育活动后的评价，园长、教师对幼儿生长发育情况的总体评价，教师、家长对幼儿园环境安全性的评价，教师对家长配合幼儿园进行健康教育的观念与水平的评价，等等。外部评价一般较为真重，有时也需要较多的人力和物力才能完成。

四、幼儿园健康教育评价的方法

幼儿园健康教育评价常用的方法有测验法、问卷法、观察法、访谈法、小组讨论法、文献法等，一般要根据实际需要选择适宜的评价方法。

1. 测验法

测验法是根据评价内容编制等级量表和标准试题，用以收集评价信息的方法。它主要用于易量化的评价对象和形成性评价，如收集教师教学效果、幼儿掌握知识与技能情况、幼儿各项体能发展状况、幼儿心理发展状况等信息。

2. 问卷法

问卷法是一种通过对评价对象进行书面调查，从而获取评价信息的方法，尤其适用于大面积的调查场景。调查者可以直接填写问卷，也可以通过通信方式将问卷寄发给调查对象。采用问卷法可以在短时间内获取大量的信息，但编制科学合理的问卷和获取真实的统计结果是一项技术性强、要求高的工作。

3. 观察法

观察法是评价者根据评价对象的特点和指标内涵的要求，有目的、有计划地在自然状态下(自然观察法)或控制条件下(试验观察法)观察评价对象并获取评价信息的方法。观察法主要侧重于倾听与观察，可充分利用录像机、照相机等设备作为辅助工具。观察法适用面广，收集资料的机会较多，目前主要适用于了解评价对象的行为表现、情感变化和意志特点。比如，通过听课，可以收集教师课堂教学的资料，了解幼儿的活动情况，也可在一定程度上了解教师的备课情况。而且幼儿生活自理能力的发展状况、同伴交往情况、教师和幼儿在健康教育活动中的表现都可以通过观察法收集资料。

4. 访谈法

访谈法是一种口头调查法，是评价者按照访谈提纲，通过与评价对象面对面谈话或以小组座谈会的方式直接收集信息的一种方法。访谈法适用于了解评价对象的心理状态，其优势在于不受评价对象文字表达能力的局限。访谈时，可以根据评价对象的心理适应状况对人群进行分类，从而较深入地了解问题。例如，对幼儿心理发展中的常见问题进行访谈，以便找到问题背后的原因。

5. 小组讨论法

小组讨论法是让幼儿在小组成员面前就某话题发表自己的看法或与他人一起讨论，评价者可借此机会从中获取有价值的信息。如果想了解幼儿对健康教育知识的掌握情况，就可以采用此方法。

6. 文献法

文献法是指通过查阅与评价对象有关的材料来收集评价资料的方法。文献内容包括各种文字与数字资料，如教学计划与总结、活动教案、幼儿成长记录袋等。应根据评价内容查阅文献，可以通过几种文献相互印证，也可以与其他收集信息的方法结合使用。

第四节　《纲要》中健康领域的内容与解读

一、《纲要》中健康教育的目标与解读

2001 年颁布的《纲要》标志着我国学前教育的发展步入了一个新的历史阶段。《纲要》明确规定"幼儿园必须把保护幼儿的生命和促进幼儿的健康放在工作的首位"。同时《纲要》也对幼儿园健康教育的总目标做了明确的表述：①身体健康，在集体生活中情绪安定、愉快；②生活、卫生习惯良好，有基本的生活自理能力；③知道必要的安全保健常识，学习保护自己；④喜欢参加体育活动，动作协调、灵活。

南京师范大学的顾荣芳认为，《纲要》中对于健康领域的总目标体现出三种价值取向。第一，身心和谐。幼儿健康应包括身体健康和心理健康两个主要方面。幼儿的身体健康以发育健全、拥有基本的生活自理能力为主要特征；而心理健康以情绪稳定、心情愉悦、适应集体生活为主要特征。幼儿的身体健康与心理健康是密不可分的两个方面，因此有的目标如"生活、卫生习惯良好"既包括日常生活中的盥洗、排泄等生理意义上的卫生习惯，也包括没有吮吸手指等心理意义上的行为问题。只有身心和谐发展，才能真正保证身体和心理的健康。第二，保护与锻炼并重。目标既重视让幼儿掌握必要的保健知识，提高其保护自身的能力，又强调通过体育活动提升幼儿的身体素质。其中，了解必要的安全保健知识并提高相应技能是保健教育的主要目标；而培养对体育活动的兴趣、增强动作的协调性

和灵活性则是幼儿园健康教育的主要目标。第三，注重健康行为的形成。探讨幼儿健康行为建立、改变和巩固的一般规律是幼儿园健康教育研究的重点。虽然提高健康认识、改善健康态度、培养健康行为都是幼儿园健康教育的目标，但幼儿健康行为的形成是幼儿园健康教育的核心目标。对于幼儿园健康教育工作者来说，最大的挑战就是如何鼓励、说服幼儿养成对健康有益的行为习惯。

在健康领域目标表述的三大价值取向中，维护幼儿身心和谐健康和健康行为的养成都直接与健康相关，与幼儿园保育目标一致。而保护与锻炼并重实际上意味着幼儿园健康教育包括幼儿园体育，这与许多相关的教育或体育专著中将健康教育纳入体育之中有所不同，也与目前基础教育相关科目的界定不完全相同。幼教工作者应遵循《纲要》的基本精神，并以此为指导开展日常工作。因此，我们可以从保育和体育两个方面对《纲要》健康领域总目标进行解读。

(一)幼儿园健康教育中的保育目标

幼儿保育是指成人为幼儿提供生存与发展所必需的良好环境与条件，给予幼儿精心的照顾和养育，以保护和促进幼儿的正常发育和良好发展，其中包括身体保育和心理保育两个方面。《纲要》中与保育有关的总目标主要是前三条：①身体健康，在集体生活中情绪安定、愉快；②生活、卫生习惯良好，有基本的生活自理能力；③知道必要的安全保健常识，学习保护自己。这三条很明确地表明了《纲要》对幼儿身体保健、生活自理、心理健康及安全自护的教育目标。而在环境对人类健康影响日益突出的时代背景下，《纲要》在"生活、卫生习惯良好""知道必要的安全保健常识"这些目标阐述中又蕴含着环境教育的内容。因此，幼儿园健康教育中的保育目标又可以分为身体保健和生活自理教育的目标、安全自护教育的目标、环境教育的目标和心理健康教育的目标。

1. 身体保健和生活自理教育的目标

身体保健和生活自理教育的核心在于引导幼儿了解基本的人体构造及营养知识，学习初步的生活自理技能，从而养成良好的生活与卫生习惯，以促进幼儿的身体健康。在实际划分上可以分为营养与饮食、人体知识与保健、生活习惯培养三部分目标。营养与饮食部分的主要目标是帮助幼儿了解常见食物的营养知识，理解饮食与健康的关系，并形成良好的饮食习惯。人体知识与保健方面的目标是让幼儿认识和了解人体主要器官的名称及功能，并在此基础上帮助幼儿了解相关保健知识，理解常见保健措施，并主动形成热爱健康、维护健康的行为。生活习惯培养的主要目标涉及生活的各个方面，主要是在幼儿既有经验的基础上培养幼儿生活自理能力，帮助幼儿形成有益健康的各种生活习惯。

2. 安全自护教育的目标

学前期是幼儿身心成长的奠基期，也是向幼儿传授有关安全自护的基础知识与技巧的理想时期。安全自护教育的主要目标是帮助幼儿了解日常生活中的安全知识，学会辨别安全行为，了解预防和处理安全问题的方法，初步学会运用处理安全事件的技能。

3. 环境教育的目标

在环境问题日益突出的今天，让幼儿了解环境及环境污染的相关问题具有至关重要的意义。人类健康与生存环境息息相关，一旦环境发生巨大变化，或者人为因素造成环境污染，扰乱或破坏生态平衡，都会严重危害人类的健康和生活。在学前阶段，出于幼儿的年龄和认知水平的限制，不可能要求他们学习复杂的科学知识。因此，学前阶段环境教育的主要目标是让幼儿了解基础的环境卫生知识，认识到其重要性，并逐渐形成保护环境卫生的责任感和行为习惯。

4. 心理健康教育的目标

学前期是幼儿心理发育和发展的重要时期，幼儿对外界环境及其变化十分敏感，极易受到各种因素的影响。近年来，家庭结构、养育方式的改变及生活节奏的加快，都不同程度地增加了幼儿成长过程中的紧张因素。因此，必须重视幼儿的心理健康教育。心理健康教育的主要目标是帮助幼儿了解基础的心理健康知识和技能，纠正不良的情绪反应和态度，形成有利于心理健康的行为习惯，预防和矫治幼儿心理障碍和行为异常，确保幼儿心理健康发展，提高幼儿的心理健康水平。

(二)幼儿体育的目标

幼儿体育是幼儿全面发展教育的重要组成部分，是增强幼儿体质最积极有效的手段，也是增进幼儿健康的一种积极方式。《纲要》中关于幼儿体育目标的表述主要体现在"身体健康，在集体生活中情绪安定、愉快"和"喜欢参加体育活动，动作协调、灵活"两个目标上。具体来看，体育首先要保障幼儿的健康，促进健康发展，同时让幼儿喜欢参加体育活动，并在体育活动中发展其运动能力，而且要让幼儿在体育活动中适应和喜欢集体生活。从这几点出发，幼儿体育的目标可以分为身体发展的目标、运动能力的发展目标和社会性发展的目标。

1. 身体发展的目标

身体健康发展是健康的物质基础，因此，健康教育必须首先关注幼儿的身体发展。一般来说，身体发展主要指人的体格发展状况，包括人体生长发育的水平、体形和身体姿态等多个方面的内容。学前期是体格发展最为迅速的时期，也容易受到各种因素的影响，导致体格发育不完善。这一时期的健康教育需要通过各种途径促进幼儿身体健康发展。在体育活动中，身体发展的目标是激发幼儿对体育活动的喜爱，促使他们自觉参加体育锻炼，并通过体育活动推动幼儿身体的正常生长发育，促进其身体机能的协调发展。

2. 运动能力的发展目标

运动能力是指人参加运动和训练所具备的能力，是人的身体形态、素质、机能、技能和心理能力等多种因素的综合体现。幼儿运动能力的发展分为两个部分：一是躯体运动，也称为大肌肉运动，主要负责控制身体的整体活动；二是精细运动，或者称为小肌肉运动。运动能力的发展可以通过走、跑、跳、投掷等动作以及动作的协调性、灵敏性、速度、力量等作为测量指标。幼儿运动能力的发展目标是让幼儿学习与年龄相适应的身体动作技巧，并在体育活动中发展相关运动的基本技能，增强其参加运动的能力，从而培养幼儿对运动的热爱和自觉参与的习惯。

3. 社会性发展的目标

世界卫生组织提出的健康概念认为，健康是身体、心理和社会适应的健全状态，而不仅仅是没有疾病或虚弱现象。由此可见，健康还应包括社会适应这一重要部分。在学前阶段，通常将健康教育中的社会适应部分与心理健康教育相结合，心理健康教育中包含社会性发展教育的内容。然而，体育活动具有活动性强、集体性强等特点，使体育活动中不可避免地带有一定的社会性发展目标，即通过体育活动，激发幼儿参与集体活动的热情，学习社会交往的技能，并培养幼儿良好的意志品质和个性。

二、《纲要》中健康教育的内容与解读

《纲要》不仅对幼儿园健康领域的总目标作出了明确的表述，还列出了关于幼儿园健康教育的内容与要求，具体内容如下。

(1) 建立良好的师生、同伴关系，让幼儿在集体生活中感到温暖，心情愉快，形成安全感、信赖感。

(2) 与家长配合，根据幼儿的需要建立科学的生活常规。培养幼儿良好的饮食、睡眠、盥洗、排泄等生活习惯和生活自理能力。

(3) 教育幼儿爱清洁、讲卫生，注意保持个人和生活场所的整洁和卫生。

(4) 密切结合幼儿的生活进行安全、营养和保健教育，提高幼儿的自我保护意识和能力。

(5) 开展丰富多彩的户外游戏和体育活动，培养幼儿参加体育活动的兴趣和习惯，增强幼儿体质，提高幼儿对环境的适应能力。

(6) 用幼儿感兴趣的方式发展基本动作，提高动作的协调性、灵活性。

(7) 在体育活动中，培养幼儿坚强、勇敢、不怕困难的意志品质和主动、乐观、合作的态度。

综上所述，《纲要》中健康领域的内容与要求主要涉及心理健康教育、身体保健和生活自理教育、生活习惯培养及环境教育、安全自护教育、体育等内容。从《纲要》所表述的精神来看，幼儿园健康教育内容要在目标的引领下，充分考虑健康教育领域本身的内容范围，结合幼儿的身心发展特点及社会对幼儿园健康教育的需求进行选择，要体现出目标性、适宜性、时代性等特点。实际上，健康教育内容十分广泛。目前，根据《纲要》的指导，幼儿园健康教育的内容可以包括保育和体育两大部分，具体内容如下。

(一)幼儿园健康教育中的保育内容

为幼儿营造安全、适宜的物质环境与心理环境，助力幼儿养成良好、安全的生活行为习惯，以此维护和提升幼儿的身心健康水平，这既是保育的主要内容，也是幼儿园健康教育的重要组成部分。

1. 身体保健和生活自理教育的内容

学前期是各种习惯养成的关键阶段，此阶段幼儿的行为可塑性强，既易于养成良好的生活习惯，也便于纠正不良的生活习惯。对幼儿开展身体保健和生活自理教育，特别是在相关知识教育的基础上促使其形成良好的个人生活习惯，这对于维护和增进幼儿的身体健

康、预防疾病的发生具有重大意义。这部分教育内容主要由营养与饮食、人体知识与保健和生活习惯三大部分构成。

1) 营养与饮食

营养是幼儿生长发育和保持身心健康的物质基础。幼儿通过多样化的饮食,摄取富含多种营养素的食物,以满足机体维持生命和开展各种活动所需的能量,为细胞组织的生长和修复提供材料,确保机体的各种正常生理和心理活动得以顺利进行。因此,成人必须为幼儿提供种类丰富、数量充足的食物,以保障幼儿获得均衡的营养,推动幼儿的生长发育和身心健康。与此同时,不可忽视的一个问题是如何引导幼儿主动、自觉地摄入有营养的食物,养成良好的饮食习惯,从幼儿自身需求的角度保证营养的全面、合理摄入,并为幼儿成年后的健康饮食奠定基础。这就需要对幼儿进行关于营养与饮食方面的教育,一方面,要让幼儿了解常见食物的营养及其对机体生长发育的作用,通过知识的传授培养幼儿对膳食平衡和合理膳食的积极态度。另一方面,要帮助幼儿养成良好的饮食习惯,如愉快进餐、定时定量、不挑食、不偏食、不过食、细嚼慢咽、饭前洗手、吃饭前后不做剧烈运动等。

2) 人体知识与保健

人体是由多个器官和组织组成的复杂整体。幼儿虽已具备人体的基本结构,但各个器官和组织尚未发育成熟,人体维护健康的功能较弱,需要特别呵护。不仅如此,学前期是人体各器官组织生长发育最为迅速的时期,尊重其生长发育规律才有利于幼儿的身体健康。因此,在做好相应保健工作的同时,要积极引导幼儿了解自身的器官组织及其保健常识,使其在了解的基础上形成热爱健康的态度,积极、主动地维护自身的身体健康。然而,我们应该认识到有关人体的知识十分复杂难懂,要让认知水平较低、生活经验较少的幼儿理解这些知识,可以通过让他们接触常见的动物和植物,使其初步认识生物体简单的结构和功能及其生长和发育特点,在此基础上逐步且粗略地认识人体各部分的解剖生理特点,学习保护身体的方法,逐步培养关心和保护自身健康的意识。

3) 生活习惯

生活习惯的养成可以说是在前两部分基础上的升华,即在幼儿了解并掌握一些健康知识和方法之后,最终养成良好的生活习惯。这包括基本的生活习惯、规律生活的习惯、清洁卫生的习惯及健康保健的习惯。基本的生活习惯是一种自理能力与习惯,主要指幼儿自己洗脸、洗手、刷牙、穿脱衣服、吃饭及相应的整理用具的能力与习惯。规律生活的习惯是指幼儿按时睡觉、盥洗、饮食等有规律的生活习惯。清洁卫生的习惯是指幼儿在日常生活中讲究卫生、爱护清洁的习惯,如勤洗头、勤洗澡、保持生活用品的洁净、保持生活环境的清洁等。健康保健的习惯主要指幼儿养成维护自身健康、爱护自己身体器官的好习惯。例如,不随意挖耳、抠鼻,不过度使用眼睛、嗓子等。

2. 安全自护教育的内容

幼儿活泼好动,对新鲜的、神奇的、特殊的事物感兴趣并做出积极反应,但幼儿缺乏一定的生活知识和经验,因此,与成人相比,他们所面临的来自周围自然与社会环境中的不安全因素更多。因此,在学前阶段要特别关注安全问题,除了做好相关保护措施外,非常重要的一点是要通过健康教育来培养和提高幼儿的安全自护能力,帮助幼儿掌握必要的安全知识和技能,使他们能够主动、独立地处理遇到的不安全问题。与消极的保护(如减少幼儿户外活动时间)相比,这样做更有利于幼儿的安全与健康。根据安全问题出现的情境划分,幼儿安全自护教育可以分为日常生活中的安全自护教育和意外事故中的安全自护教育。

1) 日常生活中的安全自护教育

在日常生活中对幼儿进行安全自护教育,让他们学习如何注意安全、保护自己免受各种伤害是安全自护教育的重要内容,也是帮助幼儿有效避免意外事故发生的重要措施。因此,在安全自护教育中首先要保证日常生活中的安全自护教育得以有效开展。日常生活涵盖了幼儿一日生活的方方面面,因此这部分的安全自护内容范围较广,主要包括进餐安全、睡眠安全、交通安全、用药安全、用电安全、用火安全、社会交往安全及各种生活用品使用安全等。总之,日常生活中的安全自护教育涉及面很广,教师可以结合幼儿的实际需求进行多样化选择。

2) 意外事故中的安全自护教育

意外事故中的安全自护教育主要是指在意外事故发生时教育幼儿如何正确处理,积极应对,避免受到伤害的相关内容,主要包括遇到雷电、洪水、地震等自然灾害时的应对方法。例如,知道打雷下雨时,不能在大树及高大的建筑物下避雨;了解洪水自救知识,如抓住能浮起来的物品,或爬到地势较高的地方;了解地震发生时的一些现象,进行简单的自救训练;等等。另外,也包括受伤害时的简单自救方法,如烫伤后迅速用凉水冲洗或浸泡患处、知道拨打火警电话等;还包括与人交往时遇到伤害的处理办法,如遇到拐骗时,会用电话呼救、知道拨打报警电话等。

3. 环境教育的内容

幼儿生活在一定的自然和社会环境中,环境与人类的健康密切相关。保障幼儿健康仅从人类自身做起而忽略环境因素是不符合现实的。近年来,环境变化影响人类健康生活的事件屡有发生,人们也越来越意识到了解环境知识、树立环境保护意识的重要性。对幼儿进行环境教育也必然成为幼儿园健康教育的重要组成部分,其主要内容是通过各种途径帮助幼儿了解有关环境的基础知识,使他们懂得保护环境的方法,从而树立初步的环境保护意识和社会公德意识。关于环境教育的内容在《纲要》的科学领域部分重点阐释,但不可忽视的是,环境教育与健康教育密切相关,环境教育也是健康领域的重要内容之一。

4. 心理健康教育的内容

全面的健康观认为健康不仅仅是身体没有疾病,而应是身体健康与心理健康的统一。身体健康是心理健康的物质基础,心理健康是身体健康的必要条件,两者相互联系、相互影响。《纲要》中健康领域指导要点明确指出:"树立正确的健康观念,在重视幼儿身体健康的同时,要高度重视幼儿的心理健康。"从幼儿身心发展特点及需要来看,幼儿心理健康教育可分为以下几个方面。

1) 环境适应教育

良好的社会适应是健康的重要内容之一。随着年龄的增长,幼儿逐渐走出家庭,生活环境越来越广阔。从家庭小环境过渡到外部社会大环境的过程看起来简单而又自然,实际上两者存在较大差异。对幼儿来说,完成这样一个过程是很有挑战性的。适应社会环境的过程是否顺利对幼儿心理健康有着很大影响,因此,必须对幼儿进行环境适应教育,让他们逐渐适应幼儿园、青少年宫、图书馆、公园、商场等各种环境。

2) 人际关系教育

随着幼儿生活环境的扩大，他们面临的人际关系也越来越复杂。如何从身边的人开始，逐渐学会与人交往、喜欢与人交往是社会性发展的重要内容。与身边的人相处是否融洽也会在很大程度上影响幼儿的心理健康及心理功能发展。因此，要对幼儿进行人际关系教育，包括亲子关系教育、师幼关系教育、同伴关系教育等。

3) 情绪情感教育

诸多观察和研究显示，情绪情感对婴幼儿的心理活动与行为有着显著的激发作用。幼儿的心理活动和行为带有浓厚的情绪色彩，情绪直接引导和调控着幼儿的行为，驱使幼儿做出或不做出某种行为。同时，幼儿的情绪情感正处于快速发展阶段，怎样培养积极情感、避免消极情感，在活动中发展幼儿的高级情感，是幼儿心理健康教育的一项重要课题。这部分内容主要涵盖学习表达和调节情绪的方法，合理、及时地排解不良情绪，保持积极愉快的情绪，让幼儿学会感知和理解他人的情感，懂得分享与合作，乐于帮助他人，热爱集体等。

4) 性教育

学前期是个体性别认知发展的关键时期。健康教育中有关性教育的内容可从以下几个方面展开。首先，要让幼儿认识自己的性别，并对自己的性别形成正确、恰当的认同，防止出现"性混淆"。其次，对于幼儿提出的性问题，成人要自然、简洁、科学地予以回答，不回避、不说谎、不指责，让幼儿明白男女存在差别是很自然的事情，并无神秘之处。最后，还要注意纠正他们的一些不良习惯，如玩弄生殖器。幼儿受其身心发展水平的限制，对性知识往往表现出纯粹的求知兴趣，关注的只是自然界和人的因果关系。幼儿的性教育可以从动植物的生殖现象入手，讲解一些关于性和性别及人类繁衍的浅显知识。

(二)幼儿体育的内容

幼儿体育是使幼儿身体健康成长和增强体质的教育。它是维护和促进幼儿身体健康的积极举措，也是幼儿全面发展教育的重要组成部分。健康教育中体育的内容主要是进行相应的动作练习，结合幼儿的身心发展特点，适合幼儿的动作练习主要包括以下几个方面。

1. 基本动作

基本动作，即人体的基本活动能力，是指人们在日常生活和社会实践中所必需的、最基本的身体运动技能，如走、跑步、跳跃、投掷、攀登、钻和爬等动作。对幼儿进行基本动作的练习及发展其基本活动的能力是幼儿体育的重要内容。幼儿通过基本动作的练习，能够提高身体素质，增强体质，同时也能为他们更好地适应社会生活创造有利条件。

根据动作组成的基本结构与特点，可以将基本动作分为周期性动作和非周期性动作。周期性动作是指不断循环、反复的基本动作，如走、跑步、爬行等动作。这类动作相对简单，幼儿较容易学会和掌握。非周期性动作往往是由几个相互衔接的动作连接而成的一个完整、独立的动作，如跳跃、投掷、侧面钻等。这类动作结构相对复杂，对于幼儿来说，掌握起来有一定难度，对他们的注意力、意志力及身体运动的协调性、敏捷性等方面有综合要求。非周期性动作对幼儿各方面的发展起到综合锻炼的作用。在开展非周期性动作的教育时，一定要充分考虑幼儿的身心发展水平及既有的动作经验，选择适宜的动作进行练习。同时，在分析这类动作的教育内容时，要考虑到其综合性的特点，充分挖掘教育价值，从多个方面、多个角度促进幼儿身心健康发展。

2. 基本体操

幼儿基本体操是一种形式简便、易于普及的动作练习，有助于锻炼幼儿身体，促进其身体协调发展。学前期的体操可分为婴儿体操和幼儿体操。对于幼儿园来说，主要是进行幼儿基本体操的练习。幼儿基本体操由体操动作练习以及排队和变换队形两部分构成。

1) 体操动作练习

体操动作练习主要是活动和锻炼幼儿的肌肉、关节和韧带，促进幼儿力量、柔韧性、平衡能力和协调能力发展的一种活动。这种活动还能培养幼儿的正确身体姿态和节奏感，发展幼儿的空间知觉和时间知觉。一般来说，幼儿园的体操动作有徒手体操和器械体操两种类型。徒手体操不需要任何器械和材料，是将肢体动作按照一定程序组合而成的活动，其基本形式包括模仿操、拍手操、韵律操、武术操等。徒手体操应根据幼儿身心发展水平和特点专门设计和创编。器械体操则主要是需要借助一定的器械或材料来进行的体操活动，包括轻器械体操和辅助器械体操两种。轻器械体操是幼儿园使用较多的一种器械体操，常见的有哑铃操、红旗操、棍棒操等；辅助器械操常见的有椅子操、垫子操等。

2) 排队和变换队形

排队和变换队形也称为基本的队列队形练习，主要是让幼儿按照统一口令，站成一定的队形，进行协同一致的队列动作。排队和变换队形练习是保证幼儿体育活动和其他集体活动顺利进行的前提，同时在这种练习中还能培养幼儿一定的组织纪律性及在集体活动中协调一致、顾全大局的良好习惯，对于幼儿的正确身体姿势及空间知觉的发展也有重要作用。排队和变换队形练习要让幼儿能够听懂口令，并按照口令做出相应的动作。排队练习主要有"立正、稍息、向右看齐、向前看、齐步走"等口令，学前期的基本队形变化包括走圆圈队形、一路纵队、分队走、并队走等练习。具体的排队和变换队形内容应根据不同年龄幼儿的发展水平来确定。

3. 体育游戏

《纲要》的总则中明确提出，"幼儿园教育应尊重幼儿的人格和权利，尊重幼儿身心发展的规律和学习特点，以游戏为基本活动，保教并重，关注个别差异，促进每个幼儿富有个性的发展"。从幼儿的权利及身心发展特点和学习特点出发，幼儿园教育应以游戏为基本活动。作为健康领域的重要组成部分，体育游戏是一种以游戏为基本形式，以各种身体动作练习、提高身体素质的练习及运动技术和能力练习为主要内容的活动。体育游戏兼具体育性和游戏性，除了对幼儿的身体发展有重要作用外，还对幼儿的认知发展、社会性及情绪情感的发展起着重要的促进作用。

幼儿园的体育游戏内容十分丰富，可以结合身体基本动作练习进行走的游戏、跑的游戏、跳的游戏、钻的游戏等，也可以结合身体素质的练习进行力量游戏、耐力游戏和速度游戏等，还可以结合一些材料和器械进行球类游戏、绳的游戏、木棒的游戏等。

4. 运动器械活动

运动器械活动是指幼儿借助某些器械和材料开展的综合运动。可以利用的运动器械多种多样，如滑梯、秋千、木马、跷跷板、攀岩墙、爬网、钻圈、蹦蹦床、脚踏车、球类以及各种自制的活动器材，包括毽子、沙包、竹马等。每种运动器械都会产生不同的身体活动，具有不同的发展价值。例如，攀爬类的器械可以增强幼儿的肌肉力量，提升身体协调性和空间感知能力，同时对心理品质的塑造也有积极影响；球类运动主要可以发展四肢肌肉、韧带的力量和关节的柔韧性，提高幼儿视觉运动能力及动作的灵敏性、协调性和准确性。《纲要》在"健康领域指导要点"中指出，"培养幼儿对体育活动的兴趣是幼儿园体育的重要目标，要根据幼儿的特点组织生动有趣、形式多样的体育活动，吸引幼儿主动参与"。由于运动器械本身的多样性及其教育价值的多样性，教育者可以根据一定的教育目标结合本地区、本园所的具体条件和特点，因地制宜地选择最适宜的运动器械开展活动，同时，也可以创造性地使用传统运动器械开展新奇、有趣、受幼儿喜爱的健康教育活动。

随着时代的发展，学前教育不断拓展出新的内容。现阶段，除了前文提及的幼儿园教育中常见的体育活动外，很多地区还出现了符合市场需求和幼儿兴趣需要的特色体育项目，如篮球、足球、跆拳道、轮滑及定向越野等。这些活动将兴趣培养和体育锻炼相结合，对幼儿的身心健康同样起到很好的促进作用，因此它们也成为幼儿体育教育中的新内容，越来越受到教育者的关注。

总之，幼儿园健康教育的内容非常丰富，虽然可以根据一定的标准分成各种不同的类型，按照不同的部分进行介绍，但实际上很多内容之间是相互渗透、相互联系、不可分割的。教育者在选择教育内容时，要综合考虑，一定的教育目标、幼儿身心发展的具体状况及地区和园所的具体条件等多方面因素。教育者对内容的筛选、改造是一个创造性过程，既可以是对传统教育内容的继承与优化，也可以是结合时代特征对新教育内容的探索与创新。

第五节　《指南》中健康教育领域的要点与解读

为深入贯彻《国家中长期教育改革和发展规划纲要(2010—2020年)》和《国务院关于当前发展学前教育的若干意见》，指导幼儿园和家庭实施科学的保育和教育，促进幼儿身心全面和谐发展，教育部于2012年10月9日正式颁布了《指南》。《指南》从健康、语言、社会、科学、艺术等五个领域描述幼儿学习与发展，分别对3～4岁、4～5岁、5～6岁三个年龄段末期幼儿应该知道什么、能做什么，以及大致可以达到什么发展水平提出了合理期望。同时，针对当前学前教育普遍存在的困惑和误区，为广大家长和幼儿园教师提供了具体、可操作的指导和建议。

一、《指南》中健康领域包含的子领域

《指南》在健康领域中，按照幼儿学习与发展最基本、最重要的内容划分为"身心状况""动作发展"及"生活习惯与生活能力"三个子领域。在每个子领域下，包含着若干个幼儿学习与发展的目标(见表1-1)。

"身心状况"子领域首先表明幼儿在健康领域的学习与发展应包括身体和心理两大方面，这是正确健康观念的重要体现。这一领域围绕幼儿体态发育、情绪表现和适应能力三个维度提出了幼儿阶段身心发展的主要目标，集中体现了对幼儿在身体形态、机能和心理

发展方面的基本要求。

表 1-1　健康领域学习与发展目标

领　域	子　领　域	目　标
健康	身心状况	(1)具有健康的体态
		(2)情绪安定愉快
		(3)具有一定的适应能力
	动作发展	(1)具有一定的平衡能力，动作协调、灵敏
		(2)具有一定的力量和耐力
		(3)手的动作灵活协调
	生活习惯与 生活能力	(1)具有良好的生活与卫生习惯
		(2)具有基本的生活自理能力
		(3)具备基本的安全知识和自我保护能力

　　幼儿动作的发展是身体机能发展状况的重要指标，并与幼儿心理的发展存在内在关联。不仅如此，幼儿动作的发展还是适应社会生活必备的基本能力。幼儿阶段是动作发展的重要时期。"动作发展"子领域中包括了幼儿大肌肉动作和小肌肉动作的学习与发展目标。

　　"生活习惯与生活能力"子领域涵盖了与幼儿健康成长密切相关的生活习惯、卫生习惯、生活自理能力和安全生活的能力，这些都是幼儿阶段需要学习与发展的重要方面。良好的生活与卫生习惯是幼儿维护和促进自身健康的积极方式和重要途径。习惯需要从小培养，幼儿阶段正是良好行为与习惯养成的重要时期。幼儿需要从学习生活开始，为今后的独立生活打下基础，生活自理能力和安全生活的能力也是幼儿适应社会生活必备的基本能力。

　　以上三个子领域的建构充分体现了幼儿在健康方面学习与发展的年龄特点，同时也为幼儿园开展保育、教育工作及卫生保健工作指明了基本方向。

二、《指南》中健康领域各子领域目标解析

(一)"身心状况"子领域的目标

目标 1：具有健康的体态

　　《指南》围绕"具有健康的体态"给出了各年龄段幼儿身高、体重的参照标准，以及身体姿势方面的典型表现。

　　身高和体重是评价幼儿生长发育状况最常用、最重要的形态指标，在一定程度上反映了幼儿身体发育的基本特征和营养状况。健康的幼儿应具有健康的体态，这既包括身体形态方面的发育特征，也包括与之直接相关的身体姿势。

　　我国幼儿低体重率和肥胖率问题不容忽视，尤其是幼儿肥胖率呈上升趋势。在一些偏远的农村或山区，因经济发展较落后，生活条件较差，幼儿营养不良、身材矮小、体重偏轻等问题依然存在。而在某些大中城市，超重和肥胖的幼儿也越来越多，肥胖症已成为危害我国幼儿健康的一个重要问题，这与人们生活条件的不断改善、成人片面的健康观与饮食观及幼儿热量摄入过多、运动不足等因素有关。这两种状况都不利于幼儿的健康成长，

应引起幼儿家长、幼儿园及相关部门的高度重视。

幼儿营养不良不仅会影响身体形态的发育与机能的完善，而且会导致生长发育迟缓和抵抗力下降，甚至会影响心理的健康发展。肥胖症对幼儿身心发展也有极大危害，不仅会影响正常的生长发育，而且容易引发呼吸系统、消化系统等疾病，严重时会引起幼儿高血压和糖尿病。此外，肥胖症还容易引起幼儿自信心不足、社会交往退缩等心理问题。

因此，帮助幼儿保持适宜的身高和体重尤为重要。《指南》提供了幼儿各年龄段身高、体重的参考数据，该数据参考了国际上通用的世界卫生组织推荐的3～6岁体格发育标准。

幼儿阶段是身体形态发育和身体姿势形成的关键时期。幼儿的脊柱尚未骨化完成，可塑性较强，正确的站姿、坐姿和行走姿势有利于脊柱的正常发育；相反，若身体姿势不正确且持续时间较长，很容易引发脊柱畸形，进而影响幼儿身体形态的正常发育，严重时还会引发其他健康问题。可见，站、坐和行走姿势是否正确直接关系到幼儿骨骼的发育状况，因此，我们必须帮助幼儿逐步养成良好的身体姿势习惯。

目标 2：情绪安定愉快

《指南》依据幼儿的情绪特点与发展需要，围绕"情绪安定愉快"这一目标提出了各年龄段幼儿的典型表现，如情绪稳定、保持愉快情绪、适度表达和调节情绪等，为具体的教育引导指明了方向。

良好的情绪是心理健康的重要标志。对于幼儿而言，情绪安定愉快是基础，是健康幼儿的重要表现。

当幼儿情绪处于安定愉快的状态时，他的身体会分泌对身体有益的物质，这有利于幼儿身体的正常发育与健康成长；愉快的情绪还有助于幼儿积极地探索环境，与他人交往，并与他人建立良好的关系。因此，情绪安定愉快是幼儿保持身心健康及产生适应行为的重要条件。

幼儿较容易因环境变化、亲子分离、心理冲突等出现较大的情绪波动，并且自我调节能力较弱。因此，需要成人去了解他们、理解他们的内心感受，并帮助他们逐渐缓解和转移不良情绪。例如，刚入园的幼儿通常会因为与亲人分离及对环境的陌生感，产生焦虑、紧张、害怕等不良情绪。这就需要成人帮助和引导他们缓解分离焦虑，减轻他们对新环境的陌生感和恐惧感，从而让他们的情绪逐渐稳定下来。同时，成人还需要为他们提供良好的生活环境和有趣的活动，让他们在生活和活动中感受到轻松、快乐和满足。

良好的感受和体验是幼儿形成安定愉快情绪的基础。幼儿若能经常地、反复地体验这些正面感受，将有助于他们形成良好的情绪反应模式和习惯。《指南》提出要让幼儿经常保持愉快的情绪，正体现了这一基本原理，也是对幼儿情绪健康发展提出的基本要求。随着幼儿年龄的增长，成人还应逐步引导幼儿学习和掌握将不适当的消极情绪(如生气、悲伤)转移、缓解与控制的方法，这也是促进幼儿情绪健康发展的重要方面。

目标 3：具有一定的适应能力

人的适应能力既体现在身体对内部、外部环境及其变化的适应上，反映出身体的机能状况和体质的强弱，也体现在对社会环境的适应上，即我们常说的社会适应能力。适应能力是一个人在社会中生存与发展必备的基本能力，因此也是幼儿阶段需要逐步学习与发展的最基本方面。

《指南》根据幼儿的年龄特征，在适应能力方面，从人体对天气冷热及其变化的适应性、对乘坐日常交通工具的适应性、对新环境和集体生活的适应性等方面提出了各年龄段幼儿的典型表现。此外，《指南》的社会领域还涵盖了幼儿社会适应能力方面的学习与发展目标，由此也可看出健康领域与社会领域之间的相互关系。

(二)"动作发展"子领域的目标

目标1：具有一定的平衡能力，动作协调、灵敏

目标2：具有一定的力量和耐力

《指南》从身体素质的角度提出了幼儿在大肌肉动作方面"具有一定的平衡能力，动作协调、灵敏"和"具有一定的力量和耐力"的发展目标。

身体素质反映了人体在身体运动中的机能水平。例如，平衡能力、协调能力和灵敏性反映了神经系统对肌肉活动的控制和调节能力，力量、耐力主要体现了肌肉组织和心肺系统的功能状况等。

人体在运动时，必须首先确保身体处于平衡状态，否则就容易摔倒。平衡能力是完成各种身体动作的前提，也是实现自我保护的最基本能力。培养幼儿的平衡能力，有助于幼儿在进行各种活动时，确保身体保持平稳、安全的状态。

幼儿要较好地完成各种大肌肉动作，还需要具备一定的协调能力和灵敏性。例如，幼儿在跑步时需要上、下肢动作的协调，而要在跑步的过程中躲避他人或障碍物则需要快速调整身体姿势和位置，这与身体的灵敏度直接相关。又如，幼儿要与他人玩相互抛接球的游戏，需要手与眼及双手动作的协调和一定的灵敏度才能实现。

幼儿阶段是平衡能力、协调能力和灵敏性发展的重要时期，这些身体素质获得一定程度的发展，能促进幼儿神经系统和脑功能的完善，也是今后学习更多、更复杂动作技能的基础。

力量是身体运动的基础。没有下肢部位的肌肉力量，幼儿就无法站立、行走，更无法做跑、跳等动作；没有上肢部位的肌肉力量，幼儿也无法做推、拉、搬运、攀登等动作。

耐力体现了心肺耐力和肌肉耐力等方面的综合状况。幼儿心肺功能逐渐增强，肌肉耐力不断提高，才能较轻松地进行各种身体活动及适应社会生活。因此，耐力是一个人进行身体运动和更好地适应社会生活时应具备的身体素质。根据幼儿的年龄特点，幼儿阶段需要发展的是有氧耐力。幼儿尚不具备进行无氧耐力运动的生理基础，应避免让幼儿的身体运动进入无氧代谢状态。

由此可见，平衡能力、协调能力(或称协调性)、灵敏性、力量和耐力都是最基本的身体素质。《指南》提出的幼儿身体素质的发展目标，就是要发展这些基本的身体素质。

我国城市中很多家长对幼儿的保护和照顾过度，幼儿运动的机会在一定程度上有所减少。此外，随着人们生活水平的不断提高及城市公共设施的不断完善，幼儿出门乘车、上楼乘电梯等现象也越来越普遍，这无形之中减少了幼儿身体运动的机会。有的家长缺乏对幼儿身体运动价值的足够认识，因而较少关注幼儿的身体运动和动作能力的发展。有些幼儿园出于某些原因，也存在忽视幼儿体育活动的现象。凡此种种状况，都会影响幼儿体质的增强及身心健康的发展。

重视幼儿身体素质的发展，其实质是提高幼儿机体的机能水平，增强幼儿的体质。《指南》从幼儿身体素质的角度确立幼儿在大肌肉动作方面的学习与发展目标，充分体现了国家对增强幼儿身体素质的高度重视。

《指南》中提出的有关幼儿身体素质发展方面的典型表现，是一种方向上的引领，主要体现在以下几个方面。

第一，各年龄段幼儿在身体素质方面的典型表现是一种参考。这些典型表现是对幼儿身体素质发展建立的合理期望。同时，也可以帮助成人更好地了解幼儿身体素质发展在各年龄段的基本表现。需要特别说明的是，各年龄段幼儿在身体素质方面的典型表现并非评价标准，因此，绝不能将其作为幼儿达标的依据或评价幼儿的标准。

第二，各年龄段幼儿在身体素质方面的典型特征，可以通过幼儿一系列身体运动体现出来。例如，4～5岁幼儿在平衡能力、协调能力和灵敏性上的发展状况，可以通过在较窄的低矮物体上平稳地行走、能成功地做匍匐爬行、助跑跨跳过障碍物或与他人玩追逐躲闪跑游戏等活动来体现。5～6岁幼儿在力量和耐力上的发展状况，可以通过双手抓杠悬空吊起一段时间、单脚连续跳跃一定距离或快跑一定距离等活动体现。而且，这些活动是可以替换的。例如，有些农村幼儿可能从未玩过球，但他们会滚铁环、爬树等，这同样能反映出他们在协调能力和灵敏性等方面的发展水平。

第三，幼儿身体素质的发展状况可以在生活中和不同的身体运动中体现出来。例如，上下楼梯的动作反映了3～4岁幼儿在平衡能力、协调能力和灵敏性方面的发展状况；一定距离的连续行走在一定程度上反映了幼儿耐力发展的状况；幼儿的平衡能力、协调能力和灵敏性可以在跑、跳、攀登、钻、爬、球类等活动中体现出来。

第四，《指南》在分年龄段描述幼儿力量和耐力的典型表现时，列举了上肢、下肢等不同部位的身体动作，目的是强调幼儿身体锻炼与发展的全面性。此外，在各年龄段幼儿的典型表现中出现了量化描述，我们应正确理解这些量化指标。力量和耐力比较特殊，很难用非量化的语言表达，尤其是无法用非量化的语言体现出幼儿在年龄上的差异。用量化的方式呈现幼儿在力量和耐力方面的典型表现，可以更加明确地体现这两种身体素质的基本特征。

同时，还需要注意的是，《指南》中虽然将"具有一定的平衡能力，动作协调、灵敏"和"具有一定的力量和耐力"这两个目标分开提出，但实际上在许多运动中，这些身体素质是相互关联的。例如，幼儿在做单脚跳跃的动作时，首先需要身体的平衡能力和下肢肌肉的力量，而若要向前跳一段距离或与同伴进行比赛，则又与协调能力、灵敏性及耐力密切相关。因此，在幼儿身体素质的发展上，应注意这两个目标的相互作用和综合发展。

目标3：手的动作灵活协调

《指南》围绕幼儿小肌肉动作的发展提出了"手的动作灵活协调"这一发展目标。

幼儿手部动作的发展对于其适应社会生活及实现自身发展具有重要的意义。例如，幼儿手的动作能力是实现生活自理(如进餐、穿脱衣服)最为重要的能力基础，也是学习使用工具(如剪刀)及进行绘画、写字等活动的重要基础。

手部动作的发展主要以协调和控制这两种能力的发展为标志，它在很大程度上依赖于神经肌肉的快速与准确的反应，这是神经控制与调节能力发展的重要表现。

《指南》依据幼儿的年龄特点，以使用工具为例，从手部动作的灵活与协调的角度提出了幼儿在各年龄段的典型表现。

使用工具是维持人类生存及适应人类生活必备的基本能力。对于幼儿来说，手的动作能力发展的重要内容就是学习使用工具，如用勺子和筷子吃饭、用笔绘画或写字、用剪刀剪东西等。

筷子是我国主要的餐具之一，随着年龄的增长，幼儿需要学习和练习使用筷子，以适应社会生活，传承中华民族的优良传统。2～6 岁是幼儿握笔动作技能迅速发展的阶段。幼儿最早进行的握笔活动是自由地涂鸦，这种绘画练习的经验有助于提高幼儿的书写技能，幼儿绘画能力的初步发展是书写技能发展的基础。

(三) "生活习惯与生活能力" 子领域的目标

目标 1：具有良好的生活与卫生习惯

幼儿从小养成良好的生活与卫生习惯是维护和促进健康的积极方式和重要途径，这不仅能有效减少有害物质对幼儿身体的不良影响，更好地维护幼儿身体健康，而且，这些良好的生活与卫生习惯一旦养成，就会对成年后的行为与习惯产生一定的积极影响。

《指南》依据幼儿的年龄特点，围绕 "具有良好的生活与卫生习惯" 这一目标，从有规律的生活、对体育活动的兴趣、良好的饮食习惯(如不偏食、不挑食、不暴饮暴食、常喝白开水)和卫生习惯(如用眼卫生、早晚刷牙、饭前便后洗手)等方面列举了各年龄段幼儿的典型表现。

需要特别说明的是，在《纲要》的健康领域中，"喜欢参加体育活动" 的目标是与 "动作协调、灵活" 的目标一起提出的，即该目标是放在幼儿体育活动中提出的。但在《指南》中，则是将 3～4 岁和 4～5 岁 "喜欢参加体育活动" 及 5～6 岁 "能主动参加体育活动" 的表现和要求放在 "具有良好的生活与卫生习惯" 的目标下提出的。幼儿若从小就能对体育活动产生兴趣并逐渐养成锻炼的习惯，将为他们今后养成运动的习惯奠定基础，而运动兴趣与习惯是一种良好的生活方式，有助于维护和促进身心的健康。这种改变，充分体现了现代保健的基本理念及终身体育的健康理念。

《指南》详细阐述了培养幼儿良好饮食习惯的典型表现。例如，3～4 岁的儿童 "喜欢吃瓜果、蔬菜等新鲜食品" "愿意饮用白开水，不贪喝饮料"；5～6 岁的儿童 "主动饮用白开水，不贪喝饮料" 等。这些目标与 2007 年卫生部颁布的《中国居民膳食指南》中提出的学龄前儿童要 "多吃新鲜蔬菜和水果" "少喝含糖高的饮料" 等观点基本一致，这不仅体现出国家对幼儿营养状况与健康的关注，也强调了从小培养幼儿健康生活方式的重要性。

总而言之，从小培养幼儿良好的生活与卫生习惯，其最终目标就是帮助幼儿逐步学会以健康的方式生活，这对于幼儿的健康成长乃至一生的健康都具有重要而深远的意义。

目标 2：具有基本的生活自理能力

幼儿要成为一个独立的人，需要从学习、生活开始，生活自理能力便是人类适应社会生活最基本的能力之一。同时，我们也要认识到，幼儿生活自理能力的发展是建立在身体动作发展的基础之上的，尤其是手的动作能力。

幼儿的生活自理能力与其生活、卫生习惯及手部动作之间有着密切关联。因此，有关幼儿生活自理能力的典型表现不仅在"具有基本的生活自理能力"的目标下做了具体阐述，而且在"具有良好的生活与卫生习惯"及"手的动作灵活协调"这两个目标中也有所体现。从这个角度来看，健康领域中幼儿学习与发展的目标之间也存在着密切的关系。概括起来，《指南》在幼儿生活自理能力方面的典型表现包括独立进餐、盥洗、排泄后的自理、穿脱衣服和鞋袜、整理生活用品与学习用品等方面。

目标3：具备基本的安全知识和自我保护能力

幼儿活泼好动，对外界事物充满好奇，总想亲自去尝试，这是他们的年龄特点，但他们缺乏对危险事物或行为的认知与判断能力，自我保护的意识和能力较差，身体动作的能力也十分有限，因此幼儿意外伤害事故时有发生。

幼儿不能总是在成人的保护和照顾下生活。随着幼儿年龄的逐渐增长，他们还需要在成人的指导下学习和掌握基本的安全知识，具备一定的自我保护能力，只有这样，幼儿才能逐渐学会自己照顾自己，并在生活中健康、安全地成长。幼儿的安全生活能力是保证自身生命安全、维护自身健康必备的基本能力。

《指南》结合幼儿的年龄特点，针对幼儿的生活环境与发展需要，从与他人交往的安全、对环境中危险事物的认识、活动与运动中的安全、交通安全及求助、防灾等角度指出了各年龄段幼儿在安全和自我防护方面的典型表现。

总而言之，《指南》在健康领域提出的幼儿学习与发展目标，体现了国家对我国幼儿身心健康发展的合理期望，为幼儿园和家庭更好地促进幼儿身心健康指明了具体而明确的方向。

三、健康领域幼儿学习与发展的特点与指导要点

(一)为幼儿提供良好的生活环境，全面地照顾和关爱幼儿

幼儿身心的发育与发展尚不完善，身心基础较薄弱，各种能力都很欠缺，对成人具有较强的依赖性。因此，需要成人为幼儿提供良好的生活环境，全面地照顾和关爱幼儿。其主要目的是满足幼儿身体和心理发展的需要，尽量减少外界不良因素对他们的伤害，这是维护和增进幼儿身心健康的重要保障。

《指南》在健康领域中指出，"成人应为幼儿提供合理均衡的营养，保证充足的睡眠和适宜的锻炼，满足幼儿生长发育的需要；创设温馨的人际环境，让幼儿充分感受到亲情和关爱，形成积极稳定的情绪情感"。同时，在教育建议中进一步提出要"创设安全的生活环境，提供必要的保护措施""桌、椅和床要合适""以欣赏的态度对待幼儿""帮助幼儿学会恰当表达和调控情绪"等。依据上述要求和教育建议，我们可以围绕幼儿的生活环境概括出以下两点。

第一，为幼儿提供一个安全、卫生、有利于生长发育的物质环境，照顾好幼儿的日常生活，这直接关系到幼儿正常的生长发育与身体健康。

第二，为幼儿营造一个温暖、轻松且充满支持的心理社会环境，让幼儿能感受到成人给予的尊重、理解、关爱和接纳，让幼儿愉快地生活和活动，并形成安全感和对成人的信任，这有助于幼儿心理的健康发展。关于幼儿一日生活的安排、膳食、卫生与消毒、伤害

预防等方面的具体要求，卫生部于 2012 年 5 月颁布的《托儿所幼儿园卫生保健工作规范》等相关文件做了明确的规定，幼儿园应认真贯彻和执行，以确保为幼儿提供一个优质生长环境。

(二)在幼儿日常生活中渗透健康领域的指导

幼儿健康领域学习与发展的大部分目标都与日常生活中的吃、住、行、玩等方面有着密切关系。幼儿生活中的每个环节都包含着许多学习与发展的机会，在此过程中渗透健康领域的指导非常自然，也很有效。幼儿可以在日常生活中通过经常反复的体验、学习、练习和实践，逐渐习得有益于健康的行为，获得能力上的发展。

《指南》在健康领域的教育建议中提出，"提醒幼儿要保持正确的站、坐、走姿势"；"发现幼儿不高兴时，主动询问情况，帮助他们化解消极情绪"；"经常带幼儿接触不同的人际环境，如参加亲戚朋友聚会，多和不熟悉的小朋友玩"；"日常生活中鼓励幼儿多走路、少坐车"；"提醒幼儿保护五官，如不乱挖耳朵、鼻孔，看电视时保持 3 米左右的距离"；"帮助幼儿了解周围环境中不安全的事物，不做危险的事"；"告诉幼儿不允许别人触摸自己的隐私部位"；等等。这些均体现出应在幼儿的日常生活中渗透健康指导这一教育理念。我们应充分认识到日常生活就是幼儿学习和发展的内容和途径，为幼儿提供适宜的学习与发展机会，减少包办代替。

幼儿喜欢模仿，成人的行为经常会成为幼儿模仿的内容，幼儿是通过观察和模仿来学习的。幼儿既可以模仿成人某些健康的行为，同样也有可能模仿到一些不健康的行为。成人的言行举止会影响幼儿，尤其是家长，因为他们陪伴幼儿的时间最长，而且影响力也最大。《指南》在健康领域的教育建议中提出，成人要"保持良好的情绪状态，以积极、愉快的情绪影响幼儿"；"成人用恰当的方式表达情绪，为幼儿做出榜样。如生气时不乱发脾气，不迁怒于人"等。这就是期望成人能以积极、正面的形象出现在幼儿面前，为幼儿树立榜样。在这个过程中，幼儿通过大胆表达及相互交流，还能释放某些不良情绪，这有助于幼儿的心理健康。

(三)围绕某一健康主题开展幼儿健康教育活动

《指南》在健康领域教育建议中，围绕幼儿学习与发展的目标提出了许多有关幼儿健康教育活动的主题。例如，"成人和幼儿一起谈论自己高兴或生气的事，鼓励幼儿与人分享自己的情绪""帮助幼儿了解食物的营养价值，引导他们不偏食不挑食、少吃或不吃不利于健康的食品""幼儿园应定期进行火灾、地震等自然灾害的逃生演习"等。

以某一健康主题开展幼儿健康教育活动，可以更具体、深入地对全体幼儿进行相关的健康指导，这是帮助所有幼儿形成健康意识、获得基础的健康知识及培养健康行为与习惯的重要途径。因此，幼儿园有必要根据幼儿的年龄特点、生活实际与发展需要，有目的、有计划地开展幼儿健康教育活动。

例如，在"大家一起分享情绪"这一主题中，教师可以与幼儿一起分享自己高兴或生气的事情，这不仅能使幼儿认识到每个人都会有不同的情绪，学习理解他人的情绪，而且也能使幼儿学会表达自己的情绪。在此过程中，幼儿通过大胆表达及相互交流，还能释放一些不良情绪，这有助于幼儿的心理健康。又如，在"爱护牙齿"这一主题中，教师可以通过给幼儿讲故事，指导幼儿观看相关的视听资料，使幼儿了解为什么要爱护牙齿和刷牙的基本道理，并通过相互讨论与交流，分享爱护牙齿的经验；教师通过正确示范刷牙动作，结合念儿歌、看图示等方式，引导幼儿进行模拟练习，可以帮助幼儿学习和练习刷牙的正确方法。在此基础上，如果将这些活动与日常生活有机结合，给幼儿提供在园刷牙的实践机会，则更有助于帮助幼儿掌握刷牙的正确方法。此外，幼儿园还可以向家长传递有关爱护幼儿牙齿的健康信息，鼓励家长在家里也支持幼儿的健康习惯，从而共同帮助幼儿养成爱护牙齿的良好行为与习惯。

(四)开展丰富多样、适合幼儿的体育活动

《指南》在健康领域教育建议中提出，"利用多种活动发展身体平衡和协调能力，如：走平衡木，或沿着地面直线、田埂行走""玩跳房子、踢毽子""开展丰富多样、适合幼儿年龄特点的各种身体活动，如走、跑、跳、攀、爬等，鼓励幼儿坚持下来，不怕累""经常与幼儿玩拉手转圈、秋千、转椅等游戏活动""为幼儿准备多种体育活动材料，鼓励他选择自己喜欢的材料开展活动""对于拍球、跳绳等技能性活动，不要过于要求数量，更不能机械训练"等。这些教育建议均体现了应开展丰富多样、适合幼儿的体育活动的理念。

开展丰富多样、适合幼儿的体育活动是增强幼儿体质、增进幼儿健康的积极手段和重要途径。幼儿体育活动兴趣的激发、基本动作的发展及身体素质的提高，都是在身体运动的过程中逐渐获得的，体育是以身体运动为基本手段的教育。也就是说，要实现幼儿体育活动的价值，增强幼儿的体质，关键就是要为幼儿提供尽可能多的身体运动机会，吸引幼儿参与其中，鼓励和支持幼儿主动锻炼与体验，并在此过程中给予幼儿适当的指导和帮助。

因此，我们应为幼儿提供丰富多样的运动器材，鼓励幼儿积极探索、大胆尝试；开展丰富多样的幼儿体育游戏和活动，让幼儿在体验与同伴快乐游戏的同时，提升身体素质和动作技能；带领幼儿经常做基本体操练习，全面增强幼儿体质；利用周围环境资源开展多样的幼儿体育活动，丰富幼儿的生活。丰富多样的幼儿体育活动内容，将为幼儿带来丰富的运动体验、体质的增强及富有个性的发展，这有助于幼儿身心健康发展。《指南》中围绕幼儿的身体素质提出了"具有一定的平衡能力，动作协调、灵敏"和"具有一定的力量和耐力"的发展目标，由此表明提高幼儿的身体素质是幼儿体育活动的核心目标。为实现这一目标，我们可以从以下两个方面入手。

第一，以提升幼儿身体素质为切入点，有目的、有计划地开展适合幼儿的体育活动。这是幼儿教师最需要提升教育意识和专业知识、能力的方面。幼儿教师在以往的体育活动计划和组织中，通常从幼儿基本动作的角度考虑具体的发展目标，这种思维方式和做法需要进行适当的调整。也就是说，我们应首先思考要发展幼儿哪些身体素质来增强幼儿的体质，然后再考虑围绕这些身体素质应选择哪些适宜的身体活动。同时，也要考虑所选择的身体活动要尽可能丰富多样，以激发和保持幼儿对体育活动的兴趣，为幼儿提供丰富的运动体验，并使幼儿在经常性的练习过程中让相应的身体素质逐步得到提高和发展。例如，为了提高大班幼儿的协调能力和灵敏性，我们可以选择追逐躲闪跑、助跑跨跳过障碍、匍匐爬行、攀爬攀登、相互抛接球、相互踢球、拍球接力、躲沙包、跳房子、跳绳、滚铁环等活动来实现。

第二，有目的地将幼儿基本动作的发展与身体素质的提高有机结合起来。在幼儿阶段，

发展幼儿的基本动作(如走、跑、跳跃、投掷、攀登、钻、爬、搬运等)也是幼儿体育活动的重要目标，不仅如此，幼儿基本动作的发展状况已在一定程度上反映了幼儿身体素质的发展水平，两者之间具有密切的关联。

因此，一方面，我们要重视发展幼儿的基本动作，尤其要注意在对幼儿进行基本动作练习时给予正确指导，不能只顾幼儿的兴趣而忽视动作发展上的指导。例如，幼儿在做从上往下跳的动作时，最重要的动作指导是引导幼儿学会落地时屈膝缓冲的动作，这不仅能帮助幼儿获得身体的平衡，更重要的是能保护幼儿大脑和下肢关节部位免受较强的震动，这有利于幼儿身体的健康。另一方面，我们要注意在幼儿进行基本动作练习的过程中，将其与身体素质的提高有机地结合起来考虑，并将幼儿身体素质的培养作为最终的核心目标。例如，在指导幼儿进行掷远的动作时，既要指导幼儿如何把握好出手的角度和如何转体用力，学习和掌握正确的掷远动作，同时又要引导幼儿通过各种投掷活动发展其力量和动作的协调性，以提高幼儿的身体素质。

《指南》还指出，"幼儿每天的户外活动时间一般不少于 2 小时，其中体育活动时间不少于 1 小时，季节交替时要坚持"；"气温过热或过冷的季节或地区应因地制宜，选择温度适当的时间段开展户外活动，也可根据气温的变化和幼儿的个体差异，适当减少活动的时间"。这表明我们应保证幼儿每天进行体育活动的时间，这是提高幼儿机体适应能力、增强幼儿体质的重要保障。同时，我们也应根据当地的实际情况和幼儿的个体差异灵活掌握，体现出国家对保证幼儿体育活动时间的基本要求及灵活运用的基本思想。

(五)重视幼儿健康领域与其他领域教育的有机结合

《指南》在"原则"中指出，"儿童的发展是一个整体，要注重领域之间、目标之间的相互渗透和整合，促进幼儿身心全面协调发展"。

幼儿是作为一个整体而发展的，幼儿健康领域的学习与发展和其他领域，特别是社会领域的发展密不可分。心理健康所涵盖的范畴很广，在《指南》的健康领域中仅涉及幼儿情绪发展及对集体生活环境的适应等方面的目标，此外还有许多有关幼儿心理健康方面的目标包含在《指南》的社会领域之中。因此，健康领域与社会领域之间密切关联、相互补充，幼儿在这两个领域的学习与发展都有助于幼儿的身心健康。

与此同时，我们还应认识到，幼儿在其他领域的学习与发展也有助于幼儿身心的健康成长。例如，幼儿在与同伴友好相处、共同游戏的过程中，在随着音乐自由地哼唱、表演时，或与成人一起阅读图画书的过程中，都能很自然地表现出积极、愉快的情绪，这便是实现"情绪安定愉快"目标的最佳方式。又如，幼儿在进行绘画、手工制作、翻阅图画书、玩游戏等活动中，离不开小肌肉的动作，而此时也是发展幼儿手部动作协调性和灵活性的绝佳时机。再如，幼儿在了解与探索物质世界和周围环境的过程中，可以获得对物质特性及有关安全等方面的知识和经验，这有助于提高幼儿对危险事物的认识与判断能力，从而更好地维护自身的安全。由此可见，幼儿健康领域的学习和发展应与其他领域的学习和发展有机结合、相互渗透，只有这样，才能促进幼儿身心全面协调发展，这正体现《指南》所倡导的要"关注幼儿学习与发展的整体性"的基本理念。另外，动作的发展状况也在一定程度上反映了幼儿身体素质的发展水平，两者之间具有密切的关联。

本章小结

本章主要对幼儿园健康教育进行了概述，介绍了健康的含义与标志及幼儿健康的含义、特性与标志，重点分析了幼儿健康的影响因素及幼儿园健康教育的意义与任务，在此基础上，介绍了幼儿园健康教育评价的内涵、原则、内容、类型与方法，最后从《纲要》和《指南》这两个学前教育重要文件的视角来解读幼儿园健康教育。

思考题

1. 请结合实例谈谈幼儿健康的影响因素。
2. 请谈谈幼儿园健康教育包括哪些任务。
3. 请结合实例谈谈幼儿园健康教育评价的原则。
4. 请结合《纲要》谈谈幼儿园健康教育的内容。
5. 请将《指南》中健康领域及其子领域各层级的目标画成思维导图。

第二章　幼儿身体保健教育

本章学习目标

➢ 了解幼儿身体保健教育的内容及设计的基本要求。
➢ 掌握幼儿身体保健教育活动设计与指导的方法。
➢ 树立正确的幼儿身体保健教育理念。

重点与难点

➢ 幼儿身体保健教育的内容及设计的基本要求。
➢ 幼儿身体保健教育的教育原则和注意事项。
➢ 按照幼儿身体保健教育的原则组织教育教学活动。

导入案例

喝　水

幼儿园小班的大牛从户外回来后，急忙去杯架上拿水杯，拿过水杯后站到队尾等待接水。在等待过程中，他先是和前面的小朋友聊天，当又有小朋友站在他后面排队时，他又转过身和后来的小朋友谈笑。在欢声笑语中轮到大牛接水了，只听他突然尖叫一声，老师和小朋友都吓了一跳，原来他只接了热水，烫到了嘴唇。老师处理完后，和小朋友一起讨论喝水的问题。由此，小朋友们知道了班级里的饮水机需要冷水、热水交替接才不会烫嘴。吃饭喝汤的时候，也需要等一等、吹一吹。

幼儿能力有限，缺乏知识经验，还不能很好地控制自己的行动，无法有效地保护自己的身体。因此，幼儿园教师需要教育幼儿科学地认识、养护和锻炼身体，培养幼儿在生活卫生、进餐、着装、睡眠、盥洗等方面的基本能力。

(资料来源：本书作者整理编写.)

第一节　幼儿身体保健教育概述

《纲要》强调，幼儿园必须把保护幼儿的生命和促进幼儿的健康放在工作的首位。身体健康是幼儿身心全面和谐发展的基础，直接影响着幼儿智力、心理等诸多方面的发展，进而影响幼儿的未来。《指南》中也指出，幼儿阶段是儿童身体发育和机能发展极为迅速的时期，为有效促进幼儿身心健康发展，成人应为幼儿提供合理均衡的营养，保证充足的睡眠和适宜的锻炼，以满足幼儿生长发育的需要。

一、幼儿身体保健教育定义

身体保健教育是帮助人们形成保护身体的意识，树立正确的身体保健观念，促使人们自觉采纳有益于健康的行为和生活方式，减轻或消除影响健康的危险因素，预防疾病，从而提高生命质量。

幼儿身体保健教育是教育者根据幼儿的身心发展特点，通过有计划、有组织、有目的的教育活动，帮助和促进幼儿身体的生长发育，增进幼儿身体健康，培养幼儿初步的健康意识和自我保健能力，引导幼儿逐步养成良好的保健行为，提高幼儿的健康水平。

二、幼儿生长发育的一般规律

幼儿的生长发育是一个由量变到质变的复杂过程，包括三个相互交叉的因素：身高体重的不断增加、各器官组织的分化和机能的逐步完善、身体发生一定的形态变化。这三个因素有规律地相互交叉进行。例如，消化系统的发育，从婴儿到成人，随着年龄增长，消化功能逐渐成熟，从新生儿时期只能接受少量流质食物，到成人期能够消化多种固体食物。又如，随着大脑重量的增加，细胞之间的联系加强，人的记忆、感知、思维能力也不断发展，幼儿的智力便不断提升。

幼儿的生长发育方式在不同年龄阶段虽有所不同，但都遵循共同的规律。掌握这些规律，创造有利于幼儿生长发育的条件，就可以使幼儿生长发育的潜力得到最大限度的发挥。幼儿生长发育的一般规律包括以下具体内容。

(一)生长发育既有连续性又有阶段性

首先，幼儿的生长发育具有连续性。幼儿的生长发育是一个完整的过程，呈现由简单到复杂、由低级到高级的态势，而且每一个发展阶段都建立在前一阶段的基础之上，前后阶段之间存在因果关系。若前一阶段的发展出现障碍，必然会对后一阶段的发展产生影响。例如，从婴儿上肢动作的发展来看，最初上肢仅有无意识的活动，手几乎不起作用，随后学会大把抓东西，最后才能够用拇指和食指拿起细小物件；从婴儿学走路的过程来看，婴儿在学走路之前一定先学会站立，学站立之前要先学会坐，而会坐之前则一定要先学会抬头。

其次，幼儿的生长发育同时具有阶段性。个体长达 6 年的发展历程由一个个具体的发展阶段构成，每个阶段都有其独特的特点，各个阶段按照一定规律交替和衔接。根据幼儿身心发展的特点，可将幼儿时期划分为以下几个年龄阶段。

1. 新生儿期

新生儿期是指婴儿出生后至 28 天的时期。这一时期的主要特点是婴儿从依赖母体的子宫内生活转变为独立的子宫外生活，同时面临内外环境的巨大变化，适应能力较差，死亡率较高。

2. 婴儿期

婴儿期是指从满月到 1 周岁的时期。这一时期是婴儿出生后生长发育极为迅速的阶段，其特点为身长增长 50%，体重增长至出生时的 2 倍，脑部发育较快，但消化功能尚未完善，抵抗力较弱，容易患上各种传染病。

3. 幼儿前期

幼儿前期是指 1～3 周岁的时期。这一时期，幼儿身高、体重的增长速度比婴儿期有所减慢，中枢神经系统的发育较快。

4. 幼儿后期

幼儿后期是指 3～6 周岁的时期。这一时期，幼儿身高、体重的增长速度比幼儿前期进一步减慢，四肢增长较快，神经系统发育较快，思维水平逐步提高。

幼儿生长发育的阶段性规律决定了教育工作者必须依据不同年龄阶段的特点分阶段开展教育教学工作。在教育教学的要求、内容和方法的选择上，不能采取"一刀切"的方式，同时还要注重各个阶段的衔接和过渡。

(二)生长发育具有顺序性

身心发展的顺序性是指幼儿的身心发展遵循由上到下、由近到远、由粗到细、由低级到高级、由简单到复杂、由量变到质变的连续发展过程。

例如，在胎儿期，形态发育的顺序为：头部率先发育，其次是躯干，最后是四肢。再如，在婴儿期，动作发育的顺序为：首先是头部的运动(抬头、转头)，然后发展到上肢(取物)，接着是躯干的活动(翻身与直坐)，最后发展到下肢的活动(爬行、站立、行走)。这种由头部开始逐渐向下肢延伸的发展趋势也称为"头尾发展规律"。

从上肢的发育情况也能看出，婴儿出生时只会无意识地乱动，手几乎没有任何作用；4～5 个月时，才能有意识地去拿东西，但此时只会用全手一把抓；到 10 个月左右才会用指尖去拿东西；到 1 岁左右才能够灵巧地用两个手指捏起细小物体。这表明动作是由整个上肢逐渐发展到手指，由身体正中向侧面发展，这称为"正侧发展规律"。

"头尾发展规律"和"正侧发展规律"表明动作的产生具有时间顺序，不能违背这一顺序来"发展"孩子的动作，否则会对学前儿童的生长发育产生不利影响。

(三)生长发育的不均衡性

1. 生长发育的速度不均衡

人体生长发育的速度不是直线上升的，而是呈波浪形变化。有时生长速度较快，有时较慢，二者交替进行。例如，幼儿出生后第一年生长发育的速度最快，身高比出生时增长50%，体重为出生时的 3 倍。第二年增长速度也较快，以后增长速度逐渐缓慢下来，到青春期时，又会出现第二次生长高峰。

2. 身体各部分的生长速度不均衡

在生长发育过程中，身体各部分的生长速度不同，因而身体各部分的增长幅度也不一样。

每一个健康的幼儿在身体逐渐成熟的过程中，头颅增长了 1 倍，躯干增长了 2 倍，上肢增长了 3 倍，下肢增长了 4 倍。从人体的整体形态来看，则从新生儿时期较大的头颅、较长的躯干和短小的双腿，逐渐发展为成人时较小的头颅、较短的躯干和较长的双腿(见图 2-1)。

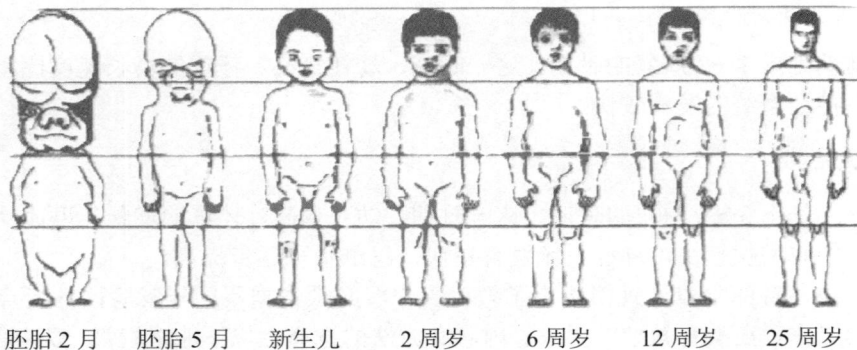

| 胚胎2月 | 胚胎5月 | 新生儿 | 2周岁 | 6周岁 | 12周岁 | 25周岁 |

图 2-1　身体生长发育

3. 各系统的生长发育不均衡

人体各系统的发育并不是同时进行的，表现为有的系统发育较早，有的系统发育较晚，同一系统在不同时期的生长发育速度也是不一样的。例如，神经系统发育最早，幼儿 6 岁时脑重量已达成人的 90%；呼吸系统、消化系统的发育与身高、体重的增长情况相似，呈波浪形；淋巴系统的发育也较早，10 岁左右达到高峰，10 岁以后淋巴系统中的个别器官逐渐萎缩；生殖系统在童年时期几乎没有发育，进入青春期后才会迅速发育。

人体各系统的发育虽然存在不均衡性，但各器官系统的发育并非孤立进行，而是在神经系统的支配下相互关联、相互影响、协调统一的。

(四)生长发育的个体差异性

生长发育有其一般规律，但每个幼儿的生长发育又具有自身的特点。由于先天遗传及后天环境条件的不同，个体在整个生长时期存在广泛的差异，呈现高矮、胖瘦、强弱、智愚等方面的不同。先天因素决定幼儿发育的可能性，后天环境则为幼儿发育提供了现实条件。应当为幼儿积极创造良好的后天环境，充分发挥每个幼儿的遗传潜力，使他们尽可能达到其可能的发育水平。

(五)生长发育的相互关联性

首先，幼儿身体各系统、器官的发育不是孤立的，人体是一个完整的统一体，各个器官、系统的发育密切相关，某一系统、器官的发育可以促进其他系统、器官的发育。反之，其发育也会阻碍其他系统、器官的发育。例如，循环系统发育的好坏直接影响到神经系统、运动系统的发育。

其次，幼儿的生理和心理发展是相互关联的，生理的发育是心理发育的基础，而心理状态同样也会影响生理的发展。例如，幼儿的疲倦、饥饿等生理不适会影响其情绪，导致上课时注意力不集中，易发脾气等。同样地，不良情绪也会影响生理功能，如幼儿进餐时心情低落、不愉快，或因受到责备、处罚而哭泣等，均会影响消化和吸收功能。

三、幼儿身体保健教育的价值

幼儿的生理发育尚未成熟，身体机能不够完善，抵抗疾病的能力较差，对环境的适应能力较弱，心理发展也不够成熟，身心基础相对薄弱，很容易受到各种不良因素的影响。幼儿的身心正处在迅速发育与发展的关键时期，关注和促进幼儿的身体健康和心理健康，是幼儿阶段保育和教育的首要任务。这不仅关系到幼儿当前的健康状况，还会对其未来的发展乃至一生的健康产生重要且深远的影响。因此，幼儿园进行身体保健教育活动，就是为了使幼儿能够主动关注自身健康，保护并珍爱自己的生命，从而健康成长。

(一)促进幼儿身体各系统的生长发育

身体保健教育能够保障幼儿生理活动的正常运行，进一步促进幼儿身体各系统的健康发育。它能帮助幼儿初步感知生命的奥秘，认识各类器官的名称、功能、形态及其在身体上的位置，逐渐理解身体由小到大的自然发展规律。教师通过身体保健教育，向幼儿传授初步的身体保健技能和方法，培养幼儿保护身体的意识和习惯。

(二)激发幼儿对身体美的感知

幼儿身体保健教育旨在帮助幼儿感受身体美，激发幼儿向往健康的愿望，启发幼儿爱护身体，使幼儿感受健康的身体美。不健康的身体可能意味着龋齿、视力问题、发育不良、肥胖症等多种健康问题。美的感受对幼儿来说更直观可见，如教师可以用"一双明亮的眼睛""一排洁白的牙齿"等富有美感的语言激发幼儿感受身体的健康美、协调美，进而促进幼儿自主、自觉地爱护自己的身体并付诸行动。

(三)提高幼儿对身体的保护意识

身体保健教育是对幼儿自我保护意识的养成教育，能让幼儿爱护自己的身体，如爱护眼睛、保护听力、保护四肢及隐私部位等，使幼儿拥有健康的体态。教师通过身体保健教育让幼儿学习身体保健的基本方法，初步学会预防疾病，从而促进幼儿身体各系统的健康发育。例如，幼儿经常会感冒，教师可以以"感冒"为主题引导幼儿回忆感冒时发烧、咳嗽、流鼻涕等身体不适和情绪不佳的经历，再让幼儿与当下健康的身心状态进行对比，以达到"幼儿能够根据天气冷暖自觉增减衣物"这一教育目标。

四、《指南》中对幼儿身体保健教育的建议

(一)培养幼儿良好的心理状态

从健康的角度来讲，生理健康和心理健康同时具备才是真正意义上的健康，幼儿更是如此。学前期是心理发展的重要阶段，这一阶段是智力发展最快的时期，也是幼儿感受外界变化、受外界影响逐渐增多的时期，其间良好的心理状态是奠定一个人心理健康的基础。

幼儿情绪的好坏既会影响他们参加活动的积极性、主动性和创造性，也会影响幼儿良好性格的形成。适度的情绪表达能缓解心理压力，不良情绪表达则对幼儿的健康十分不利。例如，发怒时，人体的交感神经处于亢奋状态，心率加快，呼吸急促，同时胃肠运动受到抑制，从而容易导致食欲下降、寝食不安，甚至引发攻击性行为。

在幼儿的日常生活中，要重视加强个性教育。培养他们活泼开朗的性格，鼓励他们积极参与活动，愿意与同伴交往，富有同情心，做事自信、勇敢，有坚持性，诚实、知错就改等，使幼儿在需要、兴趣、爱好、能力、性格等方面都朝着正确的方向健康发展。

(二)培养幼儿良好的卫生习惯

《纲要》要求培养幼儿良好的饮食、睡眠、盥洗、排泄等生活习惯和生活自理能力，教育幼儿爱清洁、讲卫生，注意保持个人和生活场所的整洁和卫生。保持个人自身的清洁不仅是个体良好修养的体现，而且可以预防或减少多种疾病的发生和流行。有关研究发现，幼儿若不能及时清洗双手，其血铅含量会明显偏高，而铅对神经系统具有明显的副作用，对幼儿的代谢、生长发育也有较大的影响。饭前、便后及活动后及时洗手还可以减少消化道疾病及寄生虫病的发生。

(三)培养幼儿良好的生活习惯

科学研究表明，人的大脑皮质有一定的活动规律。当人从事某一项活动时，相应区域的大脑皮质处于工作(兴奋)状态，与这项活动无关的区域则处于休息(抑制)状态。随着工作性质的转换，工作(兴奋)区与休息(抑制)区不断轮换，呈现互相镶嵌的状态。根据这一活动规律，在一日生活中，要合理安排学习和活动的内容，做到劳逸结合，避免让幼儿感到过度疲劳。

大脑皮质的活动还会形成"动力定型"。当一系列刺激按照特定的时间和顺序先后出现时，经过多次重复，这种时间和顺序就会在大脑皮层中"固化"，形成规律。幼儿园要为幼儿制定合理的生活制度，让幼儿身体内外部的条件刺激按规律出现，从而保障幼儿的生活具有规律性。对于幼儿而言，身体保健教育体现在生活的方方面面，包括饮食、饮水、排泄、睡眠、玩耍等。当这些生活内容得到妥善安排，形成生活的节奏，习惯就会逐渐养成。此时，脑细胞能以最小的消耗，实现最佳的工作效率。

按时作息、保证睡眠时间是幼儿一日生活中应遵循的基本规律。从内分泌系统来看，下丘脑—垂体系统能控制和调节多种激素的分泌，生长激素是从幼儿出生到青春期影响其生长最重要的激素之一，能起到控制人体生长、促进蛋白质合成的作用。生长激素的分泌与睡眠的特殊联系已经得到科学证实，即幼儿入睡后分泌量最多。若幼儿时期睡眠不足，生长激素分泌不足，则会使幼儿生长发育迟缓，身材矮小。幼儿高级神经活动的抑制过程不够完善，兴奋过程强于抑制过程，因而容易在过度兴奋后感到疲劳。若幼儿经常未能按时睡眠或未能保证充足的睡眠时间，则会妨碍他们的健康成长。为此，要为幼儿建立科学的生活常规，培养他们良好的生活习惯。

第二节 幼儿身体保健教育的目标与内容

幼儿身体保健教育的目标在于预设幼儿在生活卫生习惯、自我管理能力、身体认知和疾病防治等方面应达到的标准，是对幼儿在健康教育中应获得的发展效益的规定。对幼儿进行身体保健教育主要是帮助幼儿养成良好的生活习惯，形成健康体态；帮助幼儿认识身体，了解男女两性的一些身体差异；帮助幼儿初步认识疾病对身体的消极影响，掌握抵御疾病和初步的身体保健的技能和方法。

一、幼儿身体保健教育的目标

(一)幼儿身体保健教育的总目标及价值取向

幼儿身体保健教育的总目标是确定相应的年龄阶段目标及具体活动目标的依据，是幼儿身体保健教育的最终目的，它对幼儿的身心保健起到规范作用。《纲要》在健康领域提出的总目标体现了以下价值取向。

第一，身体与心理并重。幼儿健康应包括身体健康和心理健康两个主要方面。幼儿的身体健康以发育健全、具备基本的生活自理能力为主要特征；幼儿的心理健康以情绪愉快、适应集体生活为主要特征。

第二，保护与锻炼并重。目标既重视掌握必要的保健知识以提高保护自身的能力，又强调通过体育活动提高身体素质。其中，与安全、饮食问题相关的知识和技能，培养幼儿对体育活动的兴趣，增强动作的协调性和灵活性是幼儿身体保健教育的重点。

第三，健康行为的形成与健康态度的转变并重。探讨幼儿健康行为建立、改变和巩固的一般规律是幼儿身体保健教育研究的重点。虽然提高幼儿的健康意识也是必要的，但改善幼儿的健康态度，培养幼儿的健康行为更应成为幼儿身体保健教育的重点。其中，幼儿健康行为的形成是幼儿身体保健教育的核心目标。《纲要》健康领域的目标既关注幼儿的行为表现，也注重幼儿的积极态度。

(二)年龄阶段目标

不同的幼儿呈现的发展层次存在诸多差异，但就某一特定年龄段的幼儿而言，也具有一定的发展共性。幼儿身体保健教育的年龄阶段目标是以3～6岁幼儿的身心发展特征为依据而确定的教育目标。它对3～6岁的幼儿提出了不同层次的要求，并为具体活动目标的制定指明了方向。因此，年龄阶段目标既是对总目标的细化，也是制定具体活动目标的直接依据。

幼儿身体保健教育的年龄阶段目标可具体表述如下。

1. 小班

(1) 初步掌握洗手、刷牙的基本方法；学习穿脱衣服；会使用手帕或纸巾；保持坐、站、行、睡的正确姿势；能及时排便；养成良好的作息习惯。

(2) 进餐时保持愉快的情绪，愿意独立进餐；认识最常见的食物，爱吃各类食物，主动饮水。

(3) 了解身体的外形结构，认识并学习保护五官；能积极配合疾病预防与治疗。

(4) 知道自己的性别，能从外貌特点等方面区分男女。

2. 中班

(1) 初步学会穿脱衣服、整理衣服；学习整理活动用具，能保持玩具清洁；具备初步的生活自理能力。

(2) 结合已有经验，认识各类常见食物，在爱吃各类食物的同时，懂得要科学合理地进食，逐步形成良好的饮食习惯。

(3) 进一步认识身体的主要器官，逐步形成积极接受疾病预防与治疗的态度和行为；在成人帮助下学习处理常见外伤的最简单方法，知道快乐有益于自身健康。

(4) 愿意与父母分床而眠。

3. 大班

(1) 保持个人卫生，关注周围环境的卫生；进一步提高独立生活能力，初步形成良好的学习习惯。

(2) 初步理解不同的食物有不同的营养，身体需要各种营养；会使用筷子；进一步养成独立进餐的习惯。

(3) 进一步认识身体的主要器官及其重要功能，并掌握简单的保护方法；了解有关预防龋齿及换牙的知识；注意用眼卫生。

(4) 能区分性别，知道男女厕所等标志。

(三)制定幼儿身体保健教育目标的常见问题

1. 目标内容过于狭隘

某些身体保健教育活动，有的仅设置了认知方面的要求，忽视了态度或行为方面的要求；有的仅有行为目标，却忽视了认知与态度方面的目标。例如，在大班活动"穿合适的鞋"中，只有"认识几种常见的鞋，知道不同的鞋有不同的用处"这一目标，显得内容单薄。结合大班幼儿的实际情况，可以将"会自己穿鞋"及"欣赏各种各样的鞋"纳入目标，进一步丰富幼儿在能力及情感体验方面的目标。修改目标的意义不在于表面上做到面面俱到，即在知识、能力、态度等方面都有所要求，而在于教育者深入挖掘同一活动的教育价值，拓展活动本身的趣味性。

2. 目标重点不突出

目标的确定意味着明确教育方向，在某些活动中，有时目标重点不清晰、不确切；有时活动目标虽包含具体内容，但表述烦琐。比如，活动"少吃冷饮身体好"的目标之一是让幼儿知道"冰棍、冰激凌、饮料等冷饮吃多了会腹痛、腹泻，引起消化不良、食欲不振，对人体有害"。该目标可简化为"知道多吃冷饮对肠胃的害处"，至于"有哪些害处"可以在活动过程中进一步探讨。

3. 目标超难度

受幼儿认知能力、客观条件等因素的限制，有些目标是无法实现的。例如，中班活动"身体的秘密"目标中"初步了解人体内部各器官的名称及主要功能"的表述欠妥，"内部各器官"具体指什么并不明确，这样的目标在一个活动中又如何能实现呢？即便有足够的时间开展系列活动，我们也应首先考虑幼儿的接受能力，"内部各器官"因其处于"内部"，幼儿平时看不见，即便要求"初步了解"，最终也可能不了了之。因此，对于"身体的秘密"这样的活动，可选择的目标表述方式有"说说跑步后身体有了什么变化，相互听听或摸摸心跳""知道运动出汗后不要立即喝很多水，学习保护心脏""注意观察身体，发现身体在大小、对称、多少等方面的有趣现象"。

4. 目标要求偏低

某些幼儿可能已经掌握的知识、技能，或已经形成的态度和行为等，一般不应再作为目标。例如，将"通过演示，使幼儿学习正确的刷牙方法"作为大班幼儿身体保健活动的教育目标，可能会导致教育目标要求偏低。这很可能使教育活动缺乏挑战性，导致幼儿注意力不集中，学习兴趣和参与度都不高。

5. 目标表述过于笼统

例如，小班活动"今天你喝了没有"的活动目标之一是"喝牛奶有利于身体健康"，但没有用通俗易懂的语言说明牛奶(或其他乳制品)有利于骨骼和牙齿的生长。制定目标时，可将营养和身体发育相结合。比如，可以将每天喝牛奶与个子长得高、牙齿长得整齐联系起来，也可以将每天吃蔬菜与减少排便痛苦、防止鼻出血联系起来。

二、幼儿身体保健教育的内容

(一)幼儿身体保健教育内容选择的依据

1. 有效实现教育目标

一方面，教育目标要以内容为依托才能得以落实；另一方面，教育内容的选择也必须以教育目标为依据。幼儿身体保健教育的目标是选择身体保健教育内容的基准，为教育内容的选择指明了方向，并且提示了内容的要点。

2. 符合幼儿身心发展特点

尽管教育者在确定幼儿身体保健教育目标时已经考虑了幼儿身心发展的特点和规律，但在选择身体保健教育内容时仍然需要进一步关注内容对幼儿身心发展的适宜性。具体而言，应全面了解幼儿身体发展的现状、心理发展的特点，尤其是幼儿的认知发展水平，然后针对幼儿的健康现状及其发展趋势选择教育内容。例如，在培养小班幼儿生活习惯的活动中，面对"穿脱鞋"和"穿脱衣服"两个内容，有经验的教师通常会选择"穿脱鞋"而不是选择"穿脱衣服"。因为根据幼儿动作发展的规律，穿脱鞋比穿脱衣服更简单。因此教师要根据幼儿的年龄特点，确保集体教学活动内容的有效性。

3. 与幼儿经验紧密相连

幼儿身体保健教育内容需考虑幼儿的既有经验,结合日常生活活动进行选择。苏联心理学家维果茨基(Vygotsky)的研究表明,教育对幼儿的发展能起到主导作用和促进作用是基于幼儿发展的两种水平,一种是已经达到的发展水平,另一种是幼儿可能达到的发展水平,这两种水平之间的距离就是"最近发展区"。因此,教师要根据幼儿的原有经验,找到幼儿学习的起点,再寻找幼儿的最近发展区,有针对性地制定教学活动的内容。例如,在"爱护牙齿"这一主题活动中,教师可以通过讲故事、指导幼儿观看相关音像资料等方式,让幼儿了解为什么要爱护牙齿及刷牙的基本道理,并通过讨论与交流,分享爱护牙齿的经验。教师可以通过对刷牙动作的正确示范,结合儿歌和图示,引导幼儿进行模拟练习,帮助幼儿学习和练习刷牙的正确方法。在此基础上,如果能与日常生活有机结合,给幼儿提供在园刷牙的机会,则有助于幼儿掌握正确的刷牙方法。此外,幼儿园还可以向家长传递有关爱护幼儿牙齿的信息,鼓励家长在家里也支持幼儿的健康行为,帮助幼儿养成爱护牙齿的良好行为与习惯。

4. 考虑活动的内在价值

在选择活动内容时,不必将整个教材的内容全部照搬,我们应从幼儿的实际出发,充分考虑他们的兴趣和生活经验,了解幼儿现有的能力与发展水平。结合主题目标的要求,充分挖掘活动的内在价值,选择适合幼儿发展的活动内容,从而更好地促进幼儿有效学习。

例如,每学期一次的幼儿体检中,许多幼儿有龋齿,虽然是乳牙,但是也会产生不良影响。经过与家长沟通,了解到幼儿喜欢吃甜食、喝酸奶,且很多幼儿没有养成良好的刷牙习惯和进食后及时漱口的习惯。基于这一现状,教师选取了《没有牙齿的大老虎》这个故事,引导幼儿积极讨论如何保护牙齿。通过活动,幼儿认识到口腔卫生的重要性,逐渐养成饭后认真漱口、认真刷牙、保护牙齿的好习惯。

(二)幼儿身体保健教育的主要内容

《纲要》明确指出,培养幼儿良好的饮食、睡眠、盥洗、排泄等生活习惯和生活自理能力。教育幼儿爱清洁、讲卫生,注意保持个人和生活场所的整洁和卫生。密切结合幼儿的生活进行安全、营养和保健教育,提高幼儿的自我保护意识和能力。3~6 岁幼儿的身体正处在迅速发育的时期,对各种营养素的需要相对较多,对外界环境的适应能力较弱,很容易感染疾病。他们生活经验较少,基本的生存能力尚在发展中,生活自理能力较差,缺乏必要的身体保健及安全自护知识。因此,结合《纲要》的精神,幼儿身体保健教育应让幼儿掌握身体保健的基础知识,培养良好的个人卫生习惯和生活习惯,掌握必要的安全自护常识。

1. 良好的生活卫生习惯

幼儿身心发展迅速,性格具有较大的可塑性。幼儿期是形成各种良好行为习惯的关键期,而良好的生活卫生习惯是幼儿身体健康的前提和保障。教师应以适当的方式帮助幼儿形成良好的生活卫生习惯,逐步培养他们自觉遵守科学而有规律的生活意识,从小树立科学的健康观念,使其终身受益。

(1) 睡眠习惯。能够按时睡眠，准时愉快起床，独立安静入睡，睡姿合理正确，即双腿弯曲，向右侧卧睡。

(2) 个人卫生习惯。每天洗脸、洗脚、清洗外阴；早晚刷牙；饭后漱口；饭前便后洗手，手脏了及时洗干净；经常洗澡、洗头；保持服装整洁；保持环境整洁；不乱扔东西，不乱涂乱画。

(3) 正确的坐姿、站姿、行走姿势和跳跃姿势；脊背挺直，收腹挺胸，头颈端正，目视前方，手臂自然摆放在身体前方或两侧，不含胸，不塌腰。

① 正确的坐姿：不跷二郎腿、不抖动腿和身体。

② 正确的站姿：身体不斜靠墙或家具，两腿略分开呈小八字，身体直立，稳稳站立。

③ 正确的行走姿势：不晃动身体，不东张西望，脚尖向前，步幅略小，速度略快且均匀。

④ 正确的跳跃姿势：两脚稍稍分开，半蹲，臀部微微翘起，攥紧小拳头，然后起跳。需要注意的是，幼儿的双脚一定要分开，并且要半蹲，臀部要达到标准，否则，如果以上这些部位动作不到位，幼儿在跳跃时就容易扭伤腿。

(4) 正确的阅读、画画、写字姿势。首先，阅读时坐姿端正，坐在光线明亮的地方看书，眼睛与书的距离保持在一尺以上，看书时间不能太长，知道眼睛累了需要闭眼休息一会儿、做眼保健操或到户外活动。不在走路、开动的车里或躺着看书。

其次，画画、写字时坐姿端正，身体和桌子应有一拳的距离，头保持正直，教给幼儿正确的握笔姿势，即将笔执于右手大拇指和中指之间，用食指从上方轻轻按住。

2. 生活自理能力

生活自理能力，简单地说，就是自己照顾自己生活的能力。它是一个人应该具备的最基本的生活技能，也是人的生存能力的具体体现。幼儿期是生活自理能力和良好生活习惯初步养成的关键期。幼儿年龄小，可塑性强，此时培养幼儿的自理能力及良好行为习惯容易取得成功。

(1) 懂得自己的事情自己做，能够独立穿脱衣服和鞋袜，并整理好脱下的衣服；学会自己叠被子。

(2) 能根据自己的需求主动、自觉地饮水。了解饮水保健常识，养成良好的饮水卫生习惯；自己吃饭，饭后擦嘴；学会自己料理大小便。

(3) 能收拾玩具，并将物品用后放回原处。

(4) 学会自己整理学习用具，将抽屉内的物品摆放整齐。

(5) 做一些力所能及的家务活，如洗手帕、摆碗筷、洗水果、浇花等，把这些"小任务"纳入计划之中，这样幼儿既有事情可做，自理能力又能得到锻炼，一举两得。

3. 认识自己的身体

认识自己身体外部的主要器官，了解其名称、主要功能以及初步的保护方法，有助于幼儿逐渐形成关注健康的意识和习惯，为确保幼儿生理的健康发展奠定良好的基础。教师可借助图片、绘本、视频等方式帮助幼儿认识、观察自己身体从小到大的变化过程；通过游戏活动让幼儿体验到身体功能逐步完善的过程。

(1) 认识自己的眼睛、耳朵、口、手、脚等外部器官及心脏、肺等内部器官。知道它们的名称、形态、结构及功能，并初步掌握保护这些器官的方法。例如，不用脏手揉眼睛，避免近距离看电视，养成良好的用眼习惯，学会做眼保健操等；不随意掏耳朵，不把硬物塞到耳朵里，看电视时不把音量调得过高，遇到噪声时用手捂住耳朵等；学会正确擤鼻涕的方法、刷牙的方法等。

(2) 喜欢探索身体的奥秘。例如，开展如心跳的感觉、换牙的感受等活动，探索机体的生长发育。

(3) 观察自己身体从小到大的变化。

(4) 学会保护身体、维护健康的方法与技能。

(5) 接受健康的早期性启蒙教育。

4. 疾病防治

教师应引导幼儿了解预防接种的重要性及简单的相关注意事项；帮助幼儿了解生病时吃药、打针的作用；帮助幼儿认识到加强身体锻炼能够提高身体免疫力，预防疾病。

(1) 懂得要预防疾病，生病时要治疗。

(2) 懂得打针、吃药虽然痛苦，但能防病、治病，能避免疾病带来的不适和痛苦。

(3) 引导幼儿了解预防接种的基础知识，知道预防接种的目的是预防几种对身体健康影响很大的传染病，打预防针时应主动，不怕痛，并能听从医生的指导，注意预防接种后的饮食和活动。

(4) 生病时愿意接受医生的治疗，能听从家长的嘱咐，按时打针和吃药。

三、选择幼儿身体保健教育内容时应注意的问题

(一)注意各领域的融合

幼儿身体保健教育应与艺术、语言、社会、科学等领域的教育活动有机地结合，将身体保健教育渗入到幼儿保育和教育的各个环节中，充分发挥幼儿各项活动的整体教育功能。《指南》要求，"关注幼儿学习与发展的整体性"。幼儿的发展是一个整体，要注重领域之间、目标之间的相互渗透和整合，促进幼儿身心全面协调发展。例如，在对大班幼儿进行"病毒大作战"主题教育活动时，可以让幼儿认识常见疾病的种类及传播途径(健康领域)，通过角色扮演等方式，学习正确的预防病毒传播方法(科学领域、社会领域)，将自己感悟的良好生活习惯分享给大家(语言领域)，最后可以请小朋友动手画一下病毒的样子及保卫身体的方式(艺术领域)。在领域融合的同时，切忌将教育内容"大杂烩"，导致主次不分。

(二)教师要积累扎实的科学知识

幼儿健康教育有其自身的知识体系，非常注重内容的科学性和准确性。例如，要使幼儿认识自己的身体，教师必须掌握相应的知识，充分了解人体各器官、各部分的名称、构造、功能及其保护方法，并且能够深入浅出地表达。教师还必须及时地纠正幼儿错误和不准确的健康认知，如果没有扎实的卫生保健知识，就会感到力不从心。

(三)结合幼儿生活经验

在幼儿的日常生活中存在着许多关于身体生长发育教育的素材，教师要善于发现并合

理选择利用。例如，在开展换牙相关的生长发育教育主题活动时，可选择在大班班级里已有几个幼儿开始换牙，大多数幼儿也将要换牙的时候进行。这样既利用了个别幼儿的亲身经历激发幼儿的兴趣，又能面向大多数幼儿开展超前教育，会产生良好的教育效果。

(四)关注年龄及个体差异性

一般对小班幼儿的要求是最基本的生活方面的要求，对中班、大班的要求会逐渐增多，难度增大，遵循循序渐进、螺旋式上升的规律。但同一年龄的幼儿之间发育水平也会有所差异，因此应根据幼儿发展水平的差异，对个别幼儿给予耐心细致的帮助。

第三节　幼儿身体保健教育设计与实施

幼儿各方面的发展都是建立在身体健康发展的基础上的，因而身体保健教育非常重要。在幼儿机体尚未发育成熟时，他们极易受到外界因素的影响。在幼儿园教学活动中，教师可通过创造良好的教育环境促进幼儿的生长发育。

一、幼儿身体保健教育设计的基本要求

(一)明确指导思想，细化教育目标

瑞士的让·皮亚杰(Jean Piaget)曾说过，幼儿是自己的哲学家，教育过程首先应当尊重主体、认识主体、热爱主体。只有充分尊重幼儿，使其发挥应有的主体性，幼儿才可能主动、积极、创造性地参与活动。幼儿身体保健教育既然将促进幼儿的健康作为最直接的目标，那么教育过程就不应使幼儿感到压抑或受到伤害。

在幼儿身体保健教育实施过程中，应努力将幼儿的兴趣与必要的规则相结合，使幼儿身体保健教育成为真正意义上的幸福教育。促进幼儿身心健康发展既是学前教育的根本目的，也是幼儿身体保健教育的终极目标。在教育实践中，幼儿教师应深入理解教育目标，将《纲要》提出的总目标细化，使其具有可操作性，并创造性地将总目标所体现的教育理念落实到教育行为中。

(二)活动准备全面充分

充分的活动准备应体现在各个方面，包括幼儿、教师和环境资源。

首先，幼儿方面。幼儿知识和能力方面的准备是教育过程中幼儿学习兴趣和探究愿望得以维持的重要保障，也是幼儿能够得到更好发展的基础。幼儿的心理准备常常是被忽视的方面，在活动中，内心的期待将促使幼儿集中注意力，减轻恐惧，珍惜机会，因此应加以重视。

其次，教师方面。《纲要》将幼儿园教师定位为"幼儿学习活动的支持者、合作者、引导者"。幼儿的学习活动离不开教师的支持，而教师的知识结构、能力水平、对教育活动发展变化的心理准备等关系到在活动中如何更好地引导幼儿朝着教育目标前进。第一，教师的知识结构在一定程度上影响着学前教育活动内容、方法及途径的选择。教师应当通

过反思自己的教育行为，不断总结已经开展的教育活动对幼儿的积极影响和不足之处。如果发现某些问题产生的原因源于自身，则应在今后的教育活动中及时调整。第二，教师的能力包括组织协调能力、沟通合作能力等，是幼儿身体保健教育取得成功的重要保障。当代学前教育更注重与家庭、社区的联系，力求建立学前教育的共同体，这样教师的能力水平就不再仅仅是课堂组织活动的需要。第三，教师有充分的心理准备意味着能对教育过程可能发生的变化有所预见，这有助于教师应对突发事件。

最后，环境资源方面。对于不同性质、不同主题的活动在环境资源方面的准备上并不完全相同，有些活动主要在园内开展，而另一些活动可能需要更多地利用园外环境。对于在园内进行的活动，教师应尽可能提供便于幼儿探索、操作，有助于增强幼儿感性认识的材料，即使是生成性的活动也应避免仓促开展，否则会影响教育效果。园内环境的创设应符合安全卫生、灵活多样、经济美观的要求，充分考虑幼儿与环境互动的需要，留给幼儿想象和创作的空间。对于园外的活动，应先充分了解和熟悉环境。例如，"深度参观博物馆"活动，建议教师预先参观两次。其中，第一次参观可观察其他访客，尤其是观察幼儿如何与展示品互动，以便发现哪一种展示品最受欢迎、哪一种展示品最能吸引幼儿的注意力、幼儿以什么方式与展示品互动。第二次参观时教师应亲自进行展示活动，记下可以应用到幼儿身上及可以提升课程单元的资料，另外还应鼓励家长参与。

在上述活动的各项准备中，教师的准备是核心。从本质上来说，幼儿的准备和环境资源的准备都依赖于教师的准备。

(三)组织方法丰富多样

有效的教育方法与受教育者的年龄特点、心理特点及教育内容密切相关。在幼儿身体保健教育活动中，感知体验是最基本的组织方法。除此之外，讲解、演示、表演及生活事件讨论等方法也经常在幼儿身体保健教育活动的组织与实施中运用。在实践活动中，教师应随着幼儿年龄的增长、身体发育状况和心理发展水平的变化，不断更新、变换组织活动的方法，使其具备针对性、多样性和趣味性。

(四)活动过程灵活应变

教育活动的过程是教师应充分考虑但实际变数最大的方面。教师会在头脑中或文本上对活动过程的大致走向进行预演，也常常会预见多种情形和结果，但无论预先的设想多么周全，活动中仍然会不断出现新的教育契机。教师在活动中不仅要关注是否达成既定目标，而且要敏锐地发现新的教育契机，并且能在众多的教育机会中选择价值相对较高的加以利用，同时应关注幼儿的兴趣所在，灵活地调整教育过程。

(五)建构教育共同体

幼儿园应与家庭、社区密切合作，与小学相互衔接，综合利用各种教育资源，共同为幼儿的发展创造良好的条件。就幼儿身体保健教育而言，获得家庭、社区的积极配合尤为重要，否则任何一方的消极影响都将抵消托幼机构的教育成果。这是因为幼儿身体保健教育所关注的内容既发生在托幼机构，也发生在家庭和社区。比如，幼儿园和家庭都存在进餐卫生问题，幼儿园、家庭和社区都有环境保护问题。家庭是托幼机构重要的合作伙伴，教师应遵循尊重、平等、合作的原则，争取家长的理解、支持和主动参与，并积极支持、帮助家长提高健康教育的水平。环境是重要的教育资源，应通过园内环境的创设和社区环境的利用，有效地促进幼儿的发展。同时，更应重视幼儿心理环境的创设，前者常常离不开一定的经济基础，后者则依赖于园长、教师、家长等多方人士对幼儿的关爱及对学前教育的支持。

(六)合理选择教育形式

《纲要》指出："教育活动的组织形式应根据需要合理安排，因时、因地、因内容、因材料灵活地运用。"幼儿园的身体保健教育应与日常生活中的健康教育相结合，集体教育、小组活动与个别交谈相结合。目前，幼儿身体保健教育实践中存在一些误区，即有人认为幼儿身体保健教育就是"上健康课"，轻视了日常生活中的健康教育；有人认为幼儿身体保健教育仅仅是日常生活中的卫生习惯培养，忽视了幼儿身体保健教育的复杂性。事实上，幼儿身体保健教育是生活教育，应当在幼儿日常生活的每个环节渗透身体保健教育理念；要积极探寻日常生活中幼儿身体保健教育的特点和规律。

二、幼儿身体保健教育设计的一般步骤

在设计身体保健教育活动方案时，教师要观察分析幼儿的原有水平，在此基础上制定活动目标，选择能实现目标的具体内容，并考虑与内容相适应的活动方式。

(一)分析幼儿情况

分析幼儿情况一般包括以下几方面：分析幼儿的发展水平和发展需要；结合幼儿需要选择活动内容的特点和适宜性；根据幼儿的年龄、兴趣、特点等因素，制定具体活动设计的思路。例如，大班开展的"我长大了"主题教学活动。春节过后，小朋友回到了幼儿园，高兴地和教师分享春节趣事。其中，有一个小朋友告诉老师："妈妈说，过年我长大了一岁，我已经6岁了。"其他小朋友也纷纷加入活动表达自己，"我也6岁""我在家自己梳的头""过年的时候我还帮妈妈包饺子了……"小朋友你一言我一语地讨论起来。听着幼儿的讨论，教师决定引导幼儿开展"我长大了"的主题活动。

进行幼儿情况分析时要注意以下两点：①情况分析必须是建立在对幼儿身体保健了解的基础上进行客观分析，要防止主观臆断；②开展保健教育活动时，教师既要全面掌握幼儿各个年龄阶段的一般特点和规律，又要清楚地了解本班幼儿的整体水平和兴趣需求。

(二)确定活动目标

具体活动的目标是根据幼儿的年龄、认知水平、生理特点和社会环境等因素制定的，是健康教育总目标及年龄阶段目标的细化。活动目标需要从幼儿的认知、动作技能和情感态度三个方面进行设计，表述应简明清晰、准确具体。例如，在小班健康教育活动"我有一双干净的手"中，认知目标为：懂得洗手的重要性，学习正确的洗手方法。动作技能目标为：在成人的提醒下，运用七步洗手法洗手。情感态度目标为：喜欢洗手，初步养成勤洗手的好习惯。

在设计过程中，目标内涵不要过大，条目不要过多，一般为2~3条，目标过大或过多意味着难以达成。比如，中班幼儿"我爱刷牙"的活动目标为：①知道吃完东西会有食物的残渣留在牙齿上，对牙齿会有伤害；②认识刷牙工具，并学习正确的漱口和刷牙方法；③愿意早晚刷牙，养成良好的卫生习惯。

幼儿身体保健教育活动目标可以从幼儿和教师两个角度进行表述，目前，大家更倾向于以幼儿行为为主体进行表述，采用幼儿行为目标的表达方式，表述幼儿通过活动学习后应该达到的发展程度。常用的词语有："能""学习""会""知道""感受""喜欢""理解""愿意""体验"等。例如，在大班身体保健教育活动"跳动不停的心脏"中，目标表述为：①初步了解心脏的位置和功能，知道心脏是人体的重要器官；②学习保护心脏的简单常识；③愿意和同伴合作游戏，指认心脏的位置。

(三)活动准备

一个成功的教育活动必然需要教师做多方面的准备，包括现有的物质条件和环境创设、幼儿的知识和心理准备、教师的知识和心理准备等方面。根据教育内容和方法，教师需准备相应的材料和设备。例如，在"我爱刷牙"教育活动中，需准备洗手液、肥皂、牙刷、牙膏、模型、图片、PPT等。

(四)常用活动方法

根据幼儿的认知特点和兴趣爱好，选择适合的教育方法。在幼儿身体保健教育活动设计中，常用的方法如下。

1. 动作与行为练习法

动作与行为练习法是让幼儿对已学过的生活技能、健康行为等进行反复练习，以加深理解，形成稳定的技能和良好行为习惯的一种方法。

2. 讲解演示法

讲解演示法是教师边讲解边结合动作演示，或以实物、模型进行演示，具体形象地向幼儿传授有关健康的知识和技能，提高幼儿对健康的认识水平的一种方法。需要说明的是，演示的手段应多样化，尤其是运用电教手段进行直观而动态的演示，能激发幼儿的兴趣，增强他们对健康知识的理解。

3. 情景表演法

情景表演法是在现场或通过录像向幼儿展示生活情景，让幼儿观察和分析情景中所涉及的健康问题的一种方法。情景表演的主题源于幼儿的现实生活，因而能激发幼儿的兴趣，较好地帮助他们认识生活中可能遇到的同类问题和冲突，树立正确的健康态度和行为。

4. 讨论评议法

讨论评议法是在幼儿参与健康教育的过程中，让他们提出问题，发表自己的意见和看法，最后得出结论，形成共识的一种方法。这种方法能有效地帮助幼儿表达自己的真实想法，在讨论、评议中提高他们辨别是非的能力和对健康的认识水平。

5. 感知体验法

感知体验法是让幼儿通过各种感官来认识和判断事物特性的一种方法。这种方法能有效地激发幼儿参与活动和在活动中探究的兴趣，加深他们对事物认识的印象。例如，在让幼儿认识各种食物、向幼儿介绍简单的营养知识时，让幼儿亲眼看一看，亲手摸一摸，亲自闻一闻，亲自尝一尝，他们往往会十分乐意，并会对认识的食物留下深刻的印象。

(五)活动设计过程

活动过程是为实现活动目标和满足幼儿开展活动的需要，对活动内容的具体展开和教育方法具体运用的设计。下面主要探讨预设性健康活动过程的设计，教师需从预设的活动目标和内容出发，通过引发和导入、活动过程、活动结束和延伸这几个方面进行设计。在设计中，要注意幼儿的安全和健康，保证教育活动的有效性和趣味性。

1. 活动的引发和导入设计

活动的引发和导入设计是为了将教育活动目标和内容转化为幼儿的需求，激发幼儿的学习兴趣和动机，将幼儿的注意力导入活动课题。同时也为整个活动做好铺垫，为接下来的展开做准备。这一部分的时间宜短，教师可以根据不同的活动内容灵活设计各种各样的导入方法，具体如下。

(1) 谈话导入法。教师通过和幼儿交谈，在不知不觉中渗透主题内容，进而自然地引入活动。例如，儿歌《雨后出去玩》的导入语："小朋友，你们喜欢下雨吗？当你和小伙伴们在外面玩得非常开心的时候，突然下起了雨，这时候，你们会怎么做呢？你们想知道小动物是怎么做的吗？今天，我们来看一看小动物是怎么做的吧。"

(2) 谜语导入法。通过猜谜语能够描述事物的主要特征，帮助幼儿理解活动内容，激发幼儿的学习兴趣。例如，"青蛙是蔬菜的好朋友"的教学导入语："今天，老师要请你们猜一样东西，'大眼睛，宽嘴巴，白肚皮，绿衣裳，地上跳，水里划，唱起歌来呱呱叫，专吃害虫保庄稼'。请小朋友动脑筋想一想，这是什么动物？对了，它是青蛙，现在我们来看一看青蛙和蔬菜是怎么成为好朋友的。"

(3) 情境表演导入法。通过情境、舞蹈、手偶等表演形式导入活动，这种情境表演很好地调动了幼儿的兴趣，让他们能更好地融入故事的情境中。例如，"小手真干净"的导入语："今天，老师听到毛巾架上有哭泣的声音，我走过去一看(举起脏毛巾)，这条毛巾宝宝对我说：'看，我身上好脏啊！谁的小手没洗干净？'小朋友们，你们会洗手吗？"

(4) 故事导入法。以故事的形式导入活动，能吸引幼儿的注意力，调动幼儿的学习积极性。例如，"睡前说晚安"活动中，教师讲述晚安月亮的故事，小兔子躺在床上，但是眼睛不愿意闭上，她向房间周围的每一件物品道晚安，然后房间越来越暗，最后小兔子睡着了。

(5) 悬念导入法。采用悬念的形式导入活动，可引起幼儿的好奇心，激发幼儿追根究底的热情，培养幼儿主动探索的精神。例如，"妈妈的早餐"活动的导入语："小朋友，你们喜欢你们的妈妈吗？你们和妈妈最喜欢玩的游戏是什么？(出示熊宝宝头饰)这里有一只可爱的熊宝宝，它最喜欢和妈妈玩捉迷藏的游戏。它们是怎么玩的呢？我们一起来看看。"

(6) 演示导入法。借助实物、玩具、图片、贴绒等道具以演示的形式导入活动，直观形象，幼儿既感兴趣，又容易理解。例如，"小熊牙疼了"活动导入时可以说："今天，老师带来一个礼物袋子，你们猜里面有什么？(出示糖果袋)你摸到了什么？这颗糖果宝宝摸上去是什么感觉？(出示小熊玩偶)老师这里有一只小熊，我们来讲一讲它和糖果的故事吧……"

(7) 游戏导入法。游戏是幼儿最喜爱的活动，以游戏的形式导入活动，能调动幼儿的积极性，活跃课堂的气氛。例如，"听听是谁在唱歌"活动的导入方式：教师请幼儿闭上眼睛，教师逐个敲打铃鼓、响板、沙锤等，请幼儿猜一猜是什么乐器在唱歌，是怎么知道的。表扬幼儿的小耳朵听得很认真，从而引出活动。

(8) 回忆导入法。让幼儿回忆曾经经历过的事情来导入活动。例如，在"打针我不怕"活动中，教师出示针管，并提问："这是什么？你在什么地方见过针管？它是用来干什么的？"引导幼儿回忆既有的生活经验。

2. 活动过程设计

活动过程是整个活动最重要的部分，活动过程设计一般应考虑以下几个方面。

(1) 活动过程的环节和层次。根据活动目标和内容，教师首先要设计该活动过程需要分为哪几个环节和层次；环节和层次的顺序安排要体现层层递进、相互衔接；分析该活动的重点和难点在哪一个环节和层次，如何突破；明确每一个环节和层次的学习目标；等等。例如，小班开展"我有一双干净的手"的活动过程，教师可以设计三个环节，即为什么要洗手、什么时候洗手、怎样洗手。活动过程的重点是怎样洗手。为了突破重点"怎样洗手"，教师可以这样设计：首先，组织幼儿结合既有经验谈谈怎样洗手；其次，请一名幼儿和教师示范；再次，组织幼儿练习；最后，提供真实的情境以巩固洗手的正确方法。

(2) 活动方法和组织形式。确定活动目标和活动内容后，要根据活动内容的特点、本班幼儿的发展水平及本班的实际条件，有针对性地选择相应的活动方法和组织形式。例如，穿脱衣服、鞋袜，盥洗等生活技能的掌握离不开动作与行为练习，而这些就要通过讲解演示的方法来实现；身体认识教育活动中的"人体认识和保护"等常常借助模型、挂图、多媒体等进行讲解演示。总之，身体健康活动所采取的活动方法要注重多样性和趣味性。

幼儿身心保健教育活动的组织形式应根据活动内容、材料、场地等各种因素，将集体教育、小组活动与个别指导相结合。例如，集体教育活动适合帮助幼儿理解某些知识和掌握某些技能；小组活动便于开展操作活动，也便于教师进行指导；个别指导交流更能促进教师与个别幼儿互动，实现对个别幼儿的帮助。丰富多彩的组织形式能够更有效地调动幼儿的学习兴趣，提供更多师幼互动、幼幼互动的时机，从而提升教育活动的效果。

(六)活动结束和延伸

幼儿活动结束是指活动实施过程的终止阶段。幼儿身体保健教育活动要注重活动的延伸对幼儿认知发展的影响，教师应充分考虑活动内容在生活活动中、环境中、家庭中的渗透，注重幼儿掌握知识技能的一贯性和一致性，以帮助幼儿加深印象，加强理解，不断强化，保证活动目标的实现。例如，大班"洁白的牙齿"活动延伸设计为：结合爱牙日，带幼儿参观"保护牙齿展览会"；定期为幼儿检查牙齿和进行龋齿防治，家长可让幼儿选择自己喜欢的牙刷、牙膏，引起幼儿对刷牙的兴趣，培养幼儿早晚刷牙及饭后漱口的良好卫生习惯；观察幼儿换牙情况，通过"小熊拔牙"表演游戏，帮助幼儿减轻换牙的恐惧感。

总之，幼儿园健康教育活动设计需要结合幼儿的年龄特点和认知水平，采用适合的教育方法和材料，营造积极健康的氛围，旨在提高幼儿的身体健康和心理素质，促进其全面发展。

【链接】

活动名称：奇妙的衣服(5～6岁)。

活动目标：(1) 初步了解皮肤的功能，知道保护皮肤的简单常识。

(2) 进一步认识自己的身体，能大胆地在小朋友面前表达自己的想法。

活动准备：每组准备冷热水各一杯，幼儿人手一个放大镜。

活动过程如下。

1) 找一找

教师：小朋友，你们知道我们身体最外面的一层是什么吗？(皮肤)请你们找一找，我们身体的哪些地方有皮肤？

2) 观察、认识皮肤

(1) 教师用提问的方式，引导幼儿观察皮肤，了解皮肤的作用。

① 皮肤看上去是什么样子的？皮肤上有什么？(汗毛)

② 用放大镜看一看，皮肤又是什么样子的？

③ 你的皮肤是什么颜色的？你都见过什么颜色的皮肤？

④ 摸摸自己的脸，轻轻拍打自己的皮肤，你有什么感觉？

⑤ 摸摸桌子上的两个水杯，你的手有什么感觉？

⑥ 摸摸自己身上的皮肤，再摸摸桌子和椅子，感觉一样吗？有什么不一样？

⑦ 你身体哪些地方的皮肤最怕痒？(可以请幼儿和同伴一起相互挠一挠，感知、体验皮肤痒痒的趣味)

(2) 教师引导幼儿小结：皮肤在我们身体的最外层，具有保护身体的作用。

皮肤还能调节体温，感知各种感觉，就好像我们穿了一件奇妙的衣服。如果没有皮肤，我们就不会有冷、热、痒、疼痛等感觉。天气热时，皮肤可以排汗、散热；天气冷时，皮肤上的毛孔会紧缩，以防冷空气进入身体。

3) 了解保护皮肤的方法

(1) 教师：皮肤对我们很重要，我们要怎样保护它呢？在日常生活中应该注意些什么呢？

(2) 先请幼儿与旁边的伙伴讨论，再请几名幼儿在集体面前分享。

(3) 教师小结：皮肤对我们非常重要，我们要好好保护它。要经常洗脸、洗手、洗澡、洗头，勤换衣服，保持皮肤干净；不碰尖锐的东西，防止戳伤或划伤皮肤；夏天穿短衣服，走路要小心，不要摔跤，防止跌伤皮肤；冬天天冷，要戴手套，穿厚衣服，以防冻伤皮肤，还要每天擦点护肤油，防止皮肤过于干燥；如果皮肤不小心碰破了，要及时擦药和包扎。

活动延伸：教师可以和幼儿一起将保护皮肤的方法制作成图片，粘贴到墙上，供幼儿随时观看、讨论。

(资料来源：本书作者整理编写.)

三、幼儿身体保健教育活动设计的实施途径

(一)教育活动

幼儿园的教育活动课程多种多样，其中具有代表性的主要有学科课程、主题教育活动(单元主题教育活动、系列主题教育活动)、活动课程等。幼儿身体保健教育的组织形式要根据本领域的发展目标、不同的教育内容、本园的实际情况以及本班幼儿的发展水平，选择相应的课程模式。

幼儿园主题教育活动，是指教师根据教育目标和幼儿认知发展的需要，在一定阶段围绕一个主题，综合运用多种教育形式，开展的一系列活动。发挥各种教育手段的交互作用，使各领域相融合，促进幼儿认知、情感、个性等多方面协调发展。

(二)家园合作

幼儿身体保健教育内容与家庭生活紧密相关。在幼儿园的卫生问题、习惯问题，在家庭中也同样存在。如果仅靠幼儿园的集体教育而缺乏家庭教育的积极配合，幼儿身体保健教育的效果将事倍功半。反之，如果幼儿园的集体教育与家庭教育协调一致，幼儿身体保健教育将收到事半功倍的效果。

家园合作的途径多种多样。例如，要求家长主动配合幼儿园的教育，在家庭中帮助幼儿理解和巩固在幼儿园所学的健康知识和技能，巩固良好的生活习惯，让家长参与设计教育方案，将幼儿园的教育要求延伸到家庭。同时，家长将幼儿在家中的情况及时反馈到幼儿园。另外，幼儿园还可以请家长来幼儿园，直接参与到活动中来(如幼儿生活自理能力的训练，包括穿衣、扣扣子、刷牙、漱口、整理自己的物品等)。

(三)生活活动

生活活动是幼儿在园活动的重要组成部分，包括入园、进餐、睡眠、盥洗、间歇活动、自由活动、离园等与幼儿的生活直接相关的活动。对于幼儿来说，身体的发展、基本生活习惯和生活能力的形成都可以通过幼儿园的一日生活来实现。例如，饭前洗手，饭后擦嘴、漱口，文明进餐，遵守用餐规则和礼仪。

四、幼儿身体保健教育活动实施的指导要点

幼儿身体生长发育教育，并非追求知识的高、深、精，而是要让幼儿了解人体的主要结构和生理现象，注重培养幼儿自我保护和维护身体健康的意识和技能。幼儿身体生长发育教育所涉及的内容较为枯燥，教师在组织教育活动时需注意使用生动有效的方式来帮助幼儿主动学习。

(一)科学与艺术相结合

科学是指教给幼儿的身体知识必须是科学的、符合实际的，不应欺骗幼儿；艺术则是指鉴于幼儿的认知水平和情感接受程度，有时教师需要借助幼儿喜爱的文学艺术方式来帮

助幼儿学习和理解身体生长发育的相关知识。例如，教师在组织"认识消化系统主要器官"的教学活动时，通过带领幼儿欣赏儿歌《小饭粒旅行记》，让幼儿轻松理解食物在人体中的"旅行"过程，顺利完成教学目标。(小饭粒旅行记：小饭粒，去旅行，进入口腔过大门。经过食道进入胃里，胃里是座大客厅。客厅伙伴多又多，挤来挤去变了形。变成营养进小肠，再变成残渣滑出肛门。)

(二)讲解与体验相结合

教师对幼儿实施身体生长发育教育时，常常受其理解能力的限制。如果教师安排幼儿进行"量身高""比照片""触摸心跳"等活动，通过亲身感受、动手操作等丰富的感知体验，就能激发幼儿探索身体奥秘的积极性，也会使深奥的问题变得通俗易懂。例如，让幼儿通过闻、尝、嗅、看、听等来感知五官的功能；通过摸冷、热、冰、硬、软等物品来感知皮肤的奥秘，并教育幼儿要保护皮肤，不随便触碰有危险的东西；等等。

(三)抽象与直观相结合

幼儿受到思维发展的限制，往往难以理解或记忆纯抽象的知识讲解，而在讲解过程中结合直观的图像或实物将会取得更好的效果。因此，在实施生长发育教育的过程中，教师应以直观教育为主。例如，在认识人体五官的教育过程中，先让幼儿欣赏健康人体的美，如长长的睫毛下亮晶晶的眼睛、整齐洁白的牙齿等，然后再展示受伤的眼睛、龋齿等，通过强烈的对比激发幼儿保护眼睛、牙齿的意识，促进幼儿形成健康的生活方式。

五、幼儿身体保健教育实施过程中的注意事项

(一)适时进行

针对幼儿生理、心理发育的特点，适时开展身体保健教育。教育者可以运用生动有趣的语言，组织目标与内容适宜的活动，使幼儿在生理发育达到一定水平且具备接受能力时，适时地接受正确的生活常规教育。

(二)关注年龄及个体差异性

一般来说，对小班幼儿的要求多为最基本的生活方面的要求，而对中班、大班幼儿的要求会逐渐增多，难度也会增大，遵循循序渐进、螺旋式上升的规律。但同一年龄段的幼儿之间发育水平也会有所差异。因此，应根据幼儿发展水平的差异，对个别幼儿给予耐心细致的帮助。

(三)注重发挥教师的主导作用

教师要深入了解本班幼儿的生活习惯、卫生习惯和生活自理能力等发展水平，合理制定幼儿身体保健教育的目标并选择适宜的活动内容；要在活动中发现问题，引导幼儿主动去探索、解决问题；不断改进自身指导方法，提高指导能力。例如，教师通过调查本班幼儿自己穿脱衣服的能力水平，制定出活动目标，帮助幼儿逐步提高穿脱衣服的技能水平。在此过程中，教师起着主导作用，引导幼儿不断提高生活技能。

(四)充分发挥幼儿的主体作用

《指南》指出："尊重幼儿发展的个体差异。幼儿的发展是一个持续、渐进的过程，同时也表现出一定的阶段性特征。"每个幼儿在沿着相似进程发展的过程中，各自的发展速度和到达某一水平的时间并不完全相同。因此，要充分理解和尊重幼儿发展进程中的个体差异，支持和引导他们从原有水平向更高水平发展，按照自身的速度和方式达到《指南》所呈现的发展"阶梯"，不可用同一把"尺子"衡量所有幼儿。要尊重幼儿的人格、愿望以及在活动中的主体地位，充分发挥幼儿的主体作用；多用榜样、鼓励、表扬等方法，激发幼儿的主动性和积极性。

(五)持之以恒

良好的生活习惯和自理能力的形成是一个日积月累的过程，只有持之以恒，才能真正达到预期效果。幼儿生活卫生习惯的培养具有长期性和反复性的特点。因此，不仅要根据幼儿身心发展的规律进行系统培养，还必须持之以恒，帮助他们形成良好的习惯。例如，新学年开始或长假后，教师应再次示范洗手方法，以巩固正确的洗手方法。

(六)教育一致性

在培养幼儿行为习惯的过程中，对幼儿有统一的要求非常重要。它体现在教师之间、教师与保育员之间以及家庭与幼儿园之间要求的一致性等方面。统一的要求不仅能避免幼儿的无所适从，还能让幼儿获得多次巩固的机会。

(七)注重发挥榜样的作用

幼儿的模仿能力很强，在行为习惯养成过程中，家长、教师、小朋友或周边其他人的行为举止均会对其产生很大的影响。同时，幼儿接触的电视、广播、书籍中的人物形象也具有很强的榜样作用。因此，教育者不仅要注意自身的素质，同时还要为幼儿选择合适的人文环境，促进幼儿健康成长。

幼儿身体保健教育活动案例请扫右侧二维码。

本章小结

本章主要介绍了幼儿身体保健教育涉及的目标和内容。幼儿身体保健教育应贯穿于幼儿的一日生活中，与幼儿园一日生活有机结合，使幼儿的知识获取、习惯养成与技能培养连贯进行。选择内容时应注意各领域的融合；教师要积累扎实的科学知识；结合幼儿生活经验；关注年龄及个体差异性。幼儿身体保健教育以促进身心健康为核心，设计时需明确目标、充分准备、采用多样方法、加强家园协作；实施时结合课程、生活环节与家园合作，通过科学与艺术结合、讲解与体验结合等方式，以具体规范等要求培养幼儿的健康意识与习惯，筑牢发展基础。

思考题

1. 简述幼儿生长发育的一般规律。
2. 简述幼儿身体保健教育内容选择的依据。
3. 结合实际，谈谈幼儿身体保健教育实施过程中的注意事项。

第三章　幼儿园体育活动

本章学习目标

➢ 了解体育活动对幼儿身心发展的价值和作用。
➢ 理解幼儿园体育活动的目标、内容。
➢ 掌握幼儿园体育活动设计的原则、方法、注意事项。
➢ 结合实际，对幼儿园体育活动进行设计、组织与实施。

重点与难点

➢ 幼儿园体育活动的内容。
➢ 幼儿园体育活动的设计与实施。

导入案例

在尝试中成长

户外活动时间到了，孩子们像欢快的小鸟一样，纷纷选择了自己感兴趣的活动项目。有的走轮胎，有的玩攀爬架，还有的荡秋千，唯有琪琪一人站在攀爬架前，一动不动地看着小朋友们玩耍。这时，班级里的另一名小朋友看到后，兴奋地对她说："你也爬呀！我都爬了好几遍了，可好玩啦！"琪琪用极小的声音说："我害怕！"老师听到后，对琪琪说："没关系，你可以试一试，我在下面保护你！"在老师和小朋友的带动下，琪琪缓缓地爬上了攀爬架，迈出了第一步。

攀爬游戏开展了一段时间后，幼儿从原先不敢尝试，到现在抢着参与游戏。由此可见，对攀爬游戏进行有效指导，能够促进幼儿养成不畏艰难的良好品质，这也为幼儿其他方面的发展奠定了良好基础。幼儿的心灵世界既脆弱又敏感，需要教师拥有足够的耐心，细心地加以呵护，在等待中绽放精彩。

(资料来源：本书作者整理编写.)

第一节　幼儿园体育活动概述

《纲要》指出："幼儿园教育是基础教育的重要组成部分，是我国学校教育和终身教育的奠基阶段。""幼儿园必须把保护幼儿的生命和促进幼儿的健康放在工作的首位。"明确将幼儿体育置于幼儿园各项教育之首，是因为幼儿体育是保护和促进幼儿身心健康的重要途径和手段，它不仅为幼儿的生存和生活奠定了重要的物质基础，也是幼儿接受全面发展教育的重要保障。

一、幼儿园体育活动的内涵

(一)体育

体育作为一种文化，有着悠久的历史。"体育"一词的出现晚于体育活动的产生，它最早出现在法国让-雅克·卢梭(Jean-Jacques Rousseau)1762年所著的《爱弥儿》一书中，意为身体的教育。书中描述了对爱弥儿身体的养护和训练，使其身体健康地发育。法国某报刊率先刊载了相关内容，由于这本书激烈地批判了当时的教会教育，因此在世界范围内引起了很大反响，"体育"一词也逐渐在世界各国流传开来。

体育有广义和狭义之分。广义的体育，指现代体育，它是社会文化的组成部分，是一种社会活动，旨在增强人的体质，提高运动技术水平，丰富社会文化生活。根据人们从事体育活动的具体目的不同，现代体育通常包括竞技体育、大众体育及学校体育。狭义的体育，在《教育学名词》中的解释是"以发展体力、增强体质为主要目的的教育"。它是身体教育(physical education，PE 或 P.E.)，是指学校系统的体育教育，是实现人的全面发展教育的重要组成部分，即按照年青一代生长发育的特点与基本规律，以促进其正常的生长发育、增强体质、提高健康水平为目的所进行的一系列教育活动。

(二)幼儿体育

幼儿体育作为终身体育的起点，在人的一生中起着举足轻重的作用。《幼儿园工作规程》指出，幼儿园的主要任务是按照保育与教育相结合的原则，对幼儿实施体、智、德、美等全面发展的教育，促进其身心和谐发展。

幼儿体育是在遵循0～6岁幼儿身心发展的特点和规律的基础上，以游戏为基本活动形式，注重个体差异，集保育与教育于一体的特殊教育领域；是适应幼儿身心发展的阶段性特点而进行的所有体育锻炼、游戏和身体活动的总和。结合多位专家的定义，本书中的幼儿体育是指在遵循3～6岁幼儿生长发育规律的基础上，对其开展身体活动能力的培养，最终实现幼儿身心全面发展的活动。幼儿体育旨在培养幼儿自主参与体育锻炼的兴趣和习惯，让他们体验运动的快乐，增强体质，发展身心素质和初步的运动能力，提高健康水平，为其一生的可持续发展奠定基础。

二、幼儿园体育的价值

体育不仅能促进幼儿身体的健康发展，同时对幼儿的心理及社会性的发展也具有积极的影响。在幼儿健康教育工作中，我们应充分认识、肯定和挖掘体育的价值，为培养健康、和谐、全面发展的幼儿而努力。

(一)提高幼儿身体素质

在人的发展过程中，生命健康是保证发展的物质基础。人的认知、情感、行为等方面的发展，都需要建立在身体健康的基础上。健全的大脑是心理发展的重要保障，身体健康是心理健康的物质基础。人要在社会中求得生存并得到发展，首先必须有健康的身体。

我国著名的教育家陈鹤琴曾说过，"小孩子生来是好动的，是以游戏为生命的"。幼儿正处于大脑发育旺盛的时期，适当的体育活动和心理活动的有机结合，有利于幼儿大脑的发育。从幼儿身体发展的特点来看，学前期正是一个人生命起步、开始发展的阶段。幼儿身体各器官、系统的机能尚未发育成熟，组织比较柔嫩，其物质基础还相当薄弱，经常表现为对气候变化的适应能力、对疾病的抵抗能力和身体应激能力等较弱，容易感染疾病。同时，学前期又是生长发育十分迅速和旺盛的时期，此时正是建立物质基础的关键期和有效期。因此，促进幼儿身体健康发展是这一时期的首要任务，它是实现幼儿健康、全面、和谐发展的基础和重要条件。

运动对幼儿身体发展具有促进作用，它主要是通过对身体施加一定的刺激(即运动刺激)来实现的。适当的运动刺激作用于幼儿的机体，使机体承受相应的生理负荷。这种刺激的经常化，促使机体内部不断地进行调整，从而逐渐产生适应性变化，使机体在形态、结构和机能上得到一定的完善和提高。身体运动对幼儿的许多器官、系统都会产生重要影响，如运动系统、循环系统等。

(二)促进幼儿认知的发展

许多专家、学者把身体运动、运动能力的发展与智力发展之间的关系问题作为课题进行研究。相关研究证实，对于幼儿来说，两者之间的关系比较密切，而且年龄越小，其相关程度越高。当幼儿积极构建、理解及改变他所处的环境时，认知便自然地发生。幼儿在游戏所设定的情境中通过亲身体验、观察，发挥自身推断能力、行为能力和探索能力，不断扩大知识和经验，认知能力也就得到了提高。这是因为年龄越小的幼儿，智力的发展与身体、运动的发展越没有明显分化，其智能与其他各种机能处于一体化的状态。例如，在婴儿期，我们所能观察到的婴儿的主要活动就是身体的活动，感觉运动的能力反映了婴儿智力发展的水平。同时，在身体运动的过程中，还伴有大量认知活动的参与。

例如，在运动中需要认识并记忆身体部位的名称或玩具、运动器械的名称；需要理解游戏活动的过程和规则；需要注意观察教师的示范动作，形成一定的运动表象；需要通过想象去模仿和表现人、物、事的各种姿态或活动；需要学习、掌握和运用基本的空间概念、时间概念和多方面的知识；需要对变化的情况迅速做出正确判断；等等。所有这些都离不开幼儿积极的认知活动。通过各种身体运动，幼儿可以获得丰富的知识和运动经验，使他们的知觉更敏锐，观察更细致，语言更丰富，记忆力、想象力、思维能力和判断力都能够得到一定程度的提高。

(三)促进幼儿个性的形成

运动能使人心情开朗、精神振奋、积极活泼，尤其是幼儿时期的运动经验，对一个人个性的形成具有重要影响，这一点已得到许多理论和实践研究的证实。研究表明，身体活动的能力影响幼儿自我概念的形成，幼儿能做什么，不能做什么，主要由其身体活动的能力决定。身体活动能力较强的幼儿，往往会得到成人较多的赞许及小伙伴的羡慕和钦佩，他们会逐渐形成肯定自我的概念。这种良好的感觉将促使他们对其他事情也抱有较强的自信心，愿意大胆、独立地尝试新事物，行为更积极主动，经常表现出较强的探索精神和独立性、自主性。

(四)提高幼儿社会适应能力

幼儿体育运动能提高幼儿的社会适应能力。身体运动的种类和项目繁多，其中一些可以单独进行，但绝大多数运动都需要在社会性场合中开展。这时需要幼儿学会与他人友好合作，遵守游戏规则，克服冲动，学会等待和忍耐，懂得分享，还要具备公平竞争意识、团队精神和责任感等。因此，体育运动为培养幼儿良好的社会适应能力和人际交往能力创造了有利条件和机会。

试想，一个缺乏自学习惯、疏于自我锻炼的人，怎么可能有效地获取新知识、提高能力、增进智能的发展呢？建立一套科学、便于操作的体育学习常规，并持之以恒地遵循，是培养幼儿良好的体育学习习惯、提高自学能力的基础性工作，具有不可忽视的意义。

(五)培养幼儿良好道德品质

幼儿体育活动蕴含着丰富的道德品质教育内容，如户外体育活动能对幼儿进行热爱自然、勤奋劳动等思想教育。运动活动中，竞赛活动可以培养幼儿的竞争意识、团队意识及顽强拼搏的精神；体育规则可以规范幼儿的行为，培养其守纪律、懂规范的良好品德；团体活动可以培养幼儿的集体荣誉感、互助互谅和尊重他人等优良品德。同时，幼儿在不断克服困难的活动中可以锻炼勇敢、坚强和毅力等良好意志品质。

(六)维护幼儿心理健康

通过设计和安排形式多样的幼儿体育活动内容，为幼儿提供多样的情绪、情感体验，满足幼儿心理发展的情绪、情感需要。幼儿经常参加体育锻炼可以暂时忘记心中的不快，使不良情绪在锻炼过程中得到放松、宣泄。丰富的体育锻炼活动能够弥补幼儿的心理缺憾，使幼儿感到心情舒畅，精神振奋，生活充实，促使他们的情绪健康化。此外，体育活动还可以有效治疗幼儿的偏异行为，预防幼儿焦虑、恐惧和退缩等情绪偏异行为。

第二节　幼儿园体育活动的目标

幼儿园体育教育活动的目标是指通过一系列锻炼身体的教育活动，使幼儿身心发展达到应实现的教育目的。它对幼儿身心健康发展的方向和水平具有预知和规范作用，也是衡量幼儿园体育活动成效的评价尺度。通常来说，幼儿园体育活动分为三个层次：总目标、年龄阶段目标、动作发展目标。

一、幼儿园体育的总目标

幼儿园体育的总目标是以《幼儿园工作规程》和《纲要》中健康领域总目标的基本精神为依据制定的。幼儿体育遵循幼儿身体生长发育的特点和规律，以身体练习为基本手段，以增强幼儿的体质，发展幼儿的身心素质和初步的运动能力。通过一系列身体教育活动，提高幼儿的健康水平和健康意识是其主要目的。

首先，培养幼儿参与体育活动的兴趣，使其养成积极进行身体锻炼的良好习惯。运动参与是提高幼儿健康水平，发展其体能，使幼儿获得运动技能和形成健全心理品质的重要途径。应以游戏化的形式开展体育活动，着重让幼儿体验参加体育活动的乐趣，初步树立幼儿乐于参加体育运动的态度和行为。

其次，初步保持正确的身体姿势，发展体能，简单了解身体常识。幼儿体育以促进幼儿身体健康成长为主要任务。体育活动是促进幼儿身体发展和健康的重要手段，因此要引导幼儿通过体育活动来发展体能，同时注重提高幼儿的身体健康水平，使幼儿初步了解基础的运动知识，学习和简单应用运动技能，安全参与体育活动。运动技能学习是幼儿体育的重要部分，也是实现其他技能的重要手段之一，大多数幼儿应初步学会几项基本的运动技能，并能在教师的帮助下学会迁移。学习应以游戏的形式开展，不应过多追求运动技能知识的系统性和完整性，也不应苛求运动技能动作的细节。

最后，培养幼儿坚强、勇敢、不怕困难等意志品质，促进其社会适应能力的发展。初步形成克服困难的坚强意志品质，在体育活动中发展幼儿活泼开朗的良好个性，引导幼儿逐渐养成主动、乐观、合作的态度。

幼儿体育活动不仅要促进幼儿的身体健康，也需要促进幼儿的心理健康。在体育活动中不能忽视对幼儿心理健康的关注，应当把促进幼儿心理健康和促进幼儿身体健康置于同等重要的地位。教师应注意保护幼儿稚嫩的心理，在体育活动中善于引导，注意创设一些专门的情境，促进幼儿心理健康水平的提高。

二、幼儿园体育的年龄阶段目标

1. 小班

小班体育目标具体包括以下几个方面。

(1) 在走和跑时，能够保持上体正直、自然，并按照指定的方向行进；能够在指定的范围内进行追逐跑和四散跑；能够坚持连续步行一千米，跑步半分钟；在走时，能够一个跟着一个，最终走成圆形；在跳着走时，能够保证双脚轻松地交替进行。

(2) 双脚能够自然、轻松地同时向上跳或向前跳；在25厘米高的地方，能够自然跳下。

(3) 能够单手自然地将较轻的物体投向前方；能够双手用力地将球向上抛、向前抛或向后抛。

(4) 在行走时，能够始终保持在窄道或平行线的中央；能够在高20厘米、宽25厘米的平衡木上或斜高20厘米、宽25厘米的斜坡上行走。

(5) 能够在绳子、皮筋等障碍物(通常高为65～70厘米)下自如地来回钻；在向前爬时，能够保持手、膝着地且协调自然；在攀登架上，能够自如地爬上爬下；在网下，能够自如地从一端爬到另一端。

(6) 能够使用一些大型的体育活动器械，如转椅、滑梯等，并能注意安全；能够推拉独轮车、骑小三轮自行车；在玩球时，能够进行滚、传、抛等；能够利用多种小型体育器材如绳、球、棒等锻炼身体。

(7) 能够在念儿歌或听音乐时进行模仿或是做简单的徒手操；能够初步听懂各种口令和信号，并能随之做出相应的动作。

(8) 喜欢体育活动，并愿意参与体育活动；对体育活动的相关知识、规则等有初步了解，并能够爱护体育活动的器材；在对一些小型的体育器材进行收拾时，能够做到团结合作。

2. 中班

中班体育目标具体包括以下几个方面。

(1) 在走和跑时，能够听信号，并按照节奏协调地摆动上下肢；能够听信号进行变速走或跑；能够听信号变换方向走，能够前脚掌着地走，能够跨过低障碍物走，能够坚持连续步行 1.5 千米；在跑时，能够自如地绕过障碍物；能够快跑 20 米，慢跑或是走跑交替 200 米；能够在指定的范围内进行四散追逐跑。

(2) 能够连续地纵跳触物，且在此过程中能够自然地摆臂；能够进行立定跳远，且距离不短于 30 厘米；能够双脚熟练地向前或双脚在直线两侧行进跳；在 30 厘米高的地方，能够双脚站立往下跳，并在落地时比较轻；在跳时，能够单脚连续向前或是单、双脚自由轮换向前；能够在助跑的情况下跨跳平行线，且跳距不短于 40 厘米。

(3) 在投掷轻物时，能够自如地进行肩上挥臂；在玩球时，能够自抛、自接；在两人同时玩球时，能够近距离地互抛、互接；能够用滚动的球击中物体；在拍球时，能够左右手交替进行。

(4) 能够在高 30 厘米、宽 20 厘米的平衡木上或是斜高 30 厘米、宽 20 厘米的斜坡上行走；能够在原地至少自转 3 圈，且不会跌倒；能够在闭着眼睛的情况下至少向前走 10 步。

(5) 能够在拱形门、圈等障碍物(通常高为 60 厘米)下较为自如地侧钻；在向前爬时，能够保持手、脚着地且协调；在攀登架、攀登网上，能够手脚熟练且协调地爬上爬下。

(6) 会玩各种大型的体育活动器械；会骑小三轮车、带辅轮的小自行车；能够借助球、棒及报纸、可乐瓶等废旧材料开展各种各样的体育活动。

(7) 能够随着音乐节奏准确地做徒手操、轻器械操等；能够熟练地听懂各种口令和信号，并能随之做出相应的动作；能够按照信号进行集合、分散及队列转换。

(8) 具有一定抵抗寒、暑、饥、渴及其他疾病的能力。

(9) 喜欢体育活动，并能较积极地参与体育活动；初步养成参与体育锻炼的良好习惯；能够较自觉地遵守体育活动规则；能够在体育活动中做到团结合作、爱护公物；能够在体育活动结束后，及时对小型的体育器材进行收拾。

3. 大班

大班体育的具体目标包括以下几个方面。

(1) 在走和跑时，能够轻松自如地绕过障碍物；能够快跑或接力跑 30 米，慢跑或是走、跳交替 300 米；能够听从信号进行左右分队走；能够坚持连续步行 2 千米，跑步 1.5 分钟。

(2) 在连续纵跳触物时，能够原地蹲地起跳；在纵跳时，能够熟练地改变双脚的方向进行向前跳、向后跳、向左跳、向右跳和转身跳；在 35～40 厘米高的地方，能够自然地跳下，落地时比较轻，并能够立即进行跳远，且跳距不短于 40 厘米；能够在助跑的情况下跨跳平行线，且跳距不短于 50 厘米；能够在助跑的情况下跳远，且跳距不短于 40 厘米；能够在助跑的情况下屈膝跳过高度约 40 厘米的垂直障碍，并能连续向前跳跃多个高 40 厘米、宽

15厘米的障碍。

(3) 在投掷轻物时，能够半侧面、单手投掷，且投掷距离不短于4米；在投掷轻物时，能够在肩上挥臂并投准目标；在玩球时，能够自抛、自接高球；在两人同时玩球时，能够相距2～4米进行互抛、互接。

(4) 能够在高40厘米、宽15厘米的平衡木上进行上举、平举、叉腰等手臂动作或是拿着物体走；能够两臂侧平举闭目起踵自转至少3圈，且不会跌倒；能够两臂侧平举单足站立至少5分钟。

(5) 能够在拱形门等(通常高为60厘米)障碍物下熟练而协调地侧身、缩身钻过；在攀登架上，能够在爬上爬下时熟练、协调地手脚交替；在单杠或其他器械上，能够做短暂的悬垂动作；在攀登绳上时，能够向上爬15米；在垫子上，能够熟练地进行前滚翻和侧滚翻。

(6) 会玩各种大型的体育活动器械，且能够踩高跷、跳绳、跳皮筋等；在玩球时，能够运球、传球、接球，并能够用脚踢球或用脚带球；能够借助积木、轮胎或其他废旧材料开展各种各样的身体锻炼活动。

(7) 能够随着音乐节奏有精神地做徒手操、轻器械操等，并能做到动作准确、有力、到位；能够十分熟练地听懂各种口令和信号，并能随之做出相应的动作；能够按照信号迅速地进行集合、分散及队列、队形转换。

(8) 具有较强的抵抗寒、暑、饥、渴及其他疾病的能力。

(9) 热爱体育活动，并养成积极参与身体锻炼的良好习惯；能够自觉遵守体育活动的规则、要求；能够在体育活动中做到谦让、宽容、合作、负责、爱护公物；能够在体育活动中形成较强的集体观念；能够在体育活动中勇敢地克服困难，并因此体验到成功的快乐；在体育活动结束后，能够独立或合作地对小型的体育器材进行收拾。

三、幼儿动作发展的目标

《指南》对幼儿的动作发展提出了三个目标(见表3-1)，在国家层面表达了对我国幼儿动作发展的期望，为幼儿园或者家庭进行相关教育活动指明了方向。

表3-1 幼儿动作发展的目标

目标1：具有一定的平衡能力，动作协调、灵敏		
3～4岁	4～5岁	5～6岁
(1)能沿地面直线或在较窄的低矮物体上走一段距离 (2)能双脚灵活交替上下楼梯 (3)能身体平稳地双脚连续向前跳 (4)分散跑时能躲避他人的碰撞 (5)能双手向上抛球	(1)能在较窄的低矮物体上平稳地走一段距离 (2)能以匍匐、膝盖悬空等多种方式钻爬 (3)能助跑跨跳过一定距离，或助跑跨跳过一定高度的物体 (4)能与他人玩追逐、躲闪跑的游戏 (5)能连续自抛自接球	(1)能在斜坡、荡桥和有一定间隔的物体上较平稳地行走 (2)能以手脚并用的方式攀登 (3)能连续跳绳 (4)能躲避他人滚过来的球或扔过来的沙包 (5)能连续拍球

续表

目标 2：具有一定的力量和耐力

3～4 岁	4～5 岁	5～6 岁
(1)能双手抓杠悬空吊起 10 秒左右	(1)能双手抓杠悬空吊起 15 秒左右	(1)能双手抓杠悬空吊起 20 秒左右
(2)能单手将沙包向前投掷 2 米左右	(2)能单手将沙包向前投掷 4 米左右	(2)能单手将沙包向前投掷 5 米左右
(3)能单脚连续向前跳 2 米左右	(3)能单脚连续向前跳 5 米左右	(3)能单脚连续向前跳 8 米左右
(4)能快跑 15 米左右	(4)能快跑 20 米左右	(4)能快跑 25 米左右
(5)能行走 1 公里左右(途中可适当停歇)	(5)能连续行走 1.5 公里左右(途中可适当停歇)	(5)能连续行走 1.5 公里以上(途中可适当停歇)

目标 3：手的动作灵活协调

3～4 岁	4～5 岁	5～6 岁
(1)能用笔涂涂画画	(1)能沿边线较直地画出简单图形，或能边线基本对齐地折纸	(1)能根据需要画出图形，线条基本平滑
(2)能熟练地用勺子吃饭	(2)会用筷子吃饭	(2)能熟练使用筷子
(3)能用剪刀沿直线剪，边线基本吻合	(3)能沿轮廓线剪出由直线构成的简单图形，边线吻合	(3)能沿轮廓线剪出由曲线构成的简单图形，边线吻合且平滑
		(4)能使用简单的劳动工具或用具

结合幼儿动作发展目标，《指南》对幼儿体育教育活动提出了相应教育建议，具体如下。

1. 具有一定的平衡能力，动作协调、灵敏

(1) 幼儿应通过多种活动发展身体平衡和协调能力，如走平衡木或沿着地面走直线、玩跳房子、踢毽子、蒙眼走路、踩小高跷等游戏活动。

(2) 发展幼儿动作的协调性和灵活性，如鼓励幼儿进行跑跳、钻爬、攀登、投掷、拍球等活动，玩跳竹竿、滚铁环等传统体育游戏。

(3) 对拍球、跳绳等技能性活动，不要过于要求数量，更不能进行机械训练。

(4) 结合活动内容对幼儿进行安全教育，着重在活动中培养幼儿的自我保护能力。

2. 具有一定的力量和耐力

(1) 应开展丰富多样、适合幼儿年龄特点的各种身体活动，如走、跑、跳、钻、爬等，并鼓励幼儿坚持下来，不怕累。

(2) 日常生活中鼓励幼儿多走路、少坐车，自己上下楼梯，自己背包。

3. 手的动作灵活协调

(1) 创造条件和机会，促进幼儿手的动作灵活协调。例如，提供画笔、剪刀、纸张、泥团等工具和材料，或充分利用各种自然材料、废旧材料和常见物品，组织幼儿进行美工活动。

(2) 引导幼儿生活自理或参与家务劳动，发展其手的动作。例如，练习自己用筷子吃饭、扣纽扣、帮助家人择菜叶、做面食等。

(3) 幼儿园在布置娃娃家、商店等活动区时，多提供原材料和半成品，让幼儿有更多机会参与制作活动。

(4) 引导幼儿注意活动安全。例如，为幼儿提供的塑料粒、珠子等活动材料要足够大，材质要安全，以免造成异物进入气管、铅中毒等伤害。

(5) 为幼儿示范拿筷子、握笔的正确姿势，以及使用剪刀、锤子等工具的方法。提醒幼儿不要拿剪刀等锋利工具玩耍，用完后要放回原处。

【知识链接】各年龄段幼儿体育活动目标(见表 3-2～表 3-7)

表 3-2　各年龄段幼儿走步目标

年龄段	走步目标
3～4 岁 (小班)	(1)做到自然走时步幅能放开，落地较轻，脚尖向前，躯干正直，摆臂自然协调；能独立地想出几种模仿性走步动作，习惯排队走步并能注意保持队形，不掉队 (2)喜欢和同伴一起做走步游戏，并能注意遵守游戏规则、速度、幅度和节奏，发展注意能力；排队走步时不东张西望，培养观察能力、想象能力、模仿能力和创新能力
4～5 岁 (中班)	(1)初步掌握闭目走、后退走，能独立想出多种模仿走、拍手走等花样走步动作；排队走步时能保持队形，有一定的调节步幅、步频和节奏的能力 (2)学会三四个走步游戏，能独立掌握集体走步游戏和变化游戏的玩法 (3)发展方位、速度、幅度和节奏知觉，发展注意力、想象力、模仿和创新能力；了解自己的走步动作，具有把走步动作做得准确、优美的愿望，能遵守规则、纪律和与他人合作
5～6 岁 (大班)	(1)节奏稳定，有精神；初步掌握闭目走、后退走、前脚掌走、持物走的合理方法；能独立想出新的走步方法，排队走步时能和集体保持节拍一致；学会两三个走步游戏，能和同伴独立做游戏和变化游戏的玩法 (2)发展方位、速度、幅度和节奏知觉，发展注意能力、观察能力、想象能力、创新能力和竞赛能力，具有遵守规则、纪律的习惯和集体协同能力

表 3-3　各年龄段幼儿跑步目标

年龄段	跑步目标
3～4 岁 (小班)	(1)训练跑的动作，跑得平稳，双臂能前后自然摆动，能按目标控制跑步方向；四散跑能主动躲闪他人 20 米；直线快跑耗时不超过 7.0 秒 (2)培养跑步兴趣，能体验跑步活动中的多种乐趣，喜欢和同伴做跑步游戏，有提高跑速的愿望；能初步识别他人与自己跑步的快慢区别；能在成人的引导下调节跑速；能在他人的鼓励下，克服疲劳，实现跑步目标
4～5 岁 (中班)	(1)知道步子大才能跑得快，快跑后不能马上不动、站立等粗浅的知识；能迈开步跑，落地较轻，会屈臂前后摆动；没有后甩小腿、"八字脚"等缺陷；初步掌握圆圈跑、往返跑、持物跑和接力跑的方法，能较好地控制跑步方向和调节跑速；20 米直线跑耗时不超过 6.5 秒

续表

年龄段	跑步目标
4～5岁 (中班)	(2)培养跑步兴趣，能体验到跑步活动中运动、竞赛、合作、交往等乐趣，爱比赛，关心比赛的胜负，并能知道胜利不骄傲、失败不泄气的道理，能克服疲劳，实现跑步目标
5～6岁 (大班)	(1)初步懂得步子大、频率高才能跑得快，懂得屈臂摆动省力又快；跑步有力，前摆放松，落地较轻，能屈臂前后自然摆动；能掌握持物跑、改变方向跑、后退跑、侧向跑等动作；20米直线快跑耗时不超过6.0秒 (2)能根据活动目标和自己的体力调节跑速；在四散跑和追逐跑中能自觉运用策略战胜对手；能主动克服困难，实现跑步目标

表3-4　各年龄段幼儿跳跃目标

年龄段	跳跃目标
3～4岁 (小班)	(1)初步掌握双脚向上跳、向前跳、向下跳的动作；能双脚同时用力蹬地跳起，双臂自然摆动，双脚同时落地，注意屈腿缓冲；掌握双脚连续跳动作，有节奏 (2)初步掌握跨跳；立定跳远远度不少于55厘米 (3)体验跳跃的乐趣，培养跳跃兴趣，喜欢和同伴一起做跳跃游戏；能用所学知识初步评价他人和自己的跳跃动作，学习立定跳远，关注跳远的远度
4～5岁 (中班)	(1)能较熟练地用双脚向不同方向跳，双脚起跳时双臂能有意识地摆动，与蹬腿动作配合较协调，落地能主动屈腿缓冲，比较轻稳 (2)能熟练地掌握跨跳动作，落地后能不停顿地向前跑动；能较熟练地单脚连续跳，动作连贯，节奏稳定；立定跳远远度不少于75厘米 (3)发展跳跃兴趣，能体验到跳跃活动中学习动作、发展体能、模仿、创新和交往等乐趣；能用已获得的知识评价他人和自身的起跳和落地动作，关心自己跳跃远度，有跳得更远的愿望
5～6岁 (大班)	(1)能熟练地用双脚向不同方向跳，起跳时上下肢协调，落地较轻；能熟练地做跨跳和单脚连续跳 (2)连续跳时落地较轻，动作连贯，节奏稳定；初步掌握双脚跳绳，连续跳10次以上 (3)立定跳远远度不少于95厘米；训练跳跃能力，培养模仿、创新、审美、交往和竞赛兴趣，以及友好、合作、乐于助人的精神

表3-5　各年龄段幼儿投掷目标

年龄段	投掷目标
3～4岁 (小班)	(1)初步掌握双手腹前、双手头上、单手肩上和肩侧投掷动作，提高投掷能力 (2)投掷时能快速挥臂，双手腹前投掷时能用上腿力，单手肩上投掷时能用上腰力，双手胸前投球(重300克)在3.5米以上，肩上投沙包(重150克)男女距离均在3米以上

续表

年龄段	投掷目标
4～5 岁 (中班)	(1)改进已经掌握的投掷动作,初步学会双手胸前推球 (2)投掷时,能注意上下肢协调用力,挥臂速度较快,向前投时能注意向前上方投;双手腹前投球远度在 4.5 米以上,肩上投沙包,男童在 4 米以上,女童在 3.5 米以上,喜爱投掷 (3)了解投掷动作和投掷能力的发展,有较强的发展自身投掷能力的愿望
5～6 岁 (大班)	(1)改进已掌握的投掷动作,投掷时能注意全身协调用力,摆臂较快;投远时能注意向前上方投并能初步控制投掷方向 (2)双手腹前投球,男童在 5.5 米以上,女童在 5 米以上;肩上投沙包,男童在 5 米以上,女童在 4 米以上,希望投得更远、更准,全身协调用力和出手角度意识较强

表 3-6 各年龄段幼儿平衡能力目标

年龄段	平衡能力目标
3～4 岁 (小班)	(1)初步掌握走平衡木、单脚站立和原地双脚旋转的要点,能平稳地走过 15 厘米宽、300 厘米长的平衡木,单脚站立持续时间不少于 8 秒 (2)培养对平衡等活动的兴趣,喜爱走窄道、旋转和滚动等活动,培养勇敢、自主品质,走平衡木时不害怕、不紧张
4～5 岁 (中班)	(1)较熟练地掌握走平衡木、单脚站立和原地旋转的要点,能平稳地走过 10 厘米宽、250 厘米长的窄道,单脚站立持续时间不少于 20 秒 (2)培养平衡、创新等兴趣,喜爱走窄道、旋转、闭目走等活动,培养勇敢、自信和沉着的品质,在窄道上走不害怕
5～6 岁 (大班)	(1)熟练地掌握走平衡木、单脚站立和原地旋转的要点,能稳定地、放松地走过 10 厘米宽、250 厘米长的窄道,单脚站立时间不少于 30 秒 (2)培养平衡、创新、审美等兴趣,喜爱旋转、闭目走等活动,培养勇敢、自信和沉着的品质,在不稳定的物体上站立和走动不慌张

表 3-7 各年龄段幼儿钻爬目标

年龄段	钻爬目标
3～4 岁 (小班)	(1)熟练掌握手膝和手脚着地等基本爬行动作,正确掌握正面钻的要点,在正面钻时能低头、弯腰、屈腿,先屈后腿,边钻边转移重心;发展灵敏、协调等运动素质和空间知觉与体位知觉 (2)一般情况下身体能不触及障碍物,爬行速度不低于 1 米/秒,喜欢独立变换爬行动作
4～5 岁 (中班)	(1)初步掌握匍匐爬行动作,熟练掌握正、侧面钻的要领 (2)发展力量、灵敏、协调、速度等运动素质和空间与体位知觉 (3)爬行速度不低于 1.25 米/秒,发展钻、爬和创新兴趣,能主动探索钻过不同形状的"洞"的合理方法和新的爬行方法

续表

年龄段	钻爬目标
5～6 岁 (大班)	(1)继续改进已掌握的爬行动作，学会侧身爬等爬行动作，提高钻"洞"能力，能较熟练地用合理方法钻过常见的"洞"圈 (2)发展力量、速度、灵敏、协调等运动素质和空间与方位知觉，爬行速度不低于 1.4 米/秒 (3)发展钻爬兴趣和创新兴趣，培养竞争和合作精神；喜爱并能独立想出新的钻爬动作

(资料来源：高庆春. 学前儿童健康教育[M]. 4 版. 北京：高等教育出版社，2022.)

第三节　幼儿园体育活动的内容

根据身体练习中动作类型的不同，我们通常将幼儿园体育活动的内容分为基本动作、幼儿体操、运动器械三个方面。

基本动作是指人们在日常生活中所必需的、最基本的身体活动的模式，如走、跑、跳跃、投掷、平衡、钻爬、攀登等人体最基本的活动技能。幼儿体操包括幼儿基本体操和队列队形两个部分。幼儿基本体操是指幼儿通过身体各部位动作的协调配合，按照一定的程序，有目的、有节奏地进行举、摆、绕、踢、屈伸、绕环、跳跃等一系列单一或组合动作的身体练习，可分为模仿操、徒手操、轻器械操等。队列队形是指幼儿按照指令排成一定的队形，协调统一动作。通过各种器械与游戏的练习，不仅有利于增加运动负荷，提高动作难度，而且有利于激发幼儿的运动兴趣，调动幼儿参加体育活动的积极性。从运动器械的体积划分，可分为大型固定性运动器械、中小型可移动运动器械。

一、基本动作

基本动作又可称为一般身体动作。在我国，幼儿园健康领域要求幼儿掌握的基本动作一般包括走、跑、跳、投掷、钻、爬、攀登等，有时也包含旋转和翻滚。

基本动作的作用包括：促进身体生长发育；发展力量、速度、耐力、平衡、协调和灵敏等身体素质；促进幼儿不断改进走、跑、跳、投等基本动作的质量；获得相关知识，提高智力水平；培养勇敢、果断、灵敏、灵活、积极向上、团结友爱等优良品质。基本动作的类型分为周期型(走、跑、爬、攀登等)和非周期型(跳、投掷、钻等)。

(一)走步

经常步行或进行一定距离的行走，可以有效地锻炼下肢部位的肌肉、骨骼、关节和韧带。幼儿走路练习可以结合游戏(如排队走路游戏、走步竞赛等)来进行，能够有效激发幼儿对走路练习的兴趣。

1. 走步的特点与基本要求

(1) 动作放松、自然，上体保持正直。

(2) 有合理且稳定的节奏，步幅适中，步频适度。

(3) 两脚落地要轻，脚尖稍向正前方，避免"内八字步"或"外八字步"。

(4) 两臂适度地前后自然摆动。

(5) 在集体走步时，学会保持前后适宜的距离。

2. 走步练习的指导要点

(1) 为幼儿提供一个安全的环境，在幼儿学习和练习走步的过程中加强安全保护。

(2) 鼓励幼儿大胆实践。

(3) 利用各种条件，帮助幼儿学会独立行走。

(4) 对 3 岁以上的幼儿，应重视培养其走步的正确姿势。

3. 走步的相关游戏

走步的相关游戏包括排队走步游戏、走步竞赛游戏、其他走步游戏等。幼儿园各班级的走步目标如表 3-8 所示。

表 3-8 幼儿园各班级的走步目标

班　级	内　　容
小班	向指定方向走、拖(持)物走、在指定范围内四散走、一个跟一个走、沿圆圈走、模仿动物走、短途远足
中班	听信号有节奏地走、变速走、变方向走、高举手臂足尖走、蹲着走、跨过低障碍物走、倒退走、上下坡走
大班	听信号变速走、变方向走、绕过障碍曲线走、一对一整齐走、较长距离远足等

【想一想】为什么幼儿走路的姿势会有不同？怎样矫正错误的走姿？

(二)跑步

幼儿在跑步的过程中不仅能够提升自身的速度素质、灵敏素质和耐力，还能够积累有关时间和空间的经验，有助于时间知觉和空间知觉的发展。组织幼儿开展跑步活动时可以结合一些趣味性小竞赛(如直线跑、曲线跑、接力跑等)，以提高幼儿参与的积极性。

1. 跑步的特点与基本要求

(1) 上体正直，稍向前倾。

(2) 要有蹬地和腾空的阶段，脚落地时要轻，快跑时会用力蹬地。

(3) 两手轻轻握拳，两臂屈肘于体侧前后自然摆动。

2. 跑步练习的指导要点

(1) 根据幼儿的身体状况、年龄特点及季节气候等因素，选择适宜的跑步类型，并合理安排活动量。

(2) 要求幼儿跑步时"步子大些，落地轻些"，以发展幼儿的跑步能力，并保护幼儿的身体健康。

(3) 要求幼儿在跑步前做好充分的身体准备，尤其是下肢与脚部的肌肉、关节和韧带。

(4) 注意控制幼儿快跑活动的时间和强度，避免他们过于疲劳，快跑后应安排放松、整理的动作，以利于心率的恢复和心脏的健康。

(5) 跑步中提醒幼儿注意安全，如及时躲闪、不相互碰撞等。

(6) 教会幼儿在跑步中使用正确的呼吸方法，呼吸自然而有节奏，如使用鼻子呼吸或鼻子吸气、嘴巴呼气等。

3. 跑步的相关游戏

跑步的相关游戏包括直线追逐跑、往返跑、圆圈跑、曲线跑、接力跑等。幼儿园各班级的跑步目标如表 3-9 所示。

表 3-9　幼儿园各班级的跑步目标

班　级	内　容
小班	向指定方向跑、持物跑、沿规定路线跑、在指定范围内四散跑、在指定范围内追逐跑，走跑交替或慢跑 100 米、一个跟一个跑
中班	有节奏地跑、绕过障碍物跑、在一定范围内四散追逐跑、20 米快跑、接力跑、走跑交替或 200 米慢跑、远足
大班	听信号变速跑、四散追逐跑、躲闪跑、快跑 25～30 米、走跑交替或慢跑 300 米、绕过障碍物跑、接力跑、大步跑

【想一想】如何培养幼儿跑的兴趣？在跑的活动中教师可以怎样保障幼儿的安全？

(三)跳跃

幼儿可以通过各种跳跃运动增强腿部肌肉的力量，提升弹跳力、爆发力，发展身体的灵敏性、协调性等多种素质。同时，对幼儿视觉能力的发展也起到一定的促进作用。在组织幼儿进行跳跃活动时可以结合不同形式的跳(如双脚向上跳、向前跳、向后跳、跳绳、跳格子等)来进行。

1. 跳跃的特点与基本要求

(1) 跳跃的蹬地动作要有力、快速，落地动作要轻。

(2) 落地时为保持身体平衡可以弯曲下肢关节，还可以顺势向前方跨一步或几步等。

2. 跳跃练习的指导要点

(1) 为幼儿提供适宜的活动场地，避免在坚硬的地面上进行跳跃动作的练习。

(2) 根据不同种类跳跃动作的需要，给予相应的指导。例如，教师在指导幼儿进行双脚连续向前跳(学小兔子跳)时，重点应放在轻轻落地的动作要求上；在指导幼儿进行立定跳远时，重点应强调摆臂动作协调而有力，蹬地动作快而有力；在指导幼儿进行侧跳练习时，重点应教会幼儿如何在跳跃的过程中变换身体的方向。

3. 跳跃的相关游戏

跳跃的相关游戏包括双脚向上跳游戏，双脚向前跳游戏，单脚连续跳游戏，跨跳游戏，向下跳游戏、跳绳、跳圈、跳竹竿等。幼儿园各班级的跳跃目标如表 3-10 所示。

表 3-10　幼儿园各班级的跳跃目标

班　级	内　容
小班	双脚向前跳、双脚向上跳(头触物)、从高 25 厘米处往下跳
中班	原地纵跳触物、立定跳远、直线两侧行进跳、单双脚轮换跳、单足连续向前跳、助跑跨跳、由高处往下跳(高约 30 厘米)
大班	纵跳触物、跳远、助跑跨跳、行进向前侧跳、转身跳、改变方向(前、后、左、右)跳、由高处往下跳、助跑跳高、跳绳、跳皮筋、跳蹦床

【想一想】你小时候玩过哪几种跳跃类游戏?你能根据你玩过的跳跃类游戏设计出其他跳跃类的活动或游戏吗?

(四)投掷

1. 投掷的特点与基本要求

掷准:要求尽可能将投掷物击中指定目标。投掷时需要一定的肌肉力量、良好的目测能力及动作的准确性,因此,投掷的动作比投远动作要难一些。

投远:投远动作是半侧面转体肩上投掷,要将投掷物尽可能投得远一些。投掷时能较好地利用上肢及腰背部肌肉力量。挥臂甩腕时,动作要快,以获得爆发力使物体能掷得较远。重难点在于挥臂动作。

基本要求包括:①有力地进行投掷,并且动作要快,以获得较大的爆发力;②掌握合适的出手角度和出手时机。

2. 投掷练习的指导要点

(1) 投掷活动中尽可能让幼儿的左手和右手都有机会参与练习,以利于幼儿身体两侧肌肉及左右脑的协调发展。

(2) 经常变换投掷物和投掷目标,以提高和保持幼儿参与投掷活动的积极性。

(3) 投掷物的选择要适合幼儿,注意其重量、大小及安全性。

(4) 掷准练习中,幼儿掷准的距离应由近到远,掷准的目标应由大到小、由静到动,逐渐发展幼儿的掷准能力。

3. 投掷活动的相关游戏

"投沙包"游戏是幼儿喜爱的、经常玩的投掷游戏。幼儿园各班级的投掷目标如表 3-11 所示。

表 3-11　幼儿园各班级的投掷目标

班　级	内　容
小班	单手自然向前投物、双手向上(前、后)方抛球、双手滚(接、拍)球
中班	肩上挥臂投远、滚球击物、抛接球、左右手拍球
大班	半侧面肩上挥臂投远 、投准练习 、抛接球、用球击靶(或活动靶)

【想一想】在幼儿园里，幼儿玩的哪些器械需要投掷的动作？哪些物品可以作为投掷物？

(五)钻

幼儿在进行钻这一基本动作时需要腿部肌肉与腰背部肌肉协调配合，这可以增强幼儿腿部和腰背部的肌肉力量，发展幼儿的灵敏性、柔韧性等。钻的游戏有很多种，大多是结合器械(如呼啦圈、钻网等)进行的。

1. 钻的特点与基本要求

(1) 正面钻时，要求身体面向障碍物，屈膝下蹲，紧缩身体。

(2) 侧面钻时，动作上除了与正面钻有类似之处(低头、弯腰、紧缩身体)外，要求身体侧对障碍物，同时需要注意两腿屈与伸的交替及身体重心的移动。

2. 钻的练习的指导要点

(1) 在进行钻的练习时，教师所提供的辅助器械的高低要适宜，促使幼儿运用相应的身体动作。例如，用于正面钻的器械的空隙应在幼儿的胸部以上、耳部以下，宽度要大于幼儿的体宽；而用于侧面钻的器械的空隙则应该在幼儿的胸部以下。

(2) 教师可以充分利用废旧材料开展钻的活动，这样既能满足幼儿活动的需要，又能激发幼儿的好奇心和探索精神，如利用包装用的硬纸盒、废旧的车轮胎等。

(六)爬

幼儿在学步之前都要经历爬这一阶段。爬不仅能增强幼儿四肢的肌肉力量，还能增强幼儿背部和腹部的肌肉力量，提高其协调性和灵敏性等身体素质。练习爬的形式有很多种(如匍匐爬、手和脚着地爬、手和膝关节着地爬等)，要根据幼儿的能力选择适宜的爬行形式。

1. 爬的特点与基本要求

(1) 动作要灵活、协调。

(2) 动作要有一定的节奏性。

2. 爬行练习的指导要点

(1) 创造条件鼓励幼儿多练习爬的动作。

(2) 引导幼儿练习各种形式的爬的动作，并逐渐提出新的要求，增加动作的难度，注重发展幼儿动作的灵敏性和协调性。

上述基本动作的练习，不仅可以发展幼儿的基本活动能力，同时也可提高和发展幼儿的身体素质，从根本上促进幼儿身体机能的协调发展，增强幼儿的体质。此外，幼儿小肌肉的发展也不容忽视，尤其是手部肌肉的训练。手指操就是一种简单有效易操作的训练方式。例如，传统的"翻绳游戏"对手部肌肉的发展也很有益处。幼儿园各班级的钻爬目标如表3-12所示。

【想一想】幼儿在进行爬的动作练习时应注意哪些问题？幼儿是否有必要进行爬行的练习？

表 3-12　幼儿园各班级的钻爬目标

班　级	内　容
小班	正面钻过较低的障碍、手膝着地爬、倒退爬、钻爬过低矮障碍物
中班	侧面钻过较低的障碍、手脚着地爬、钻爬过较长的障碍(洞)
大班	侧面钻过较低的障碍、灵活横爬、侧爬等

(七)攀登

攀登是考验幼儿身体素质的一项基本运动，同时也是对幼儿心理素质的一种考验。在攀登的过程中，可以增强幼儿四肢的肌肉力量，发展平衡性、协调性和灵敏性等身体素质，同时还能培养幼儿沉着、勇敢、顽强、谨慎的心理素质。幼儿的自信心和独立性也能得到很大程度的发展。另外，组织攀登活动时，首先要考虑的是，攀登器械及攀登方法是否安全。

1. 攀登的特点与基本要求

(1) 幼儿阶段一般进行双脚攀登的动作练习和双手双脚共同攀登的动作练习。

(2) 攀登时需正确握住横木，以保证安全，其动作要领是大拇指与其他四指分开握住横木。

2. 攀登练习的指导要点

(1) 教师指导幼儿掌握手握横木的正确动作。

(2) 在幼儿攀登的过程中，成人既要注意保护幼儿，又要引导幼儿有秩序地攀登，并帮助幼儿学会躲避危险，提高自我保护的能力。

(3) 在进行攀登活动中，避免幼儿因求胜心切忽视活动的安全性。

(4) 当幼儿登上攀登设备后，教师可以鼓励幼儿在保证安全的情况下，适当观察周围的空间环境，体验攀登过程的艰辛和乐趣，丰富幼儿的运动经验，增强幼儿的自信心。幼儿园各班级的攀登目标如表 3-13 所示。

表 3-13　幼儿园各班级的攀登目标

班　级	内　容
小班	上下台阶、玩滑梯等
中班	攀登各类稍显低矮的攀爬架、攀爬网等
大班	手脚交替灵活攀登各种攀爬架、攀爬网、树屋等

二、幼儿体操

基本体操，是锻炼幼儿身体，促进他们机体协调发展的一种形式简便、易于普及的动作练习。根据幼儿的年龄特点，基本体操可以分为婴儿体操和幼儿体操，3～6 岁幼儿练习的是幼儿基本体操。

(一)幼儿基本体操的类型

1. 徒手操

徒手操是根据人体的解剖特点,按照一定的顺序,由屈、伸、转、绕、举、摆、跳、蹲等一系列动作组合而成的,不需要任何器械的一种体操。幼儿徒手体操包括徒手操、模仿操、拍手操、韵律操、武术操等。

(1) 头部运动:屈(前屈、后屈和侧屈)、转(向左、向右)、绕环(向左、向右绕环)。

(2) 上肢运动:手臂的举(前举、后举、斜上举、两臂同侧举)、摆、屈、伸、手臂绕环(向前、向后、向内、向外、同侧绕环、"8"字绕环等)、侧开(前举侧开扩胸、前平举侧开、躯干运动)。上体屈伸(体前屈、体后屈、上体左侧屈、上体右侧屈、俯卧体前屈)、体转(向左、向右体转)、体绕环(向左、向右绕环)、体倾倒(身体向前倒、向后倒、向侧倒)。

(3) 下肢运动:腿后举、摆动,腿向两侧举、摆动屈膝举、摆动深蹲起、单腿蹲起、前压腿、后压腿、侧压腿。

(4) 跳跃运动:点地跳、转身跳、移动跳、踢腿跳,双脚跳(开合跳、前后跳)等。

2. 器械操

器械操是在徒手操基本动作的基础上,手持器械而完成的体操。器械体操又可分为轻器械操(如哑铃操、小旗操、棍棒操等)和辅助器械操(如椅子操、垫子操、皮筋操等)。其中轻器械操在幼儿园中使用较多。

轻器械操是指幼儿在徒手操的基础上,手持较轻的器械完成各种体操动作。轻器械操除了具有徒手体操的动作要求外,还需要根据所持器械的特点,做一些特殊的体操动作。这样,随着体操动作的难度加大,活动量也随之增加,同时还提高了幼儿参与活动的兴趣和积极性。幼儿轻器械操一般适用于4~6岁的幼儿。

教师应该注意的是,所选用的器械材料必须安全,体积和重量也要适合幼儿的年龄特点,以使幼儿练习时感到灵活、方便。

3. 排队和变换队形

排队和变换队形是指全体幼儿按照统一的口令,站成一定的队形,做相对协同一致的队列动作。进行排队和变换队形的练习,能培养幼儿的团队意识和集体观念,以及迅速、整齐、统一行事的良好习惯,同时促进幼儿形成正确的身体姿势,发展空间知觉。

排队和变换队形练习中的口令一般由预令和动令组成。例如,"向前看齐"的口令中,"向前看"是预令,"齐"是动令;但也有口令中没有预令的,如"立正""稍息"等。教师在喊口令时,预令要稍微拉长一些,给幼儿一个准备时间,使幼儿明确他们将要做什么动作;而动令则要短促、果断、有力。

幼儿基本的排队动作主要包括立正、稍息、向前看齐、手放下、原地踏步走、齐步走、跑步走、向左(右、后)转、立定等;幼儿基本的队形变换有走成一路纵队、走成圆圈队形、分队走、并队走等。

在进行排队和变换队形的练习中,教师不应过分强调幼儿动作上的步调一致。例如,要求幼儿统一先出哪一只脚,后出哪一只脚等,也不要过分要求幼儿掌握复杂的队形变换,因为幼儿空间知觉的发展水平还很有限。同时,要避免让幼儿进行枯燥、单调、重复的练习，因为这样不仅会使幼儿产生厌烦情绪，影响幼儿参与活动的积极性，而且容易导致幼儿身体过于疲劳。

(二)幼儿基本体操选择和创编的基本要求

体操动作的创编是艺术和体育结合的过程。它既要符合体育锻炼的要求，又要体现艺术美的特点，在幼儿体操动作的创编中更是如此。

1. 根据年龄特点

总体上，幼儿的体操动作应简单易学、活泼可爱、协调优美、节奏鲜明，并具有较好的锻炼价值。同时，不同年龄段的幼儿身心发展水平和特点存在一定差异，因此，体操动作的类型、节数、拍数、活动量、节奏等在选择上也要有所不同。

2. 注重全面锻炼

一套较好的幼儿体操动作，应能全面锻炼幼儿身体的各部分肌肉、骨骼、关节和韧带，同时使幼儿动作的灵敏性、平衡性、柔韧性和协调性得到全面发展。

3. 遵循动作程序

成套幼儿体操动作的程序是：上肢或四肢的伸展动作—扩胸、转体动作—腹背动作—下肢及全身动作—放松、整理动作。整套动作的活动量也应遵循由小到大，再由大到小的过程。

4. 配有伴奏乐曲

合理的伴奏乐曲能增强幼儿练习的兴趣，提高幼儿体操动作的质量。伴奏乐曲要与每节动作的强度、节拍特点相适应，节奏要鲜明，音乐与动作在时间上保持一致。

【想一想】基本体操主要发展幼儿哪一方面素质？结合所学知识，尝试创编一套简单的幼儿体操。

三、运动器械

幼儿通过直接操作和摆弄器械，体验不同器械带来的活动乐趣。不同器械为幼儿提供不同的运动方式，发展不同的身体素质。

幼儿体育运动器械包括固定性器械和中、小型可移动器械两种。固定性器械包括：滑行类，如滑梯；摆动类，如秋千；旋转类，如转椅；颠簸类，如跷跷板、小木马和弹簧玩具；攀登类，如攀登架、攀网；弹跳类，如弹跳床等。中、小型可移动器械包括小推车、平衡木、投掷架、垫子、皮球、羽毛球、塑料圈、绳子等器械。

运动器械的练习不仅颇受幼儿的喜爱，而且对于幼儿也有很高的锻炼价值。以下列举几类常见的运动器械。

1. 摇摆、颠簸类运动器械

摇摆、颠簸类运动器械有秋千、摇马、浪船、跷跷板等。这类器械活动给予幼儿的锻炼价值在于以下几点。

(1) 随着器械的摇摆，幼儿需要及时调整自己的身体位置，有助于发展幼儿整个身体的动态平衡能力。

(2) 幼儿在活动中能获得各种生理和心理的感受，如特殊的听觉、视觉及兴奋与刺激等，从而丰富感知经验，增强前庭器官的机能。

(3) 幼儿通过自己的力量让运动器械运动起来，能产生对自己能力的确信，从而建立起较强的自信心和独立感。

(4) 活动带来的有关肌肉的紧张和放松的感觉，使幼儿更容易理解周围事物的变化与自己身体运动的关系。

(5) 活动为幼儿提供了丰富的想象空间，并由此使其产生愉悦的心情。

2. 攀登类

攀登类活动给予幼儿的锻炼价值在于以下几点。

(1) 幼儿在攀登设备上需要双手、双脚不停地用力和支撑，还需要不断地调整自己身体的角度和位置，这样可以有效地促进幼儿身体机能的发展，强壮幼儿的肌肉，提高幼儿对身体的控制能力。

(2) 当幼儿攀登到设备的顶端时，视觉和听觉会有不同的体验，这为幼儿提供了难得的感知觉经验，并能有效地促进幼儿空间知觉的发展。

(3) 攀登活动有助于帮助幼儿克服胆怯、害怕、恐惧等心理障碍，增强幼儿的自信心和自我意识，促进幼儿心理健康发展。

3. 各种车辆玩具类

幼儿车辆玩具的品种很多，如三轮脚踏车、小手推车、三轮运货车、四轮小汽车、电瓶车等。车辆玩具类活动给予幼儿的锻炼价值在于以下几点。

(1) 使幼儿身体不同部位的肌肉得到练习，促进大肌肉的发展及身体控制能力的发展，同时使幼儿身体动作更协调、更灵敏。

(2) 使幼儿获得视觉运动经验，发展幼儿的空间知觉和判断能力。

(3) 幼儿依靠自己的努力使小车运动起来，并独立控制和掌握小车运动的快慢、方向，将会产生极大的独立感、满足感和自豪感。

(4) 幼儿在玩车辆玩具时，会非常愉快、兴奋和自在，并能获得许多角色游戏的体验，可以激发想象力。

(5) 在活动场地上设置相应的交通标志，帮助幼儿熟悉和理解各种标志的含义，引导幼儿学习和掌握最基本的交通规则。

4. 平衡板

平衡板是一种非常普通的幼儿运动器械，可以是移动式的，也可以是固定式的。平衡板给予幼儿的锻炼价值在于以下几点。

(1) 平衡运动要求幼儿身体两侧用力均衡，这促进了幼儿身体两侧肌肉力量的协调发展。

(2) 在平衡板上行走时，需要幼儿协调地移动和变换自己身体的重心位置，从而提高幼儿控制身体平衡的能力，并使幼儿的方位知觉得到发展。

(3) 在平衡板上行走，需要幼儿高度地协调视觉、听觉及触觉的刺激，这可以促进幼儿感知觉的发展。

总之适合幼儿体育活动的内容有很多，除了上述几类之外，有条件的幼儿园还可以根据本园的实际情况增加游泳、滑冰等丰富多彩的体育活动内容。

第四节　幼儿园体育活动的组织与实施

《纲要》指出，"体育是促进幼儿全面发展的重要手段，开展丰富多彩的户外游戏和体育活动，用幼儿感兴趣的方式发展基本动作，培养幼儿良好的意志品质，使他们在快乐的童年生活中获得有益于身心发展的经验"。幼儿园的体育活动包括基本动作、幼儿体操、运动器械等。通过多种途径开展幼儿园体育活动，不仅可以丰富幼儿园的教育内容，还可以培养幼儿的运动兴趣、体能素质、协调能力和合作精神，促进其健康成长。

一、幼儿体育活动的特点与规律

幼儿体育不同于学校体育、成人体育，它有其自身的特点。在实施体育活动时，必须考虑这些特点，遵循其内在的规律，使体育活动更加科学化、合理化，让体育教育真正成为促进幼儿身心健康的教育。

(一)幼儿体育活动的特点

1. 围绕游戏开展活动

幼儿的认知能力和身体协调性尚未完全发展，因此，体育教育活动应该以游戏为主，以融入幼儿生活中的常见场景和活动为主题，如玩具、动物、自然环境等。

2. 强调幼儿的参与性和兴趣性

体育教育应该符合幼儿自然好动的天性和好玩的兴趣。教育者应该倡导让幼儿从中感受到快乐、自信、成就感等正面情感，调动他们的积极性。

3. 促进幼儿身心发展

幼儿的身体各器官和系统的发展及其相互关系的协调性，对其幼儿期的发展和成人期的健康都有重要影响。教育者应该让幼儿在运动中培养动作协调性、柔韧性、耐力等，增强自身身体素质。

4. 注重思维能力培养

幼儿的思维活动早已开始，且成长速度较快。因此，教育者应该在体育教育中加强幼儿认识自身、感知身体时空的能力，增强幼儿的认知能力和思维能力。

5. 重视社交能力培养

幼儿生活中缺乏与同龄伙伴交往和拓展人际关系的机会，体育教育应该采用参与式游戏和比赛，通过火车头游戏、跑步、跳跃等多样化活动及交流互动，鼓励幼儿积极参与团队合作，与同龄伙伴协作，增强其社交能力和人际交往能力。

(二)幼儿体育活动的规律

1. 人体机能活动变化规律

在体育活动中，人体机能的变化与机体器官、系统的功能变化紧密相关。幼儿参与体育活动时，由于反复练习或长时间运动，身体内部会发生一系列功能变化。这一过程具有一定的客观规律，可分为以下几个阶段。

(1) 上升阶段。运动前，若幼儿知晓或期待开始运动，其生理和心理就会产生相应变化或反应，包括积极和消极两种状态。幼儿处于积极状态时，会表现出兴奋、情绪高涨，心跳和呼吸频率加快，身体跃跃欲试，部分幼儿体内的葡萄糖含量也会增加。在此状态下，幼儿能迅速进入并适应后续的体育活动。而消极状态下，幼儿会表现出焦躁不安、情绪低落，甚至厌烦、胆怯和退缩，身体软弱无力，动作迟钝、不协调。这种状态会阻碍幼儿开展后续活动。教师在此阶段应开展一些准备活动，帮助幼儿克服身体器官的惰性，提高机体的活动能力，以适应即将开展的体育活动。

(2) 平稳阶段。在此阶段，幼儿各器官的活动能力逐渐达到较高水平，处于积极工作状态，身体运动效率较高，能适应激烈运动，学习和练习动作的效果较好。但该阶段持续的时间因人而异，与年龄、体质状况、心理状态及活动的具体情况等因素有关。通常，幼儿在该阶段持续的时间比成人短，保持相对较高水平的阶段也较短。教师应注意活动的动静交替、急缓结合，确保幼儿活动量适宜。

(3) 下降阶段。幼儿经过一段时间的运动，尤其是较大活动量的运动后，体内的能量消耗较多，体力恢复不足，身体会出现疲劳感，机体的活动能力也会逐渐下降。此时，教师应组织幼儿逐渐结束活动。结束活动主要是进行一些身体放松运动，尤其是在激烈运动后更应重视这一环节。它作为缓冲阶段，有助于消除幼儿的身体疲劳，使幼儿的情绪逐渐恢复平稳，有益于幼儿身心健康及后续活动的安排。

2. 动作技能形成规律

动作技能也称运动技能，是指通过练习巩固下来的、自动化的、完善的动作活动方式。幼儿在体育活动中形成动作技能的过程分为三个阶段，如表3-14～表3-16所示。

表3-14 粗略地掌握动作阶段

项 目	具体内容
神经活动过程和动作结构的特点	大脑皮层运动中枢兴奋与抑制过程呈现扩散状态，出现泛化现象，使条件反射暂时联系不稳定，因而表现出动作吃力、不协调，动作间有干扰现象，并伴随着一些多余动作，肌肉紧张，容易疲劳
动作的速度品质和动作的调节	动作速度慢，常发生错误。注意范围小，整个练习过程主要借助视觉控制和调节，视觉与动觉不协调

续表

项　目	具体内容
教学的主要任务与教学注意事项	(1)主要任务是使学生建立动作的正确表象和概念，防止和排除错误与多余动作，要求学生在重复练习过程中粗略地掌握动作 (2)教师的讲解与示范速度不要太快，尽可能使幼儿的注意力集中在动作的技术结构、要领和完成方法上。对技术细节可不作要求，让幼儿有足够的练习时间和重复次数，使他们逐步粗略地掌握动作

表 3-15　改进和提高动作阶段

项　目	具体内容
神经活动过程和动作结构的特点	(1)大脑皮层运动中枢兴奋与抑制过程逐渐集中，分化抑制得到发展，由泛化进入分化，因而大部分错误动作得到纠正，能比较顺利、连贯地完成完整动作技术 (2)动作间干扰现象和多余动作减少，但交替部分有时会出现停顿
动作的速度品质和动作的调节	(1)动作速度加快，开始能自己发现和改正错误 (2)注意的范围扩大，指向改进动作技能的各个成分，并开始把动作联合成完整的动作系统；肌肉运动感觉变得比较明晰精确，视觉与动作逐步建立协调关系，视觉控制减少
教学的主要任务与教学注意事项	(1)主要任务是使学生在粗略掌握动作的基础上，进一步消除错误和多余动作，加深理解动作结构之间的内在联系，提高动作质量，建立动作的动力定型 (2)教师在重复示范、讲解动作时，应着重分析每个动作的特点，并运用多种教学方法，使幼儿明确和掌握完成动作的技术关键，并引导幼儿把个别要素概括为完整的动作系统

表 3-16　动作的巩固与运用自如阶段

项　目	具体内容
神经活动过程和动作结构的特点	大脑皮层运动中枢兴奋过程高度集中，内抑制相当稳固，接通机制稳定，形成了牢固的动力定型，因而动作协调完善，能高度准确、熟练和省力地完成动作，并能随机应变、灵活自如地运用，干扰与多余动作消失
动作的速度品质和动作的调节	(1)动作快速、准确、近乎自动化 (2)注意范围扩大，肌肉运动表象更加清晰稳定，动觉控制代替视觉控制，形成动作的连续性，意识控制减少到最低限度，有高度适应性，自我感觉良好
教学的主要任务与教学注意事项	(1)主要任务是巩固发展已形成的动力定型，使学生能熟练、省力、轻快地完成动作，并能在各种条件下灵活自如地运用 (2)教师应指导学生系统地进行反复练习，严格要求动作技术的连贯性和完整性，并把各种练习方法有机地结合运用，使动作更加熟练、准确和完善

　　可见，动作技能形成的三个阶段是有机地联系在一起的，各个阶段之间并没有明显的界限，是逐步过渡、逐步发展的。每个阶段的出现和持续时间的长短，与幼儿的发展水平、年龄特点及动作特点、教师的教学方法等各种因素都有很大的关系，不能一概而论。

二、幼儿园体育活动的组织原则

1. 日常性原则

日常性原则是指幼儿园体育活动应贯穿在幼儿的每日活动之中，避免出现"三天打鱼，两天晒网"的现象。在具体落实这一原则时应注意以下两点。

(1) 每日让幼儿进行适当的身体锻炼活动，且保证幼儿在每日的户外活动中，参与体育活动的时间不少于 1 小时。

(2) 动静交替地安排幼儿的一日活动。一日活动中如果安静活动过多，则容易导致神经细胞的疲劳。如果身体运动过多(表现为身体练习间隔时间过短，运动时间过长)，则容易导致机体过度疲劳，影响恢复效果。因此，安排和组织幼儿的一日活动要注意动静交替、急缓结合，这样不仅有利于保护幼儿的身心健康，也有利于提高幼儿身体锻炼的效果。

2. 安全性原则

《纲要》明确指出："幼儿园必须把保护幼儿生命和促进幼儿的健康放在工作的首位。"因此，作为幼儿园教师，要时刻把幼儿的安全记在心间。体育活动具有竞争性和趣味性强的特点，幼儿的积极性和参与度都比较高，这就使幼儿在参与的过程中比较容易"忘乎所以"，从而引发危险事故。有些事故甚至是教师都无法事先预料，这就要求幼儿园教师将事先准备工作考虑周到，以便防患于未然。例如，避免活动的环境中有尖锐的棱角和坚硬的器具，防止出现撞击或因摔跤造成伤害等情况。

3. 适量性原则

适量性原则是指在组织幼儿进行身体锻炼活动时，教师应注意合理安排，调节幼儿的身体和心理所承受的负荷量，以达到最佳锻炼效果，保证其身心和谐发展。这既是人体机能适应性规律的要求，也是人体生理机能活动变化规律的要求。在贯彻这一原则时应注意以下几点。

(1) 要根据身体锻炼的内容、运动项目的特点及幼儿年龄的差异，合理地确定身体锻炼的"量"，包括练习的次数、练习时间和间隔时间的长短、练习的密度、活动的强度等。一般来说，幼儿园体育活动应遵循高密度、低强度，注重运动节奏的要求，使幼儿身体锻炼保持合理的负荷。

(2) 幼儿体育活动的运动量要从小到大逐步上升，并在活动结束前逐渐下降。比如，幼儿体操动作的练习，一般由活动量较小的头、颈部动作或上肢的伸展动作开始，逐渐过渡到扩胸、转体或体侧屈、腹背等动作，再到活动量较大的全身和跳跃动作，最后是放松、整理动作。在其他类型的身体锻炼活动中，活动量同样也应遵循从小到大，再从大到小的过程。

(3) 在组织指导时，教师讲解要精练，幼儿练习要多。教师应安排好身体锻炼的组织环节，避免过多的排队及等待的时间。另外，教师还应注意根据幼儿的个体差异，灵活地安排活动量。同时，也要根据季节、气候、营养、卫生等条件灵活安排活动量。

4. 灵活多样性原则

灵活多样性原则是指应灵活运用多种内容、多种形式和多种方法来开展幼儿体育活动。幼儿的走、跑、跳、投、爬等基本动作虽已基本成形,但动作的准确性、协调性都比较差,即缺乏灵巧性,动作的整体形态还显得较为笨拙。幼儿体育活动的各种内容、形式和方法都有其自身的特点,任何一种内容、形式和方法都有其他内容、形式和方法不可替代的作用。

因此,期望用一种内容、形式和方法来完成全部的幼儿体育活动的任务是不可行的。为此,开展幼儿体育活动需要多种内容、形式和方法相互补充、相互配合、灵活运用。例如,跑动中的急停、转身,以及"老鹰抓小鸡"游戏中的躲闪动作等,都属于含有机动、应变制约机制和相关运动能力训练的游戏。

5. 身心全面协调发展的原则

身心全面协调发展的原则是指在幼儿身体运动的过程中,应选择和安排全面的、多样的活动内容,以促进幼儿的全面和谐发展。它包含两层含义。一是体育活动应促进幼儿身心全面发展,即体育活动不仅要促进幼儿身体健康,还要促进幼儿心理的健康和发展;不仅要增强幼儿的体质,还要促进幼儿在认知、情感、态度、社会性和个性等方面的良好发展。二是体育活动应尽量使幼儿身体的各个部位、各器官系统的机能、各种身体素质和基本活动技能等,都能得到全面协调的发展,避免身体锻炼的片面性和不均衡性。

通常在较大的体育游戏中,都会存在如何完成游戏才能做到多、快、好以提高游戏的成功率和取胜率的问题。教师给幼儿留下解决问题的思考空间,有利于促使幼儿积极开动脑筋,以最佳的方式完成游戏。为了更好地体现身心全面协调发展的原则,教师在设计体育游戏的过程中,应该在规则允许的范围内尽可能多地留有完成游戏方法的选择余地,这样才能不断开拓幼儿的想象空间和创造空间。例如,小组竞赛中,大家不分你我,共同合作完成一个竞赛任务,让幼儿体验到"集体力量大无穷"的道理。因此,体育游戏更像是一个综合的教育课程,它能够培养幼儿合作、自信、自强等品质和团结友爱等优良道德风貌,既能表现个人价值,又能体现集体力量。

三、幼儿园体育活动组织的基本形式

(一)早操

早操活动并非一般意义上所指的晨间体育活动,而是做操和晨间其他体育锻炼活动的总称。在天气较好的情况下,通常要求在幼儿园户外场地上进行(遇到下雨等天气,可在教室内做操,或利用走廊开展体操和游戏活动;在天气炎热或寒冷的季节,有条件的幼儿园可在专门的体育活动室中进行早操活动)。

1. 早操的活动方式

活动时间约半小时,且要求每天按时进行活动,形式大多采用集体活动和自选活动相结合的方式。坚持每天做操,还有利于培养幼儿持之以恒、不怕寒暑的意志品质,并能有效地提高幼儿机体对环境的适应能力,增强其对疾病的抵抗力。

2. 早操的活动内容

走与慢跑交替的活动，尤其在冬季，常常作为幼儿身体锻炼的重要组成部分；一些简单的模仿动作、律动动作或愉快而简单的舞蹈；幼儿基本体操的练习，这是幼儿早操活动中的主要内容，可以起到全面锻炼幼儿身体的作用。

早操时可以为幼儿提供简单的运动器械(如球、小降落伞、小车 、沙包等)，鼓励幼儿进行分散、自主的身体锻炼；也可以以集体活动的方式组织一些身体锻炼，如做幼儿基本体操，进行走与慢跑交替的锻炼等。

3. 早操活动的组成

(1) 第一部分主要是热身活动，幼儿的生理机能从平静状态进入活动状态，可通过走步、慢跑等方式进行热身，时间不宜过长。

(2) 第二部分主要对身体进行全面的锻炼，开展以锻炼幼儿大肌肉群为主的活动，内容可丰富多样。

(3) 第三部分主要使幼儿身体由兴奋状态转入平静状态，活动强度要低，主要以整理、放松活动为主。

(二)户外体育活动

幼儿园户外体育活动是指在室外进行的形式多样的体育活动，它是幼儿园一日活动中最受欢迎的体育活动。《指南》明确指出："保证幼儿的户外活动时间，提高幼儿适应季节变化的能力。"幼儿每天的户外活动时间一般不少于 2 小时，其中体育运动时间不少于 1 小时，季节交替时要坚持。

《纲要》明确规定幼儿园要"开展丰富多彩的户外游戏及体育活动，培养幼儿参加体育活动的兴趣和习惯，增强体质，提高对环境的适应能力"。在进行户外体育活动时幼儿能够自主地进行器械探索和运动，能不断地体验成功带来的愉悦感，从而培养幼儿的积极性、自主性和创造性，促进幼儿的社会性发展。此外，户外体育活动不仅能够锻炼幼儿的身体，增强幼儿的体质，还培养幼儿对体育活动的兴趣，养成经常锻炼的良好习惯，培养不怕困难、团结合作的品质及勇于创新的精神，促进幼儿全面健康发展。开展户外体育活动，可以利用器械，也可以利用大型设施，还可以组织体育游戏。

1. 利用各种大型、中型、小型运动器械的活动

大型运动器械活动，如利用攀登墙、滑梯、秋千、攀爬网、综合器械等；中型运动器械活动，如使用独轮车、自行车、高跷、羊角球等；还有小型运动器械活动，如玩自制的球、圈、沙包等。

2. 利用环境和大型设施的户外体育活动

随着幼儿园环境创设的不断发展，幼儿园利用环境和大型设施的活动越来越丰富，利用的环境和大型设施可以包括楼梯、游泳池、假山、田埂、土坡、树林等。有的幼儿园会在空余的场地上埋上树桩或者废旧的轮胎，供幼儿练习平衡。

3. 体育游戏活动

出于场地、器械数量等原因，幼儿可以自由分组进行体育游戏活动。例如，"老狼老

狼几点啦""吹泡泡""狡猾的狐狸"、跳房子、跳竹竿、踩高跷等游戏。也可以利用一些自制的玩教具开展体育活动。例如，用废旧报纸制作的纸球、纸棒，用废弃饮料罐制作的小高跷、小障碍等。

户外体育活动应给予幼儿最大的运动自由，支持幼儿对运动器械进行自主的尝试和探索，不要过多干扰幼儿的运动，除非出现安全隐患。教师的任务是观察幼儿，在幼儿需要的时候给予适当的引导和帮助。例如，当幼儿尝试多次都无法成功、动作出现较大偏差、没有同伴一起玩的时候，教师可以给幼儿提出一些建议或给予一定的指导。此外，教师还应对动作能力发展较差、胆小退缩、体态较肥胖的幼儿给予适当的关注和个别指导。

(三)体育教学

教学活动是指教师的"教"与学生的"学"，绝大多数的运动技能都是通过学习获得的，幼儿基本运动技能的获得同样可以通过学习达成。《纲要》明确指出，"让幼儿的身体各项机能得到充分的发展，充分体现以幼儿发展为本的教育理念"。开展体育活动，需要借助一定的身体练习，也就是以一定的基本技能作为载体。幼儿掌握一定的基本技能与体育教学紧密相连，作为幼儿教育工作者，我们必须为成长中的幼儿提供规范的基本动作教学。若缺乏一定的体育教学活动，幼儿便难以在其最近发展区内掌握基本技能。

倘若没有真正的体育教学，就不会有丰富多彩的体育活动；要是没有规范的基本动作和基本技能，体育活动就无法科学、合理地推动幼儿身体的发展。因此，幼儿园必须重视体育教学和体育活动，促使幼儿的身体得到充分发展，为幼儿日后的发展奠定良好基础。

体育教学活动并非每日开展。在当下的幼儿园中，各年龄段的体育教学活动通常每周安排 1～2 次，且大多采用游戏的方式进行。幼儿园依据幼儿年龄的差异，集体体育教学活动的时长也有所不同。一般而言，小班的教学时间为 15～20 分钟，中班为 20～25 分钟，大班约为 30 分钟。体育教学活动分为准备部分、基本部分和结束部分。

1. 开始部分(准备部分)

准备部分的时间占整个集体体育教学活动的 10%～ 20%，幼儿年龄越小，所占时间越少。该阶段的主要任务是迅速组织幼儿，集中他们的注意力，开展一些必要的身体准备活动，并从心理层面激发幼儿参与活动的积极性和意愿。这部分的时间不宜过长，通常以幼儿身体舒展、情绪逐渐高涨为宜。

2. 基本部分

基本部分的时间一般占整个集体体育教学活动的 70% ～80%。基本部分主要是对已学动作进行复习，以及学习新动作，即通过一定的身体动作练习来提升幼儿的动作能力，培养幼儿的良好品质。新内容、难点和重点内容应安排在前半部分，而能让幼儿高度兴奋的活动则应置于后半部分。一次活动通常安排 1～2 项活动内容，在内容安排上要注意新旧搭配、急缓结合。

3. 结束部分

结束部分通常包含放松练习、课堂小结、归还器材等，一般占总时间的 10%左右。通过放松练习，缓解幼儿身心的高度兴奋或紧张状态，使幼儿从动态逐渐过渡到静态，实现放松肌肉、消除疲劳、恢复心率的效果。

另外，幼儿园体育教学活动方案的表述，一般包括以下几个部分，这几部分既可以采用文字叙述的方式，也可采用表格的形式。

(1) 活动名称及班级。

(2) 活动目标(认知、技能、情感态度)。

(3) 活动准备(场地、器材、知识准备等)。

(4) 活动过程(开始部分、基本部分、结束部分)。

(5) 延伸活动。

(6) 活动评析或建议。

(四)体育游戏

体育游戏与其他游戏一样，首先是一种具有鲜明娱乐性的活动。但体育游戏也有其自身的特点，它可以使幼儿获得良好的情绪体验，锻炼幼儿的身体，培养幼儿良好的品质和社会适应能力，促进幼儿认知能力的发展。

另外，体育游戏也可以与其他练习方式相互交叉整合。例如，利用器械进行的器械游戏，利用故事情节开展的创造性身体表演游戏，以及利用基本动作要素编排的走、跑、跳等游戏。

1. 各年龄段体育游戏的特点

了解和掌握不同年龄段幼儿在体育游戏活动中的特点，才能有效地组织和带领幼儿参与体育游戏，使幼儿享受其中的乐趣。各年龄段体育游戏的特点有所不同，具体如表 3-17 所示。

表 3-17　各年龄段体育游戏的特点

项　目	小班(3～4 岁)	中班(4～5 岁)	大班(5～6 岁)
角色	少，多为幼儿非常熟悉的角色	角色增多	较多，与情节的关系更加复杂
情节	单一	复杂性增加	较复杂
规则和要求	简单，一般无限制性	较复杂，带有一定的限制性	更复杂，限制性更强
活动量	较小	喜欢活动量较大的追逐性游戏	增大，喜欢竞赛性游戏且需要体力与智力相结合的游戏
对结果的关注	不太关注	开始关注	很关注，喜欢有胜负结果的游戏
活动方式	集体共同做一个动作，或共同完成一两项任务	出现两三个人或小组的合作性游戏	合作性的游戏增多

3～4 岁幼儿体育游戏的内容和动作均比较简单，活动量较小；多是有具体情节和角色的游戏，情节较单一，角色不多，通常是幼儿非常熟悉的角色，主要角色一般由教师担任；常常是全体幼儿共同做一个动作或共同完成一两项任务；游戏的规则也很简单，一般无限制性；幼儿对游戏的结果不太关注，没有较强的胜负意识，因此游戏通常以皆大欢喜的方

式结束。

4～5 岁幼儿体育游戏的内容和动作则有所发展，幼儿喜欢情节较复杂的游戏和活动量较大的追逐性游戏；游戏的角色也有所增多，主要角色可以由幼儿自己担任，同时也增加了一些无情节的游戏；游戏的规则较复杂，带有一定的限制性；出现了两三个人或小组的合作性游戏；幼儿对游戏的结果已开始关注，喜欢自己获胜。

5～6 岁幼儿体育游戏的动作增多、难度加大，游戏的活动量也增大；幼儿喜欢竞赛性游戏及需要体力与智力相结合的游戏；游戏的角色和情节的关系更加复杂；游戏的规则也更复杂，限制性更强；合作性的游戏增多；幼儿对游戏的结果很关注，喜欢有胜负结果的游戏。

2. 选择和创编体育游戏的基本要求

(1) 具有明确目的。体育游戏应对幼儿的身体素质、基本活动能力和个性品质等方面的发展提出明确的目的和要求。游戏的目的在游戏中具有导向作用，是确定游戏内容、游戏过程、活动方式及游戏规则等方面的主要依据。

(2) 针对年龄特点。体育游戏的动作内容，体育游戏的情节、角色和规则，体育游戏的活动量，体育游戏的组织与活动方式等方面，都需要考虑幼儿的实际水平、年龄特点和游戏时的具体情况，尽可能做到既能吸引幼儿，激发幼儿参与活动的兴趣，又能通过游戏达到预期的教育与发展目的。

(3) 选用适宜材料。教师应充分利用幼儿园现有的物质资源，因地制宜地选择和创编切实可行的游戏活动。同时，教师可以亲自动手，利用废旧资源制作物美价廉的游戏材料。例如，利用各种球、绳、圈、棍、沙包、钻架等大型、中型、小型运动器械的体育游戏活动；利用水、土、沙子、石头、冰雪、山坡、田野等自然环境条件的各种体育游戏活动；利用各种舞龙、斗鸡、跳竹竿、荡秋千等民族、民间地域性体育游戏活动。

(4) 逐渐提高难度。体育游戏的选择要充分考虑幼儿的认知特点和身体机能的发展水平，从容易、简单的游戏开始，逐渐过渡到较难、较复杂的游戏。无论是同一活动内容的不同要求，还是同一目标的不同发展水平，都应考虑到这一点。

(五)其他形式的体育活动

1. 室内体育活动

室内体育活动，即在室内进行的体育活动，它能有效地解决因天气、季节因素造成的体育活动无法开展的问题，确保幼儿每天不少于 1 小时的活动。由于室内场地的限制，室内体育活动的内容要根据幼儿园的具体情况进行选择。

2. 运动会

运动会作为幼儿园重要的体育活动内容之一，每学期至少应举行一次。幼儿园运动会的主要内容包括体育表演、体育竞赛、体育娱乐三种类型的活动。它不仅包括了幼儿参与的活动，也包括了教师、家长陪同幼儿参与的活动。

3. 远足

远足是一种最简单的运动方式，也是人人都能参与的活动，幼儿园可根据工作安排，在保证安全的前提下开展一些远足活动，带领幼儿走出幼儿园。参观自然景观可以让幼儿感受祖国的壮美、大自然的神奇；参观人文景观能让幼儿领略祖国文化的博大精深、历史的悠久；参观农场能让幼儿感受我国农业的迅速发展。

4. 三浴锻炼

三浴锻炼是指空气浴、日光浴和水浴。三浴锻炼可以通过自然界中的空气、日光和水给幼儿机体带来的不同刺激，增强幼儿对环境变化的适应能力，提高身体素质，并培养其积极的个性品质。

三浴锻炼通常安排在同一时段内连续进行。例如，在室外活动中先进行空气浴和日光浴，然后进行温水浴。教师既可以利用自然因素有意识地开展三浴锻炼，也可以将其与幼儿园日常活动相结合，如户外活动、玩水、淋浴等。在组织三浴锻炼时应注意以下几点：①根据当地气候和季节特点及幼儿园条件等客观情况，认真制定、适时调整锻炼的时间和具体内容；②注意锻炼的循序渐进；③专职人员应做好安全保障工作；④培养幼儿的安全意识，建立必要的安全行为规范。

四、幼儿园体育活动实施的基本方法

(一)讲解法

讲解法是指教师用语言组织儿童活动，激发幼儿学习和锻炼的兴趣，指导幼儿掌握活动的名称、动作、练习的内容，并对动作的要领和游戏活动的方式进行阐释的一种方法。讲解法是体育教学语言中的主要方式，也是应用最广泛的教学方法。

讲解法需注意的问题包括：①讲解的语言要清晰准确，多运用形象化的语言，以激发幼儿积极参与体育锻炼的兴趣，在幼儿的大脑皮层中形成正确的动作表象；②要掌握讲解的时机和讲解的位置；③讲解要明确目的和教育意义。

(二)提问法

提问法是贯穿在活动中的以师生问答的形式相互作用、解答问题、激发动机、启发和促进思维、巩固知识、检查反馈，从而实现活动目标的一种方式。

提问法需注意的问题包括：①活动中的提问要有明确的目的性；②避免提问过于简单，所提出的问题应具有思路的诱导性，避免出现"启而不发"的情况。

(三)语言提示和提醒法

语言提示和提醒法是指幼儿在做练习时，教师用简短明确的语言指导幼儿活动的方法。运用这一方法需注意的问题包括：①提示和提醒的语言必须简单明确、要求具体，所用语言应是幼儿懂得的和熟悉的，声音要有感情和鼓动性；②声音不要太大和太突然，以免引起幼儿震惊而影响活动；③在提示幼儿遵守纪律和纠正不正确行为时，应避免使用训斥、埋怨和恐吓的语言和口吻。

(四)示范法

示范法是指教师以自身的动作为范例，让幼儿看到所要练习的动作、要掌握的动作技能的动作结构及动作和游戏完成的先后顺序等。

幼儿园常用的示范方式有完整示范和分解示范，正面示范和镜面示范，慢拍示范和侧面示范、局部示范。

示范法需注意的问题包括：①示范要正确、优美、轻松、熟练；②示范时，教师不要模仿幼儿的错误动作，以免幼儿因好奇而模仿错误动作，也不要让有错误动作的幼儿出来做示范，以免伤害幼儿的自尊心；③教师要注意示范的位置和方向，因为这关系到示范的效果；④示范时，还应根据不同的动作灵活地采用不同的示范方法，同时，教师还要考虑示范的速度。

(五)练习法

练习法是指幼儿在教师的指导下，有目的地进行反复身体练习的方法。它是体育活动中最基本、最重要的方法。

幼儿园常用的练习法有重复练习、条件练习、完整练习和分解练习、循环练习等。另外，从练习的形式来看，还可以有集体练习、分组练习(分散练习、合作练习)等。

练习法需注意的问题包括：①练习的目的要明确，要求要具体；②贯彻循序渐进的原则，耐心、细致地对待幼儿出现的错误动作，当发现错误时，不要同时纠正多种错误，以免分散幼儿的注意力；③要提醒幼儿积极思考，培养他们在身体活动中积极思维的习惯；④练习过程中，要注意区别对待，为幼儿创造自主选择的条件，确保他们能根据自己的能力选择练习的难度，确保每个幼儿都能在原有基础上得到锻炼和提高。

(六)游戏法

游戏法是指以游戏的方式组织幼儿进行体育锻炼的方法。

游戏法需注意的问题包括：①体育游戏可以作为体育锻炼的主要内容；②用游戏化的口吻、新颖的活动器械和头饰，激发幼儿参加体育锻炼的意愿和积极性；③对于中班、大班的幼儿来说，在活动过程中适当增加一些竞赛成分，能增强活动的趣味性，提高幼儿参与活动的积极性；④在活动的开始部分，可以结合走跑交替做一些模仿性的动作练习，如模仿操、律动、歌舞等，营造欢快的氛围。

(七)其他方法

(1) 比赛法。比赛法是指在比赛的条件下进行练习的方法。

(2) 领做法。领做法是指教师边示范、边讲解、边组织幼儿跟随自己一起练习的方法。

(3) 信号法。信号法是指在幼儿体育教学中，需要运用多种信号组织和指挥开展活动，这里的信号包括口令、哨音、音乐、鼓声、拍手等声音信号。

五、幼儿园体育活动应注意的问题

幼儿时期是一个人身体及心理成长的关键时期，激发幼儿积极参加体育活动的兴趣并养成科学锻炼身体的好习惯至关重要。

(一)幼儿早操应注意的问题

(1) 做好活动前的准备工作。为幼儿提供充足的活动器材，同时给予幼儿自选器材、自由活动的机会和条件。

(2) 丰富早操活动内容。根据季节和气候，灵活调整早操活动的时间和内容。

(3) 做好个别教育工作，培养幼儿活动的创造性，全面锻炼幼儿的身体。在活动的不同时段，引导幼儿利用同一器材尝试各种玩法，实现"一物多用"，从而培养幼儿的创造力。

(二)幼儿户外体育活动应注意的问题

户外体育活动与早操活动有一定的相似之处，但户外体育活动在活动内容、活动形式等方面的灵活性更大，因此教师要重视指导工作。

首先，保证幼儿有足够的户外活动时间。提供足够的活动器械和活动内容并给予幼儿自由活动的机会和条件。在活动的不同阶段，应注意投放新的、不同的活动器材并丰富活动内容。

其次，活动前应向幼儿提出不同的具体要求和注意事项。活动过程中，要注意观察和了解每个幼儿的具体情况，有针对性地、灵活地加以指导，注意因材施教，做好个别教育工作。启发幼儿在活动中积极思考，发挥幼儿的创造性，也应要求幼儿遵守活动规则。活动结束时，要求幼儿整理和收拾好活动器材。灵活运用多种活动方式和指导方式开展幼儿的户外体育活动。应加强对幼儿自选活动的指导，避免活动的失控。为此，教师一方面应限制幼儿的不当或过度活动，另一方面又要调动那些态度消极的幼儿参与活动，达到锻炼身体的目的。

最后，注意户外体育活动与其他形式的身体锻炼活动的密切配合。同时，保证户外体育活动的安全和卫生。

(三)幼儿体育教学活动应注意的问题

(1) 做好活动前的准备工作。幼儿体育活动前的准备工作包括幼儿的知识准备及活动前的场地、器材和玩具的准备和布置，熟悉活动计划和做好活动前幼儿及场地的安全、卫生工作。

(2) 以积极的态度和高昂的情绪投入体育活动的组织和指导，提高幼儿参加体育活动的兴趣。教师的情绪、态度、语调和姿态直接影响到幼儿的情绪和兴趣。因此，教师要注意自身的言行对幼儿情绪、兴趣的影响和感染，要以积极的态度和高昂的情绪投入活动的组织和指导，要有高度的责任心，要有灵活性。

(3) 控制好活动的时间。灵活运用多种指导方式，既面向全体幼儿，又注重个体差异，做好个别幼儿的教育工作。重视在活动中发展幼儿的智力，并通过建立体育活动常规，利用活动相关内容，培养幼儿良好的品质和个性，促进幼儿身心全面健康发展。

(4) 做好活动后的复习辅导和检查评价工作。在幼儿体育教学中，要不断总结经验教训，提高自身的组织指导能力和体育教学质量。

(四)幼儿体育游戏活动应注意的问题

幼儿体育游戏的组织需以年龄特征为基础，兼顾教育性与趣味性。针对小班幼儿认知与体能特点，选择情节单一、角色简单、活动量适度的游戏；中班可逐步增加情节复杂度与合作元素，引入规则意识；大班则可设计竞赛性及体力与智力相结合的游戏，满足其对胜负结果的关注。游戏设计需明确发展目标，围绕身体素质、能力培养与个性品质设定方向，同时充分利用园内资源、废旧材料及自然环境，以经济实用为原则选用器材。难度推进应遵循循序渐进原则，从基础动作与简易规则起步，逐步提升复杂性，契合幼儿身心发展规律。此外，需通过角色设定、合作任务及胜负机制的合理设计，强化幼儿的情绪体验与社会互动，确保游戏在娱乐中实现体能锻炼与社会性发展的双重目标。

幼儿园体育活动案例请扫右侧二维码。

本章小结

本章主要讲述了幼儿园体育活动的内涵、目标和内容。幼儿园体育不仅能够促进幼儿身体的健康发展，也对幼儿的心理及社会性的发展都具有积极的影响。幼儿园体育活动的内容分为基本动作、幼儿体操、运动器械三个方面。幼儿园体育活动的组织原则包括：日常性原则；安全性原则；适量性原则；灵活多样性原则；身心全面协调发展的原则。

思考题

1. 从幼儿发展角度，简述幼儿户外运动的价值。
2. 简述幼儿体育的含义、内容及组织形式。
3. 简述幼儿园体育活动的目标及内容。
4. 简述幼儿园体育活动实施的基本方法。
5. 简述幼儿体育教学活动的设计与指导要点。

第四章 幼儿园安全教育活动

本章学习目标

➢ 了解幼儿安全教育活动的意义、途径和方法。
➢ 掌握幼儿安全教育活动的目标和内容。
➢ 能够结合实际，设计幼儿安全教育活动方案。
➢ 树立正确的幼儿安全教育活动理念，避免幼儿意外事故的发生。

重点与难点

➢ 幼儿安全教育活动的目标和内容。
➢ 根据幼儿年龄特点设计安全教育活动方案。

导入案例

我会"擤鼻涕"

一天下午，王老师正带领幼儿开展区域活动游戏。有个小朋友流鼻涕了，便举手示意老师他需要纸巾。王老师看到后，问道："能过来自己擤鼻涕吗？"小朋友回答："可以。"擤完鼻涕后，他回去继续游戏。接下来，陆续有幼儿流鼻涕，他们都自行走到钢琴旁边的纸抽前自己动手处理。在建构区游戏的晨晨，手里拿着玩具，一直在观察那些走过去自己擤鼻涕的小朋友。当他看到大家都在游戏，没人上前擤鼻涕了，便举手说："老师，我有鼻涕。"王老师像之前一样，让他自己去处理。过了 5 分钟，晨晨还一直在"擤鼻涕"。王老师察觉到不对劲，急忙上前查看，发现晨晨手里握着大半张纸，剩下的纸都被塞进了鼻子里。此时，王老师赶紧将他送往保健室，保健医小心翼翼地用长镊子从晨晨鼻子里把纸取了出来，这才避免了异物对晨晨鼻子造成进一步伤害。

可见，小班幼儿好奇心强、爱模仿，什么事情都想尝试，对危险的概念比较模糊。因此，在平时的生活教育中，安全常识教育不可或缺。教师在日常组织活动时，可以让幼儿了解什么是安全的，什么是不安全的；哪些事情可以做，哪些事情不可以做。

(资料来源：本书作者整理编写.)

第一节 幼儿园安全教育活动概述

良好的安全教育可以让幼儿在没有大人帮助的情况下也能保护好自己。从小培养自我保护能力，才能远离危险，享受生活。因此，父母和教师都有义务和责任教给幼儿一些必要的安全常识，以及处理危险突发事件的方法，让幼儿在单独面对危险时，仍能保持良好的心态，具备自保的能力。

一、幼儿园安全教育活动的意义

幼儿安全问题是社会各界关注的重要问题之一。联合国《儿童权利公约》规定，学龄前阶段的幼儿是安全保护的对象。

(一)安全教育是保护幼儿生命、促进幼儿健康成长的需要

人最宝贵的是生命，这不仅是因为生命只有短短几十年，更因为我们的生命只有一次。然而，在现实生活中，这仅有的一次生命却与形形色色的安全隐患相伴。稍有疏忽，便可能导致生命消逝、健康受损。生命既坚强不屈，又脆弱得不堪一击，而幼儿的生命更显弱小、稚嫩与珍贵。说其弱小，是因为幼儿正处于生命历程的起始阶段，与生存环境的互动才刚刚开始。在实际生活中，许多情境他们无力应对，诸多事件他们难以承受，任何危及幼儿的外来刺激都可能关乎他们的生命安全。说其稚嫩，是因为幼儿骨骼、肌肉、器官和系统的发育尚未完成，日常生活中的疏忽大意或失误，都可能造成身体伤害，甚至导致伤残。说其珍贵，是因为幼儿的生命才刚刚开始，其中蕴含着无限的未来与光明。

调查发现，在幼儿园发生的幼儿安全事故中，发生范围较广、频率较高的主要包括同伴咬伤、打伤、坠落、摔伤、跌伤、烫伤、烧伤、运动器械致伤和尖锐物品戳伤等，食物中毒、药品中毒、破损玩具致伤、走失、交通事故、溺水等安全事故也占有一定的比重。由此可见，幼儿安全事故形势十分严峻，应引起普遍关注。

(二)安全教育可以激发幼儿的安全意识

安全意识就是人们在日常生活、生产活动和社会活动中对自身安全做出的反应和控制，并通过思维、情感、习惯、信念等方式表现出来。幼儿的安全意识是指幼儿对安全知识的掌握及对保证自身安全的基本行为的认识。对于在生理和心理上都较为脆弱的幼儿来说，生命成长的每一步都面临着挑战，各种危险事件也极易发生。健康的身体和安全的环境是幼儿成长的必要条件，也是幼儿开展其他活动的前提。因此，加强安全教育，增强幼儿安全意识尤为重要。

幼儿对外界环境缺乏知识和经验，很难预见生活中的危险因素。例如，幼儿在超市看到喜欢的玩具，就会松开妈妈的手不顾一切地跑过去，而不考虑与妈妈走失的后果。有专家曾做过这样的实验，让几位母亲反复告诉幼儿，不要与陌生人一起离开公园。然后，母亲们躲到远处观察。结果，她们震惊地发现，幼儿居然与陌生人一起离开公园去寻找"丢失的妈妈们"。实验表明，平均只需 35 秒，一个陌生人就可以将幼儿引诱出公园。这些都说明，幼儿的安全意识非常淡薄，因此，增强幼儿的安全意识是首先要考虑的问题。

(三)安全教育可以提高幼儿的自我保护能力

如今，独生子女家庭相当普遍，在家庭中处于中心地位的幼儿受到了过度的保护和关爱，缺乏足够的独立活动的机会，同时也缺乏相应的自我保护意识和能力。意外伤害事故频繁发生并呈逐年上升趋势，给幼儿身心及家庭带来了极大的伤害，也为我们的幼教工作

敲响了警钟。因此，引导幼儿树立自我保护意识，培养幼儿自我保护能力，是幼儿安全教育的核心内容。

曾有专家做过实验，让家养的猫和老鼠待在一个箱子里，猫不但不捕捉老鼠，反而与老鼠共同玩耍。原因就是这只猫一直都是由主人喂养，从未捕食过老鼠，也从未见过猫捕食老鼠，它已经基本丧失了捕捉老鼠的意识和能力。由此，我们可以想象裹在层层"爱"的保护罩下的幼儿，他们是否也会丧失自我保护的能力？在日常生活中，幼儿滑倒摔伤的事例随处可见，其实这些幼儿在摔倒时，只要用手撑一下地，受到的伤害就会小很多。因此，应给幼儿创造一些小小的受挫机会，让他们在经受挫折和磨砺中积累必要的生活经验，学习自我保护的方法。

二、幼儿园安全教育活动的任务

幼儿园安全教育的内容涉及较广，凡是幼儿所能接触到的地方，都存在与安全相关的问题。幼儿园安全教育活动的主要任务如下。

(一)帮助幼儿树立有关安全的意识

幼儿活泼好动、好奇心强，容易发生各种意外伤害和事故。因此，在对幼儿进行安全教育的过程中，帮助他们树立起安全意识是十分必要的。教师可从幼儿自我保护能力较弱的特点出发，有意识地通过图画、儿歌、讲故事、做小实验、互相讨论等形式，全面地进行安全教育。

(二)引导幼儿学习必要的安全常识

教师可以结合幼儿的生活实际，帮助他们了解一定的安全常识。例如，了解水、电、火、煤(天然)气、刀具、常用药品的使用等方面的安全知识和注意事项；获得应对意外事故(如火灾、雷击等)的常识，懂得及时避开危险场所；知道常见的各种标志或特殊的电话号码，遇到突发事件时能够求助；丰富生活内容，学习在社会生活中保护自己。

(三)培养幼儿良好的行为习惯

幼儿期的神经细胞反应时间短，容易形成条件反射，即容易养成习惯。教师应利用这一特点，多进行正确行为的强化练习，持之以恒，帮助幼儿养成良好的行为习惯，减少意外伤害事故的发生。同时，也要教育幼儿学会分享、合作等良好的交往方式，以避免幼儿之间由于不合群、相互攻击等导致的伤害事故。

第二节 幼儿园安全教育的目标与内容

在学前教育发展突飞猛进的今天，"保障适龄儿童接受基本的、有质量的学前教育"及"以幼儿为本"的教育理念正在成为学前教育工作者的共识。根据《纲要》的总目标，根据不同年龄阶段幼儿的发展状况，本节描述了小班、中班、大班的安全教育目标，为设计、组织和实施安全教育活动奠定基础。

一、幼儿园安全教育的目标

(一)幼儿园安全教育的总目标

幼儿园安全教育的目标是通过安全教育，培养幼儿对自身安全的积极态度，让幼儿懂得安全和自我防护的基础知识，初步树立安全和自我保护的意识，学会基本的自我保护和救助技能，防止意外事故的发生。

1. 树立自我保护意识

心理学家认为"习惯是在一定情景下自动化的动作系统"。人的行为只有养成习惯才具有稳定性，它反映了习惯的养成与否及养成的程度。幼儿期的神经细胞反应时间短，容易形成条件反射。教师应抓住这一教育契机，探索有效的方法，将规则渗透在明确的要求中，对幼儿多进行正确行为的练习。同时，积极向幼儿家长宣传幼儿园养成教育的重要性，并与之配合，反复强调、长期坚持，才能收到良好的效果。

2. 提高自我保护能力

安全常识是指人们在经历灾难后，对灾难原因的规律性认识及采取的必要防护措施。在以往发生的自然和社会灾难中，幼儿受到的伤害往往最为严重。结合日常生活，应从防电、防火、防交通事故、学会救护方法等方面选择对幼儿有益、便于幼儿掌握的基本常识作为教育内容。

3. 养成良好的安全自护行为习惯

忽视幼儿学习主动性的讲授、灌输，难以产生持久的影响。如果创造机会让幼儿参与实际操作，则会变被动理解为主动内化，从做中学，从做中体会和感悟，不仅能够激发他们的兴趣，更能在活动中培养幼儿的安全自护行为习惯。教师要有计划、有目的地创设各种情境，帮助幼儿认识到社会上可能遇到的问题，并使其做出合乎社会规范的行为反应。例如，开展常态化的防地震、防火灾等模拟演习活动。虽然有些自然灾害如地震等是人力无法控制的，但发生地震或火灾，出现雷暴或台风天气时，如何将伤害降至最低程度呢？可通过组织模拟演习活动，教会幼儿在突发情况下保护自己，逃生时避免混乱和踩踏等。例如，模拟地震演习活动时听到警报声，应听从教师的指挥，有序下楼；逃生时不要扭头向后跑，要快速跑到平坦的广场，远离高楼等建筑物。

幼儿园安全教育的核心目标是初步树立幼儿的安全和自我保护的意识，让幼儿学会基本的自我保护和救助技能，防止意外事故的发生。该核心目标说明幼儿安全教育的指导重心不在于为什么，而在于指导怎么预防和怎么求助，即形成安全自护的行为。因此，应多通过情景再现和模拟训练，使安全教育更直观、具体且有可操作性。

(二)不同年龄段安全知识和自我保护能力目标

《纲要》指出，幼儿园健康教育目标之一是使幼儿"知道必要的安全保健常识，学习保护自己"。幼儿生长发育迅速，但知识和经验缺乏，活动欲望强烈，但自我保护意识薄弱。因此，增强幼儿的安全意识、提高幼儿的保护能力是幼儿园实施健康教育的根本保证。

所以，幼儿安全教育应把"激发幼儿安全自护的意识，引导幼儿掌握必要的安全常识，培养幼儿良好的安全自护行为习惯"作为根本目标。

《指南》对幼儿园安全教育的目标做了具体要求，如表4-1所示。

表4-1　具备基础的安全知识和自我保护能力

3～4岁	4～5岁	5～6岁
(1)不吃陌生人给的东西，不跟陌生人走 (2)在教师的提醒下能注意安全，不做危险的事 (3)在公共场所走失时，能向警察求助或向有关人员说出自己和家长的名字、电话号码等简单信息	(1)知道在公共场合不远离成人视线单独活动 (2)认识常见的安全标志，能遵守安全规则 (3)运动时能主动躲避危险 (4)知道简单的求助方式	(1)未经大人允许，不给陌生人开门 (2)能自觉遵守基本的安全规则和交通规则 (3)运动时能注意安全，不给他人造成危险 (4)知道一些基础的防灾知识

根据《指南》和《纲要》，我们从幼儿自我保护教育入手，确定了幼儿安全自护教育的目标，主要包括习惯、知识、意识、能力四个方面。习惯，即养成良好的生活、卫生、行为习惯，避免身体受到伤害。知识，即了解生活中的一些安全常识和安全知识。意识，即遇到问题及事件时，能够首先想到要维护自己的安全。能力，即提高幼儿遇到危险时能迅速做出反应，主动进行自救和自护的能力。在具体的安全教育中，要注意将上述总目标分解为若干子目标，并转化为一日生活各类型活动中的自我保护教育指导要点，强化对幼儿进行自我保护教育的意识，帮助教师厘清幼儿一日生活中自我保护教育的指导要点，使幼儿安全自护教育真正落到实处。

二、幼儿园安全教育的内容

幼儿园安全教育涉及的内容较为广泛，主要有交通安全、消防安全、食品卫生安全、幼儿园活动安全、日常生活安全、防拐骗和性侵害、防意外事故等。

(一)交通安全

(1) 认识交通标志，如红绿灯、人行横道线，并且知道这些交通标志的意义和作用。

(2) 了解基本的交通规则。例如，红灯停，绿灯行，行人走人行道，上街走路靠右行，不在马路上踢球、玩滑板车、奔跑、做游戏，不横穿马路，等等。

(3) 教育幼儿从小树立交通安全意识，养成遵守交通规则的良好习惯。

(4) 教育幼儿不到马路上玩耍，走路靠右边，没有成人带领不自己过马路。

(5) 教育幼儿乘车时不在车上来回走动，手和头不要伸出窗外。

(二)消防安全

(1) 要让幼儿认识到玩火的危险性。

(2) 要让幼儿掌握简单的自救技能。例如，一旦发生火灾必须马上逃离火灾现场，并及时告诉附近的成人。当发生火灾，自己被烟雾包围时，要用防烟口罩或干、湿毛巾捂住口鼻，并立即趴在地上，在烟雾下面匍匐前行。

(3) 组织幼儿参观消防队，观看消防队员的演习，介绍火灾的形成原因、消防栓的作用、灭火器的使用方法及使用时应注意的事项等。

(4) 组织幼儿进行火灾疏散演习，事先确定各班安全疏散的路线。让幼儿熟悉幼儿园的各个通道，以便在火灾发生时，能在教师的指挥下统一行动，安全疏散，迅速离开火灾现场。

(5) 了解消防栓、灭火器的用途，知道幼儿园的安全通道和出口。养成到公共场所注意观察消防标志和疏散方向的习惯。知道各种报警电话，懂得如何报警。

(三)食品卫生安全

(1) 教育幼儿不随便进食和饮用来源不明的物质。不要将各种非食用物品放入口中，以免发生食物中毒。

(2) 日常教育幼儿不吃腐烂的、有异味的食物。

(3) 教育幼儿养成良好的饮食习惯。例如，在进食热汤或喝开水时，必须先吹一吹，以免烫伤；吃鱼时，要把鱼刺挑干净，以免鱼刺卡在喉咙里；进食时，不嬉笑打闹，以免食物进入气管；等等。

(4) 教育幼儿不能随便吃药，如果需要服药，一定要按医生的吩咐，在成人的指导下服用。

(5) 教育幼儿不喝生水。

(四)幼儿园活动安全

(1) 教育幼儿玩大型玩具滑梯时，要耐心等待前面的幼儿安全滑下并离开后再滑，避免拥挤；玩秋千时，要注意坐稳，双手拉紧两边的秋千绳；玩跷跷板时，除了要坐稳，还要注意双手抓紧扶手。

(2) 教育幼儿玩玩具(如积木、游戏棒)时，不得用手中的玩具去打其他幼儿的身体，特别是头部。

(3) 教育幼儿玩小型玩具(如玻璃球)时，不能将它放入口、鼻、耳中，以免造成伤害等。

(五)日常生活安全

(1) 教育幼儿在运动和游戏时要有秩序，不拥挤推撞；上下楼梯靠右边走，不从楼梯扶手上往下滑；在没有成人看护时，不能从高处往下跳。

(2) 教育幼儿不擅自爬树、爬墙、爬窗台；推门时要推门框，不推玻璃，且手不能放在门缝里。

(3) 教育幼儿不独自玩烟花爆竹；打雷闪电时不站在大树底下。

(4) 教育幼儿要记住自己的姓名、家庭住址、父母的全名及工作单位，知道遇到危险时应怎样拨打紧急呼救电话。

(5) 教育幼儿不随便拿刀、剪或其他尖锐器物当玩具。学会正确使用刀、剪等工具。

(六)防拐骗和性侵害

(1) 教育幼儿不要轻信他人的话，未经允许切勿跟他人离开，更不要让他人触碰自己的身体，知道只有父母、医生、护士才能触摸自己的身体；如果他人要这么做，一定要尽快逃离。

(2) 教育幼儿当独自在家有陌生人敲门时，不随便开门。

(七)防意外事故

(1) 教育幼儿不能随便玩电器，不拉电线，不用刀剪电线，不用小刀刻画电线，不将铁丝等插到电源插座里，等等。

(2) 教育幼儿一旦发生触电事故，不能去拉触电的人，而应及时切断电源，或者用不导电的东西挑开电线。

(3) 教育幼儿不能私自到河边玩耍，不能私自到河里游泳。

(4) 教育幼儿不能将脸闷入水中。

(5) 教育幼儿不要随意开启家用电器，特别是电取暖器等设备，更不可玩弄电线与插座。

第三节 幼儿园安全教育活动的实施

在幼儿园教育工作中，幼儿的安全问题是保教工作的重中之重。在组织活动过程中，教育工作者应根据幼儿的身体特点，针对幼儿可能遇到的安全问题，将安全教育渗透到幼儿日常生活的各个领域，以确保幼儿健康成长。幼儿安全教育活动的实施可以通过多种渠道、多种途径，它可以涉及幼儿园的各种环境、各个层面及环节。

一、幼儿园安全教育活动实施的原则

(一)安全第一

幼儿园安全教育的首要原则是把幼儿的生命安全和身体健康放在第一位。教师应该牢固树立安全教育观念，把安全教育作为教育计划的核心组成部分。同时，幼儿园应该建立健全的管理制度，规范幼儿活动，定期检查幼儿园设施设备，确保幼儿在安全的环境下学习和成长。

(二)预防为主

安全教育的目的是预防意外事故的发生。预防为主原则强调在幼儿园安全教育中，应该把预防措施放在首位。通过提供充分的安全教育，让幼儿掌握预防事故的方法和技能，从而较好地避免后续修复和治疗的需求。

幼儿在好奇心的影响下，常对一些极限运动感兴趣，如喜欢爬高、钻网等。这时教师需要提醒父母告诉幼儿不能做危险动作，不能去危险的地方。例如，在爬双杠、滑滑梯等活动中，一旦出现危险状况，要及时制止；在外面时，要教育幼儿躲避汽车，不能在马路上玩耍；等等。

(三)教育与保护相结合

幼儿园安全教育需要教育与保护相结合。教育是通过系统的安全知识、技能和意识的培养来增强幼儿自我保护能力；保护则是通过提供安全的环境、设施和教学材料来保障幼儿的安全。

安全教育是一项不能间断的工作，不仅父母和幼儿园要重视，社会也要引起重视。在家里，父母要教育幼儿诚实懂事，同时也要让幼儿学会自我保护。父母需要注意的是，不能溺爱幼儿，父母保护得越好，幼儿的自我保护能力就越差，因此幼儿在面对危险时的自救能力也更弱。

(四)适宜性原则

适宜性是指教师在制定教育目标、确定教育内容、创设教育环境、实施教育过程等环节中，都能充分考虑幼儿的年龄特点、学习特点、发展水平和情感需要，以最适合幼儿特点的课程开展教育活动。适宜性原则充分表明了幼儿自身特点和需要对教育目标、内容、方法等的影响。因此，教师在选择教育目标和内容时不要照搬书本，可以借鉴优秀案例，但一定要考虑自己班上幼儿的年龄特点和实际需要，再好的活动不适合幼儿也是徒劳。

安全教育应该从简单到复杂、循序渐进地进行。根据幼儿的认知水平和年龄特点，从日常生活中的简单安全常识开始，逐渐引导幼儿掌握更高层次的安全知识和技能。同时，教师应根据幼儿的实际情况，及时调整教学内容和方法，确保教育的连续性和针对性。

(五)参与与互动

参与与互动包含两层含义：一是在教育活动设计过程中，要注重通过多种途径、策略调动幼儿的主动参与性，使其在参与过程中获得体验与发展；二是在设计教学活动的过程中，要考虑到家长资源、社会资源、同伴资源等多种教育资源的共同参与。

无论是家长、教师还是小朋友，安全知识对于每个人都至关重要。因此要进行全员安全教育，强化全民安全意识，做到防患于未然。教师可以利用游戏、故事、讨论等多种教学手段，激发幼儿的学习兴趣，增强他们的自我保护意识和能力。同时，家长也应积极参与幼儿园的安全教育活动，与教师形成合力，共同关注幼儿的安全问题。

(六)转变模式

专家根据意外伤害流行病学模式提出了预防幼儿意外伤害的要点，其包括：预防危险因素的形成；减少危险因素的影响；防止或减少危险因素的释放；减小危险因素释放率及空间分布；增强人对危险因素的抵抗力；加强处理伤害的快速反应能力；加强有效急救治疗和康复治疗的能力。因此，幼儿园安全教育活动应该根据实际情况实现以下转变。

1. 由急救型向预防型转变

当幼儿生活与学习环境发生改变时要特别予以关注，做好心理安全和事故防范工作。在日常生活中，要确保幼儿有一个安全的环境，保管好火种、煤气、农药物品、烟花爆竹、危险品等，对这些物品的出售、保管、使用、查验等环节都要做好安全防范工作，保证幼儿居家安全、幼儿园安全、出行安全和社会安全。

2. 由封闭型向开放型转变

以往的安全教育存在以教师为主、较为随意进行的状况。现在的安全教育必须改变只由教师在幼儿园里进行教育的状况，可以采取多种形式，利用园内外的诸多资源，对幼儿进行生动、活泼、具体、有效的安全教育。

3. 由纪念日型向经常型转变

除了一些节假日、特别日的安全教育外，还要对幼儿进行饮水安全、进食安全、交通安全、用电安全、游泳安全、游戏安全、消防安全、活动安全、园舍安全、设施安全等长效性的、经常性的教育。

4. 由常规型向探索型转变

教师要向幼儿传授安全教育和健康保护的方法，建立并完善"预警系统"，培养社会、幼儿园、家庭和幼儿对不安全事件的快速反应能力，提高全社会的避难能力和救护能力。

5. 由简单报道型向正面引导型转变

媒体对幼儿安全事故应从客观的角度予以报道，探究原因和教训，减少对幼儿的暗示和误导，提高幼儿的判断能力、选择能力和明辨是非的能力。

二、幼儿园安全教育活动实施的途径

幼儿安全教育是健康教育的组成部分，只有充分利用各种有效途径，采用多种方法，有目的、有计划地组织实施幼儿安全教育，才能将其落到实处。

(一)通过创设环境开展安全教育

幼儿园的环境是在教育目标的指引下，有目的、有计划地针对幼儿的特点而精心创设的。因此，教师可以通过环境的创设，让幼儿在潜移默化中接受安全教育。例如，在幼儿园的公共走廊玻璃上张贴有趣的图片、漫画及标志符号等；在区域活动中，模拟真实的斑马线、交通红绿灯环境等，让幼儿了解一些简单的安全知识。

此外，各班还可以创设一些安全教育的区角，如交警指挥岗亭、公共汽车站、消防站、医院救护中心等，让幼儿从区角环境中感悟到交通安全的规则、火灾或疾病的报警电话和自救方法等。

(二)通过一日生活开展安全教育

对于幼儿来说，一日生活也是学习，教师应抓住幼儿一日生活的各个环节开展有效的安全教育。例如，晨检时，保健医生要注意检查幼儿是否携带尖锐的器具或小珠子等物品，告诉他们玩这些东西可能会受伤；集体教学时要求幼儿端正地坐在椅子上，告诉他们歪坐椅子会倒，自己也会跌伤；自由活动时不要攀爬栏杆、窗户，以免发生不必要的安全事故。

(三)通过游戏开展安全教育

游戏是教师开展安全教育最常用、最有效的手段。教师可以依据幼儿的年龄特点，开展各式各样的游戏活动,牢固树立幼儿的安全意识。

小班幼儿由于刚从家庭进入幼儿园,处于分离焦虑期。教师可通过创设自由、宽松、舒适、安全的游戏环境,营造温馨、快乐的幼儿园氛围,让幼儿与同伴友好相处,从而建立最初的安全意识和安全感;中班幼儿通过开展表演游戏"红绿灯""开汽车""交通警察"等,逐渐认识到规则的重要性,懂得交通安全规则和常识,知道外出要跟随大人,不能在马路上玩耍等;大班幼儿可通过开展"谁知道得多""我真棒"等智力游戏,运用抢答、竞猜、表演等竞赛手段,让幼儿牢记家里的电话号码、家庭地址、父母的姓名、自己的名字,以及110、119、120等特殊电话号码,巩固和丰富安全知识。

幼儿不仅能在游戏中愉快地吸收丰富的安全知识,而且可以在游戏中亲自尝试发现的问题和获得的经验,其留下的印象要比教师的说教更为深刻。

(四)通过故事开展安全教育

幼儿对故事有非常浓厚的兴趣,可以把生活中与安全事故有关的故事讲给幼儿听,从而达到安全教育的目的。采用故事法进行安全教育要注意以下两点。

1. 故事要尽量贴近幼儿的生活

选用的故事最好是幼儿经历或亲眼见过的,更能促进幼儿情感体验的积淀,促进他们的知识建构。例如,在小班安全教育活动中,为了让幼儿认识刀、剪等尖锐物品的危险性,教师利用相邻班小朋友不小心割伤手的事例,以"伤疤的故事"为题开展活动,讲述小朋友受伤的经历。

2. 注意引导,帮助幼儿建构安全知识

在运用故事进行安全教育时,教师要抓住时机,讲完故事后将安全知识也讲清楚。例如,在大班"防止烫伤"的活动中,教师在讲述幼儿园某幼儿被烫伤的故事后,引导幼儿进一步思考与讨论:"是什么导致了事故的发生""怎样做可以预防这次事故的发生""我们在以后的生活中还应注意哪些东西、哪些行为""被烫伤了该怎么办"等。

(五)通过演练开展安全教育

幼儿不可能像中小学生那样主要通过课堂书本知识的学习来获得发展,而是主要通过积极主动地与人交往、动手操作、实际接触环境中的各种事物和现象等,体验、观察、发现、思考和积累自己的经验。

例如,在地震逃生演练活动中,教师按照演练方案,组织一楼、二楼的幼儿沿着事先确定好的逃生路线,迅速逃到操场上;三楼的幼儿如果不能及时撤到楼下,就告诉他们马上躲到课桌下、床底下等待救援,争取将地震带来的伤害降到最低。通过这样的活动,既培养幼儿的安全意识,又让幼儿从中获得力所能及的避害、逃生方法和保护自己的经验。

(六)通过家园合作开展安全教育

家长是幼儿的第一任教师。因此,幼儿园应争取得到家长的配合与支持,形成家园教育的合力,共同强化幼儿的自我保护意识,培养幼儿良好的生活习惯,深化自我保护教育。

幼儿园可以通过安全教育宣传栏、家长园地、定期召开家长会等多种形式,向家长宣

传安全教育的重要性和必要性，增强家长的安全防范意识，让家长主动参与对幼儿自我保护能力的培养。

幼儿园还可以开办家长学校，根据幼儿的年龄特点分小班、中班、大班有针对性地开展不同年龄段家长的安全教育工作。例如，小班幼儿家长开展"教育幼儿学会保护自己""教育幼儿从小养成良好习惯"等内容的培训；中大班幼儿家长开展一些"交通安全知识"和"消防安全知识"等内容的培训。目的是强化家长的安全意识，使其与幼儿园密切配合，共同做好对幼儿的安全教育工作。幼儿园还可以利用家长开放日的安全教育，让幼儿在与家长的活动过程中学会自我保护的技能，懂得运用学到的安全常识和自救方法来保护自己，使安全教育达到最佳效果。

三、幼儿园安全教育活动实施的方法

幼儿的年龄特点决定了对他们进行安全教育时，应将安全教育内容融入生动有趣的方法中，让他们能够理解并掌握。下面简单介绍几种方法。

(一)对照比较法

对一些安全危害性较小的活动，教师可鼓励幼儿大胆尝试、体验，逐渐找出最佳的行为和方法。例如，玩皮球时，幼儿可以通过"多人一起抢皮球"和"按秩序一个一个玩球"这两种形式的对比，得出哪种方式更安全，逐渐认识到只有遵守游戏规则才能玩得好、玩得开心，也不会碰伤自己。

(二)实例分析法

教师可以利用幼儿生活中的所见所闻，以及经常发生的一些事件，向幼儿进行演示，让他们知道什么事情或行为是可以做的，什么事情或行为是不可以做的。让他们了解一些引起危害的原因，并学习一些简单的自救动作和方法，以备不时之需。

(三)游戏模拟法

幼儿的生活大多是在游戏中度过的，将安全教育内容融入游戏过程，能较好地达到教育目的。以消防安全教育这一主题为例，首先，教师和幼儿一起讨论他们对消防安全感兴趣的任何内容，如消防演习有哪些步骤、怎样逃离火灾现场、有哪些消防用品等。其次，在各种游戏活动中，幼儿可以亲身体验刚才所讨论的内容。在艺术活动中，幼儿通过参考录像或画册等资料，亲手制作一些消防用品，如灭火器、消防队员制服。

教师可以通过游戏模拟各种意外事故发生的场景，让幼儿学会在特定情况下的自我保护动作，培养其安全意识和自我保护能力。例如，通过角色游戏模拟发生火灾的情景，让幼儿掌握自救的方法和技能。

自制的消防用品可以作为角色游戏的道具，同时教师也会为幼儿准备大量的道具，如由一个大纸箱和四把小椅子组成的消防车、消防队员的徽章等。在角色游戏中，一些幼儿扮演救火队员，练习如何使用灭火器材，而另一些幼儿则扮演逃离现场的人。

(四)单元主题教学法

单元主题教学法是根据各个安全教育的内容设计单元主题，并渗透到其他所有学科中，以单元主题进行设计可以整合各个学科的领域。将健康领域中的安全内容结合语言、数学、体育、音乐等幼儿园教学的各个主要领域制订计划，构建一个大的主题网络，教师将知识点与各领域的教学目标、常用的教学方法结合起来进行教学设计。

例如，以消防为主题，可以对消防单元主题进行设计，使其与其他课程领域结合：在语言课上，可以让幼儿表达与消防相关的知识；在数学课上，可以让幼儿数消防员有几个；在体育活动中，可以示范和教导幼儿消防员救火的动作；等等。

(五)情感体验法

情感体验法主要是让幼儿在活动中对安全教育的各方面产生情感体验。例如，经常给予幼儿拥抱、微笑或身体接触等，为幼儿提供确定的安全感，让他们感受到自己是被关爱的；让幼儿了解一日生活的每个环节，减少他们因无法预知未来情况产生的恐惧；和幼儿讨论可能使其感到害怕的灾难等(教师与幼儿一起讨论成人在面对灾难时的害怕、恐惧感，会给予其安慰)，但要让幼儿感受到灾难是可以控制的，帮助会及时到达，成人可以说，"我虽然看到爆炸时非常害怕，但是我知道马上就会有人来救我的"。

总之，幼儿园安全教育工作是重中之重，幼儿园、教师和家长要共同努力，积极配合，形成教育合力，共同做好幼儿的安全教育工作，保证幼儿安全、健康地成长。

四、意外伤害事故的处理

意外伤害已成为 21 世纪儿童的重要健康问题。幼儿好动、好奇心强，自我保护意识和能力薄弱，加上生活中的安全隐患，他们是意外事故的高危人群。目前，意外死亡已成为全球儿童死亡的首要原因。而且，意外死亡在总死亡人数中所占比重呈上升趋势。据统计，全球每年都有 90 万左右的 14 岁以下儿童因意外死亡，即每天约有 200 多名儿童被意外事故夺去生命。幼儿伤害问题的存在和发生具有普遍性和严重性，已成为威胁我国儿童健康及生命的主要问题，应引起全社会的广泛关注。

(一)意外伤害概述

幼儿意外伤害是指在预料之外的情况下，突然发生的各种事件对幼儿身体造成的损伤，包括各种物理、化学和生物因素。按照意外伤害的性质，可以将其分为以下几类。

(1) 物理性伤害：烧伤、摔伤、车祸、溺水等。

(2) 化学性伤害：药物、煤气中毒。

(3) 生物性伤害：食物中毒，狗、蛇咬伤等。

幼儿年龄幼小，身心发育尚未成熟，生活经验与自我保护能力极其缺乏，极易在不安全行为和不安全环境中受到伤害。因此，加强幼儿安全自护教育是预防伤害、保障安全、促进幼儿早期健康发展的一项极为重要的工作，应放在工作的首位，是幼儿园一切工作的重中之重。尤其是现代社会的多元化与复杂化，使幼儿安全管理面临空前的挑战。幼儿园工作者应依靠法律工具，凭借现代科技手段，发挥制度管理的优势，构建起社会性、综合性的安全工程，力争实现教育部提出的总体目标，即努力把每一所幼儿园建设成为平安、卫生、文明、和谐的幼儿园，切实保障广大幼儿的全面发展与健康成长。

(二)发生意外伤害事故的一般原因

1. 幼儿本身的原因

幼儿作为意外伤害的主体，自身的性别、年龄、身体状况及认知水平等特点，都会对其安全生活产生影响。

(1) 性别。一般认为，男童是幼儿意外伤害事故的危险人群。男童意外损伤的死亡率高于女童，且随着年龄增加，这种比例会加大。低龄幼儿普遍比较好动，精力旺盛，又对事物充满好奇。与女童相比，男童可能更乐于挑战和展现自己，喜欢跑动等游戏，成人通常也更纵容男童的"冒险"行为，这使男童安全意识比女童低，更易发生危险。

(2) 年龄。不同年龄阶段的幼儿身体发育情况和活动范围不同，幼儿的年龄或发育水平与意外伤害的类型、发生率密切相关。一般来说，幼儿园中的意外伤害事故主要为碰撞、切割伤和跌落伤。容易发生意外伤害的幼儿，多表现为情绪不稳，粗暴易冲动，大胆冒失，富有冒险心理，好奇心很强，遇事有强烈的情绪反应。

(3) 身体状况。幼儿的大肌肉迅速发展，他们的运动能力在迅速提升，同时他们对这个世界充满了好奇心和求知欲，因此，幼儿具有爱玩、好动的特性。同时，幼儿精细动作的水平还比较低，且行为活动带有明显的随意性，幼儿的生理发展水平有限，不能很好地控制自己的动作，这也是意外伤害发生的原因。比如，动作发展较迟缓的幼儿，可能会因为平衡感欠佳，在走平衡木或攀爬时，身体不稳而跌落摔伤。另外，年幼幼儿的骨骼、肌肉、关节尚未发育成熟，若运动过量，易发生运动伤害。

(4) 认知水平。幼儿的思维具有自我中心的特点，很多时候都不能脱离具体的动作和事物形象来思考问题。认识不全面、不深入，难以客观地认识和判断危险，不能预见行为后果，对危险情境往往认识不足。比如，幼儿在马路边嬉戏，他们看得到车里的人，就以为车里的大人也一定看得到他们。情绪情感方面，幼儿的调控能力还有待发展，他们比较冲动，而且幼儿缺乏生活经验，对成人灌输的安全常识，难以真正理解，自觉规避危险就更难了。

2. 保教人员的因素

幼儿园中，保教人员是否具有责任心和敬业精神，以及工作努力程度、安全意识和应变能力如何等，都会对幼儿的安全产生影响。这一影响主要体现在对意外伤害事故的防范上。幼儿园的安全工作不能等到意外伤害发生后再去补救，那往往为时已晚。在安全意识的指引下，保教人员会在幼儿园活动中对各种有可能危害自己或幼儿的外部条件保持戒备和警觉的心理状态，排除隐患，执行安全操作制度，对意外伤害事故的影响因素防微杜渐。如果保教人员缺乏责任心和敬业精神，就不可能从幼儿的角度去考量其安全生活的细节，进而可能因忽视幼儿引发安全问题。比如，有的教师缺乏安全意识，在幼儿午休的时候脱岗——觉得看护幼儿睡觉很无聊，因而去找其他教师聊天。而在这段时间里潜藏着安全隐患。某幼儿园就曾经发生了这样的安全事故。教师在幼儿午睡的时候出去接电话。其间，一个小朋友把另一个小朋友从床上推了下去，庆幸的是床铺低，没有造成生命危险。

保教人员要对幼儿的安全、健康行为习惯进行培养。有人提出，很多行为需要重复 21 次以上，才会形成习惯；90 天的重复会形成稳定的习惯。姑且不论这一数字是否准确，它表明了行为习惯培养的艰巨性，需要保教人员有极大的责任心和敬业精神。在意外伤害事故中，如果保教人员没有良好的应变能力，本可以挽救的伤情就可能在其"不作为"或"错误作为"中加重。比如，幼儿从滑梯上跌落，此时不宜搬动。许多保教人员在年复一年的工作中产生了不同程度的职业倦怠，进而产生生理、情绪、情感、行为等方面的身心疲惫状态。比如，一种典型的抱怨："当幼儿园老师太累了，工资不高，却有一大堆的事情要做，幼儿一下课就吵闹，只觉得满脑子都是嗡嗡声……真有点不想干了。"处于职业倦怠中的保教人员工作热情低，对幼儿疏远和情感冷漠，对幼儿的安全问题更是容易疏忽。

3. 环境因素

意外伤害的危险对幼儿来说几乎无处不在，幼儿园环境中可能导致意外伤害的危险因素也多种多样，需要我们从园舍空间、环境设施、设备和危险物品等多个角度综合考量。

(1) 园舍空间。根据《托儿所、幼儿园建筑设计规范》(JGJ39—2016)(2019 年版)规定，幼儿经常通行和安全疏散的走道不应设有台阶，当有高差时，应设置防滑坡道，其坡度不应大于 1∶12；托儿所、幼儿园应设室外活动场地，幼儿园每班应设专用室外活动场地，面积不宜小于 60m²，人均面积不应小于 2m²，各班活动场地之间宜采取分隔措施。

(2) 环境设施。日常生活中比较频繁、相对轻微的意外伤害，有一部分是与环境设施有关的。统计表明，在各类非致命性幼儿意外伤害中，发生在幼儿园的比重约占 19%，33% 以上与园内运动设施有关。比如，幼儿在活动中碰到或擦到桌角、椅背、床边、扶手、墙边等。而这方面的隐患是可以通过改善设施、增加警示标识等方法来消除的。比如，室外楼梯加铺防滑地毯，桌角椅背改成圆角或贴上防撞护角，门边放"U"形门卡，拐角的柱子贴上防撞条，玻璃门上贴图案，插座位置抬高，阳台或窗台装防护栏，以及地面不平处醒目提示等。

(3) 设备和危险物品。药品、刀具等危险物品，还有笔、钉子、大头针等尖锐的器具，以及特别细小的零部件等，都是有安全隐患的。比如，笔有尖头，如果幼儿拿在手中挥舞，则容易扎伤别人。

4. 情境因素

行为总是在一定的情境下或背景中发生的，这里的情境因素是指会影响到幼儿安全的一系列短暂的环境因素。例如，户外活动时的天气状况。下过雨后，室外走廊湿滑，如果没有及时采取措施，幼儿在跑动时容易跌伤；当滑梯等游戏设施数量不足时，一个班级的幼儿同时去玩同一个设施时，或是器械摆放密度偏大、间隔不足，就更容易发生推挤等问题。玩滑梯时，有些幼儿喜欢从滑梯处倒着爬上去，有些幼儿想头朝下趴着滑下来，如果没有上和下的秩序，也很容易发生意外。另外，环境中的颜色、气味、照明和声音等也会对幼儿产生影响。例如，2 岁的昊昊突发咳嗽，他的妈妈张女士误以为是感冒，给他服用了些感冒药和止咳水。可十多天过去后，昊昊的咳嗽越来越严重，后来医生诊断，昊昊得的是哮喘。昊昊妈妈很疑惑，家里并没有哮喘的家族病史，昊昊过去也从未得过哮喘，是什么让孩子患上了这个病？医生仔细询问后断定：让昊昊患上哮喘的"元凶"是张女士身上的香水味儿。一些香水可能会清楚标明成分源于天然花香成分，对身体危害小；还有一些香水则很可能是天然香精与其他化学物合成的芳香剂。

5. 制度因素

与安全问题相关的各种安全制度和防范措施，以及有关安全和师生比的法令规定是否健全合理，都直接影响着意外伤害的发生率。国家各级机构对学前、学龄幼儿的安全教育一直都非常重视。《纲要》明确要求，幼儿园必须把保护幼儿的生命和促进幼儿的健康放在工作的首位。密切结合幼儿的生活进行安全、营养和保健教育，提高幼儿的自我保护意识和能力。《中小学幼儿园安全管理办法》则规定了"学校应当按照国家课程标准和地方课程设置要求，将安全教育纳入教学内容，对学生开展安全教育，培养学生的安全意识，提高学生的能力"。

《未成年人保护法》(2024 年修正)规定："学校、幼儿园应当根据需要，制定应对自然灾害、事故灾难、公共卫生事件等突发事件和意外伤害的预案，配备相应设施并定期进行必要的演练。"

(三)幼儿意外伤害的处置

(1) 跌磕伤。当幼儿发生跌磕伤时，不要用手揉患处，可用干净的毛巾浸透冷水或用毛巾包裹冰块敷在受伤部位。经过冷敷后，再用湿热的毛巾敷于患处并轻轻按摩，以此帮助消肿。

(2) 压伤。让受伤的幼儿原地静坐或平躺，同时仔细检查被压伤部位的外表状况。若是四肢压伤，可用冷水浸湿或用裹了冰块的毛巾敷于受伤部位；若是胸腹部被挤伤，应将幼儿身体放平，然后迅速拨打急救电话。

(3) 割伤。若创伤较小且伤口内又无异物时，用创可贴即可；若有金属、玻璃等异物，则需先将异物清理干净后，再对伤口进行消毒处理。若割伤严重且流血过多，要及时对伤口进行包扎，可在伤口靠近心脏的方向用绳带等物系紧，并立即将幼儿送往医院治疗。若幼儿的手指被利器割断，要妥善保护好断指，将断指放入容器中，连同幼儿一起及时送往医院治疗。

(4) 刺伤。用消毒水清洗伤口，然后用镊子顺着刺物刺入的方向将刺夹住并拔出。若刺物太短或已全部刺入幼儿的肌肉中，可采用挤压挑拨法将刺清除，最后用酒精或碘酒对伤口进行消毒处理。

(5) 扭伤。轻微的扭伤可用冷水浸湿的毛巾或冰块敷于伤处，也可用红花油涂抹于扭伤处。若扭伤严重并出现肿胀或瘀血等症状，不可让幼儿走动，要立即将其送往医院治疗。对四肢某个部位的严重扭伤，可先用绷带等在扭伤的上下部位做固定包扎处理。

(6) 擦伤。轻微的擦伤可用消毒棉球蘸低温的肥皂水或生理盐水擦洗伤口周围并清理异物，然后涂抹红药水。对较为严重的伤口在经过消毒处理后可用纱布包扎，特别严重者要及时送往医院治疗。

(7) 骨折。发现幼儿骨折，要立即拨打急救电话或及时送往医院救治。在急救处理前不可用手揉搓骨折处，若发现受伤处流血应采取止血措施。为使骨折处得以固定，可用宽绷带和木板等将骨折处的关节暂时固定。若是颈部受伤，要让幼儿仰卧，并用有一定厚度的软质物品垫在颈部两侧，以稳定颈部原有状态。若是肋骨处骨折，幼儿感到呼吸困难或胸部疼痛难忍，要检查其血压以防休克。若遇脊椎骨折时，切不可随意挪动幼儿，要将幼儿平抬放到担架上。若遇颌骨骨折，要立即清除幼儿口腔中的异物，防止异物堵塞喉咙，也可用纱布等垫在受伤的下颌处，并用软质物品托住受伤处，既保证幼儿的下颌固定不动，又可以使幼儿易于张口。

(8) 烫伤。发现幼儿烫伤后要立即用冷水冲洗烫伤部位或将烫伤部位浸入冷水中，待冷水将热量带走后，再将其送至医院。如果幼儿在穿着衣服、鞋袜时被烫伤，一定不要直接将衣物脱掉，更不可用手揉搓烫伤处，而要用剪刀轻轻剪开幼儿烫伤部位的衣物，根据幼儿烫伤的具体情况用纱布包扎处理后及时送往医院治疗。

(9) 食物中毒。轻微中毒要及时给幼儿喝些清水，然后催吐。让幼儿张开嘴，可用手指刺激幼儿咽喉部位或用小勺深入幼儿嘴中并轻微用力压迫其舌根处，引起幼儿反射性呕吐，以减少毒素对身体的刺激。严重中毒时，在采取催吐措施的同时要及时送往医院抢救治疗，并将幼儿食用过的食物及呕吐物装在容器中留样保存，以便为医院化验及解毒提供依据。

(10) 异物伤害。当幼儿误将异物放入嘴中不慎被噎住或呛入气管时，教师要立即让幼儿身体前倾，同时轻轻拍打其肩胛部位，若情况需要，可用手指深入幼儿口腔刺激舌根催吐。如果催吐失败，则应及时将幼儿送往医院治疗。若遇幼儿被鱼刺卡住，可用勺子等器具轻压幼儿的舌头，然后用镊子伸入喉部慢慢将鱼刺夹出。若无法取出鱼刺，要及时送往医院。

(11) 触电。发现幼儿触电时，教师要立即切断电源，并拨打急救电话，将幼儿安置成复原卧式，状况严重的要立即进行现场急救，采取人工呼吸或胸外心脏按压法进行辅助抢救。

(四)幼儿园意外事故的预防

《纲要》指出："幼儿园必须把保护幼儿的生命和促进幼儿的健康放在工作的首位。"幼儿活泼好动，对任何事物都有极大的好奇心，但其身体协调性较差，缺乏自我保护意识，常常不能预见自己的行为会产生什么样的后果，导致擦伤、烫伤、磕碰、骨折、喉咙异物等常见意外伤害事故的发生。因此，幼儿园应加大安全管理工作的力度，杜绝各种安全隐患，并帮助保教人员掌握必要的救治手段和方法。

(1) 经常平整场地，做到无坑、无砖、无松动、无积水、无凸起物等，及时清除院落中影响幼儿活动的障碍物，随时检查大型玩具有无螺丝松动、铁皮外露、踏板裂缝、绳网断落等不安全因素。

(2) 经常检查幼儿有无携带有碍安全的危险品，如尖锐利器、打火机、玻璃球等危险物品，并经常对幼儿进行安全常识教育，提高幼儿自身的安全意识。

(3) 组织幼儿外出活动时,要制订详细周密的活动计划,若遇到意外事故要立即拨打110报警电话。

(4) 教师在组织幼儿活动前要仔细清点人数，并坚持对幼儿进行必要的安全教育，避免幼儿在活动时发生相互碰撞、推搡、争抢打闹等危险行为。行进中随时提醒幼儿注意脚下安全，不随便用脚踢踹砖块等。活动结束后及时清点人数，以防发生幼儿走失的现象。

(5) 药品要放在幼儿触摸不到的地方，药品袋上要标明幼儿姓名和服用方法，并有详细的服药登记记录，以免发生误食、误服药品的人身伤害事故。

(6) 严格执行幼儿接送卡制度，无卡者不得擅自将幼儿接出园外，避免拐骗幼儿的事件发生。

(7) 各种物品的摆放位置要恰当、稳固，以不妨碍幼儿活动为原则。

(8) 妥善保管洗涤消毒类物品，设置专用放置地点，避免幼儿误食事件的发生。

（9）不带幼儿去厨房、水房、洗衣房等地方，饭菜、粥汤的温度要适中，避免烧伤、烫伤事故的发生。开水壶、汤桶等要放置在离幼儿较远的安全地带，窗台上不宜放置花盆、鱼缸等物品，避免幼儿不慎将其打翻发生砸伤事件。

（10）餐车要缓慢推行，防止粥汤洒在地上滑到幼儿。为幼儿分发饭菜时注意不要盛得太满，不能从幼儿头上传递饭菜，避免造成烫伤。培养幼儿良好的进餐常规，提醒其不在进餐时说话玩耍、嬉笑打闹，以免不小心让食物噎住或卡住气管。

（11）体育课及游戏活动前，要检查活动场地有无砖头瓦块、树枝和绳索等妨碍幼儿活动的障碍物。检查幼儿的鞋帽衣着穿戴是否整齐，避免因鞋带散开发生绊倒、磕伤现象。要对幼儿提出明确的活动要求和游戏规则，让幼儿在教师的视线范围内进行活动，便于教师观察指导。运动中要随时注意观察幼儿有无出现异常表现，如面色苍白、大汗淋漓、神情恍惚、过度紧张、呼吸困难、焦虑郁闷、精神不振等，并及时采取必要的措施和调整活动量。

（12）组织幼儿进入大型玩具场地活动时，要对幼儿提出明确的活动要求和规则。活动中教师应加强巡视指导，及时制止幼儿相互推拉扯拽、奔跑打闹等行为，阻止幼儿从高处往下蹦跳，避免发生摔伤、碰伤事件。

（13）为防止幼儿触电，所有的电源插座都应该安装在幼儿触摸不到的地方，并教育幼儿不要将铅笔、小棍、橡皮等物放入插座孔内玩耍。

（14）供幼儿乘坐的车辆要经常检修，定期保养，随时排除一切不安全因素，教育幼儿在车内不打闹、不乱跑，不随便摆弄方向盘，安静文明乘车。

（15）不要让幼儿随便玩弄小刀、剪刀等危险物品，若活动需要幼儿使用剪刀，要事前交代注意事项，活动结束后及时将剪刀收回并放置到幼儿触摸不到的地方。

幼儿园安全教育活动案例请扫右侧二维码。

本章小结

　　幼儿安全教育涵盖交通安全、消防安全、食品卫生安全等多方面内容。其意义在于保护幼儿生命、激发安全意识、提高自我保护能力。任务包括树立安全意识、学习安全常识、培养良好习惯等，可通过环境创设、一日生活、游戏、故事、演练及家园合作等途径实施。幼儿意外伤害因幼儿自身特点、保教人员安全意识与应变能力、幼儿园环境危险因素等引发，因此，幼儿园须按照《纲要》加强安全管理工作，杜绝隐患并提升保教人员的救治能力。

思考题

1. 简述幼儿园安全教育活动的意义。
2. 简述幼儿园安全教育活动的内容。
3. 简述幼儿园安全教育活动实施的途径。
4. 简述意外伤害事故的一般原因及预防措施。

第五章　幼儿园饮食营养教育活动

本章学习目标

➤ 了解幼儿园饮食营养教育的相关概念，知道幼儿园饮食营养教育活动的重要性、功能和开展幼儿园饮食营养教育活动的必要性。
➤ 了解幼儿园饮食营养教育活动的目标与内容。
➤ 了解幼儿园饮食营养教育活动的设计与实施、建议。

重点与难点

➤ 幼儿园饮食营养教育的概念。
➤ 幼儿园饮食营养教育活动的总目标和年龄目标与内容。
➤ 幼儿园饮食营养教育活动的设计与实施、建议。

导入案例

幼儿园午餐中的幼儿偏食现象

周一进餐的时间到了，午餐是米饭和炒菜。幼儿们洗完手后开始用餐，他们都吃得津津有味，我心里十分满意。这时，我发现贝贝小朋友只吃了一口饭，就开始和同桌的小朋友说起了悄悄话。当她发现我在看她时，拿起勺子吃了一口饭，嘴巴一直在动。我换了个角度继续观察，贝贝看见我不在，便一口饭也不吃了，我只好走过去喂她。可当我把青菜喂进她嘴里时，她好像要呕吐一样。这顿饭她足足吃了半个多小时才吃完，而且菜全剩在碗里，理由是"我不喜欢吃"。

周四的午餐是八宝饭、鱼香肉丝和番茄炒鸡蛋，小朋友们依旧吃得津津有味。不一会儿，就听到一个小朋友喊："老师，我还要吃点儿肉。"宽宽举起手向我喊道。给宽宽添完肉后，我还给他添了一些西红柿炒鸡蛋，宽宽立刻说："老师，我只要肉，不要这个菜。"如今人们的生活水平大幅提高，家长对孩子的饮食更是有求必应，但许多儿童存在偏食问题。那么，幼儿园应如何通过开展饮食营养教育活动帮助幼儿解决这类问题呢？

（资料来源：本书作者整理编写.）

第一节　幼儿园饮食营养教育活动概述

2500 多年前，我国古人就注重饮食中的营养作用。随着社会生活水平的提高，如今人们对饮食和食物营养的重视程度也日益提升。在幼儿园阶段开展相应的饮食营养教育已成为幼儿园教育的当务之急。

一、幼儿园饮食营养教育的相关概念

(一)饮食营养的由来

2500 多年前，中国古人就形成了系统的饮食理念。《黄帝内经·素问·藏气法时论》中明确提出了古代膳食结构："五谷为养，五果为助，五畜为益，五菜为充，气味合而服之，以补精益气。"这一理论以谷类为营养基础，通过合理搭配水果、肉类和蔬菜满足人体需求，体现了中国传统饮食"多元平衡"的核心思想。值得注意的是，这种膳食框架根植于古代农业社会，与现代营养学标准存在时代性差异(如动物蛋白摄入比例较低)，但其"均衡搭配"理念至今仍有借鉴意义。

考古研究表明，人类掌握用火烹饪的历史可追溯至百万年前，而中国饮食文化中对熟食的重视，标志着对"茹毛饮血"生存方式的系统性超越。正如《淮南子·修务训》记载，"(轩辕氏)教民火食，炮生为熟，令人无腹疾"。以热食、熟食为主，辅以对饮食卫生的认知，成为中国古代饮食的重要特征。例如《说文解字·食部》明确指出"馁，饥也，一曰鱼败曰馁"，这些记载印证了古人对"病从口入"的深刻认知——尽管这一成语最早见于宋代《太平广记》，但其背后的卫生观念显然渊源已久。

随着生产力的发展，古人不仅关注饮食安全，还衍生出系统的养生理论。《黄帝内经》强调"食饮有节"，《素问·痹论》特别指出"饮食自倍，肠胃乃伤"，警示暴饮暴食的危害。唐代孙思邈在《千金要方·养性序》中进一步阐释，"不欲极饥而食，食不可过饱；不欲极渴而饮，饮不可过多"，提倡"常如饱中饥，饥中饱"的适度原则。这些理念虽朴素，却暗合现代医学关于消化代谢与慢性病预防的机理。

在物质条件更为丰富、科学技术更为进步的今天，人们除了对饮食的卫生条件有要求外，还要求饮食中蕴含丰富的营养价值。在《现代汉语词典》(第 7 版)中，"营养"一词的一条解释为"机体从外界吸取需要的物质来维持生长发育等生命活动的作用"。如今，人们对食物营养价值的要求主要体现在碳水化合物、脂肪、蛋白质、矿物质、水、维生素、膳食纤维这七大类营养物质上，它们是人体必需的基本营养物质，是维持生理需求的基本物质，且在体内功能各不相同。

根据营养学原理及我国居民膳食消费和营养状况的实际情况，2022 年，中国营养学会修订完成了《中国居民膳食指南》，旨在帮助人们合理选择并搭配食物，以达到合理营养，减少疾病，促进健康的目的。

(二)幼儿园饮食营养教育的概念

饮食营养教育是指通过有计划、有组织、有系统的教育活动，帮助人们形成有关营养的正确观念，并能根据季节、市场供应、个人口味及经济状况选择合适的食品，制订平衡膳食计划，建立合理的饮食环境，自觉形成良好的饮食卫生习惯。

幼儿园饮食营养教育的目的是让幼儿初步了解食物的名称、种类及特点，认识不同食物的营养价值，懂得平衡膳食的基本道理；纠正幼儿偏食、挑食、过食、不注意饮食卫生的态度和习惯；培养幼儿良好的饮食习惯，使幼儿学会自己进餐和掌握使用餐具的技能；

防治幼儿营养不良，促进其生长发育和身心健康。

处于不同发展阶段的幼儿有着特殊的饮食与营养需求，科学的饮食营养是幼儿健康成长的重要条件，某些营养素不足会影响幼儿的身体生长发育，并可能导致多动、注意力缺陷等一系列行为问题。幼儿饮食营养教育是根据幼儿身心发展特点，通过信息传播和行为干预，帮助幼儿掌握饮食营养知识，树立健康饮食营养观念，自愿采纳有利于健康的饮食营养行为的教育活动和过程。它能有效地提高幼儿的饮食营养知识，改善其饮食营养态度，并转变其不良的饮食营养行为，对于保护和增进幼儿的身体健康，促进幼儿在感官、语言、认知等方面的协调发展具有重要价值。

对幼儿开展饮食营养教育的目的是消除和减轻影响健康的膳食营养因素，改善营养状况，预防营养性疾病的发生，促进人们的健康水平和提高生活质量。目前，营养教育已经被各国及地区的政府、卫生部门和营养界作为改善营养状况的主要手段。

(三)幼儿园饮食营养教育活动的重要性

俗话说"民以食为天"，这五个字足以说明饮食在人们心目中的地位。习近平总书记在全国卫生与健康大会上强调，要把人民健康放在优先发展的战略地位。总书记认为，"人们常把健康比作1，事业、家庭、名誉、财富等就是1后面的0，人生圆满全系于1的稳固"。之后中共中央、国务院又发布了《"健康中国2030"规划纲要》，可见，我国对国民的健康越来越重视。但俗话说"病从口入"，要想身体健康，健康饮食是基本。那么，什么样的饮食才算健康的饮食呢？

《中国居民营养与慢性病状况报告(2020年)》显示，很多居民的生活方式很不健康；高血压等慢性病的发病率逐年上升；肥胖问题依旧严峻，超过50%的成年人超重或肥胖，约1/5的6～17岁青少年超重或肥胖，6岁以下幼儿中约1/10为超重或肥胖，与2015年相比，均有大幅上升。可见，我国居民健康存在较多问题，开展幼儿园饮食营养教育显得尤为重要。幼儿期是行为习惯养成的关键期，在幼儿期开展饮食营养教育可使幼儿养成良好的饮食习惯，对幼儿成长、全民健康等方面都具有重要意义。

幼儿园饮食营养教育通过传播、教育和干预等实践方法，使幼儿获得正确的膳食营养健康知识，树立正确的营养认知与态度，具备合理膳食的技能，从而养成良好的饮食行为与习惯，实现膳食合理、营养均衡。幼儿园饮食营养教育是以健康为核心，坚持以生活化的教育方式凸显有关食物的知识与习俗，并将其融入幼儿园课程，以促进幼儿的全面发展。幼儿园构建的饮食营养教育活动是一个丰富的课程体系，其根本思想是尊崇天地自然之道和传承优秀传统饮食文化，通过食物增进幼儿对自然、文化的认识及幼儿自身的心灵康乐。通过教育活动实践，幼儿园进一步强化了对幼儿的饮食安全和膳食保障，通过制定多样化的集体营养食谱、推荐精准化的体质食谱等方式来严选食材和健康烹饪，从而确保幼儿的健康饮食和快乐用餐。

幼儿时期是一个人身体与心智协调发展的时期，他们的生理和心理处于可塑阶段，饮食行为尚未定型，容易受外界的影响。此时，对其进行营养教育不仅有利于正在成长发育的机体，而且有利于形成良好的饮食习惯。健康的饮食行为可以促进幼儿体格和智力的发育，不健康的饮食行为不仅会对他们的健康产生即时影响，而且会带来长期的影响。幼儿的心理健康成长也与饮食行为有一定的关系。挑食、偏食等行为是一种比较绝对的行为，这样的不良饮食习惯在某种程度上更容易导致幼儿产生绝对、偏激的性格。为了让幼儿养成宽容和包容的良好性格，应尽可能让幼儿多尝试去接受各种各样的健康食物。因此，幼儿时期健康饮食行为的培养对一个人一生的健康具有重要意义。幼儿作为健康教育的对象具有成本低、易接受、见效快、影响长远、全家受益的特点。目前，我国的学龄幼儿营养干预项目中，多以营养教育作为干预的主要方式。

二、幼儿园饮食营养教育活动的功能

幼儿园饮食营养教育活动以健康为核心，坚持通过生活化的教育方式凸显有关食物的知识与习俗，并将其融入幼儿园课程中以促进幼儿的全面发展。幼儿园饮食营养教育对幼儿的发展具有重要意义，它不仅可以帮助幼儿掌握正确的饮食知识、养成良好的饮食行为和卫生习惯，还可以促进幼儿身心发展，以及弘扬传统饮食文化，增强幼儿文化自信心。

(一)帮助幼儿掌握正确的饮食知识

随着食品商业化和工业化的不断推进，人们在生活中受广告的影响日益增大，尤其是幼儿，他们思想尚未成熟，成为越来越多食品商家关注的对象。大量垃圾食品成了幼儿的嗜好，殊不知在食用过程中，这些垃圾食品严重威胁着他们的身体健康。出现这种情况的主要原因是幼儿没有接受正确的饮食教育，对饮食安全和饮食搭配缺乏正确的了解与认知，长此以往形成了不良的饮食习惯。

开展幼儿园饮食营养教育，就是对幼儿进行饮食知识教育，从根源上纠正错误的饮食观念，将正确的饮食知识传授给幼儿。对于心智尚未成熟的幼儿来说，幼儿园是开展饮食营养教育活动的关键场所。其优势在于，幼儿园覆盖人数广、幼儿参与度高、参与时间长。

3～6岁的幼儿生长发育较快，全面、合理的营养至关重要。首先，要有足够的蛋白质，蛋白质对于人体的健康极为重要，肌肉、血液的主要成分就是蛋白质。其次，营养素供应要全面平衡。幼儿每天必须获取蛋白质、脂肪、碳水化合物、水、微量元素、维生素这六大营养素。根据不同年龄所需营养素的不同，相应调整食物结构，不断完善幼儿膳食的营养模式。幼儿园每天为幼儿配备的各种食物量，应根据中国营养学会所推荐的各种营养素的量制定。开展以幼儿园为基础的饮食营养教育活动，能显著提高幼儿的营养健康知识水平。园内为幼儿准备的食物要注重饮食搭配，保证幼儿每日对蛋白质、脂肪、维生素、矿物质的摄入。

幼儿园可以通过游戏、集体教学活动等方式帮助幼儿认识各种食物的由来、生长环境、食物的特征及食物具有的营养价值。例如，对于许多不喜欢吃萝卜的幼儿，教师可以通过让幼儿辨认萝卜的形状，了解萝卜的生长过程，进而让幼儿懂得萝卜对其生长所具有的不可或缺的作用，结合小班幼儿的年龄特点，开展"萝卜的故事"幼儿园饮食营养教育主题活动。主题目标包括：让幼儿知道萝卜是冬季的主要蔬菜之一，并能说出萝卜的主要特征；让幼儿了解萝卜的各种吃法，初步了解萝卜的制作过程；让幼儿尝试制作萝卜菜(凉拌)、萝卜饼，了解萝卜的营养价值，激发幼儿不挑食、喜爱萝卜的情感；学习萝卜拓印的方法，发展幼儿的观察和想象能力；表演文学作品《拔萝卜》，能够根据故事情节模仿各种角色进行故事表演；组织幼儿进行体育游戏"萝卜蹲"，培养幼儿倾听的能力和注意力。

(二)帮助幼儿养成良好的饮食行为卫生习惯

幼儿的骨骼、肌肉等发育速度较快，需要提供营养全面、均衡的饮食。如果幼儿挑食、偏食，则会导致营养不良。近年来，我国经济发展迅速，人们的物质生活水平不断提高，居民生活水平也有了大幅提升，食品匮乏导致幼儿营养不良的问题已基本得到解决。然而，人们在满足口腹之欲的同时，也不可避免地养成了许多不良的饮食习惯，如挑食、偏食等，导致营养摄入不均衡，出现了肥胖、高血压及冠心病等疾病，严重影响了自身的身体健康。同时，由于父母工作较忙，很多幼儿会经常和父母一起吃外卖或者快餐，如此一来，食品安全情况和卫生情况也难以得到保障。在此背景下，在幼儿园教育中，养成良好的饮食行为习惯，为今后的健康饮食行为方式奠定基础显得尤为重要。例如，较多幼儿不喜欢吃蔬菜，面对这种情况，幼儿教师可以先让这些幼儿对这类蔬菜形状进行辨认，然后了解其生长过程，进而认识到这种蔬菜对人体生长发育的重要作用，从而帮助幼儿形成良好的饮食习惯。幼儿园饮食营养教育的开展可以纠正幼儿挑食、偏食、不规律饮食等不良习惯，提高幼儿选择健康食品的水平和能力。同时，家长对科学营养知识的认知也可以在一定程度上得到提高，有利于在进食方面进行家园合作，促进幼儿健康发展。

如今，因父母工作忙碌，幼儿平时多由祖父母或外祖父母照顾，但是"隔辈亲"使他们对幼儿过度溺爱，他们往往不会对幼儿的饮食行为习惯提出要求，幼儿吃饭时可以大声说话，甚至需要追着喂饭，这不仅不符合就餐礼仪，还容易导致幼儿被食物呛到，从而发生危险。《指南》明确规定，吃饭时不过分催促，提醒幼儿细嚼慢咽，不要边吃边玩。幼儿园开展饮食营养教育可帮助幼儿了解不遵守就餐礼仪的危害，从而学会基本的就餐礼仪。还有很多老一辈过度疼爱后辈，在面对幼儿一些无理的饮食要求时，会不加节制地给予满足，甚至认为幼儿白白胖胖才是健康的。因此，他们在喂养幼儿的时候，会给幼儿提供过量的食物，导致幼儿的胃口变得越来越大，从而体重也随之增加。如果幼儿的体重过重，就可能产生肥胖症、免疫力下降等问题。从根本上来说，出现这种现象的原因在于，幼儿从小未接受良好的饮食知识教育，未形成与饮食安全有关的认知，从而养成了不健康的饮食习惯。幼儿园饮食营养教育就是针对当前人们错误的饮食理念给自身健康带来的威胁而提出的，且认为应从幼儿开始，将不正确的饮食习惯扼杀在萌芽状态，使幼儿养成健康的饮食习惯。在幼儿时期培养幼儿养成良好的饮食习惯，能够为其今后的健康饮食奠定良好的基础。《中国学龄前儿童膳食指南》明确指出，食物多样，规律就餐，自主进食，培养健康饮食行为。可以说，幼儿园阶段是培养幼儿形成良好饮食习惯的关键时期，教师、家长都应该给予幼儿正确的饮食习惯指导、就餐礼仪指导。

总之，幼儿园应当经常开展一些关于健康科学的饮食教育，提高幼儿健康饮食相关的知识水平，让幼儿了解不良饮食习惯的危害和良好饮食习惯的益处，促使幼儿主动自觉地养成健康的饮食习惯。教师可以通过图片和视频向幼儿讲解一些日常所吃食物的特征和功效，让幼儿进一步了解关于健康饮食的基础知识，从而引导幼儿自觉养成良好的日常饮食卫生习惯，为幼儿的健康成长打下坚实的基础。

(三)促进幼儿身心健康成长

现代生活方式逐渐改变了人们的饮食结构和习惯，也对幼儿的身心健康产生了一定的影响。研究表明，有效的幼儿园饮食健康教育应从婴幼儿抓起。幼儿正处于身心发展的关键期，均衡的饮食结构、健康的饮食行为、良好的饮食习惯、对食物的科学认知，都会影响其营养的摄入，进而影响他们身心健康成长。在正确饮食习惯的养成中，健康的食物可以提升幼儿的抵抗力，并对幼儿智力的开发有着重要影响

幼儿生长发育速度较快，骨骼、大脑及神经系统发育迅速。为满足身体发育需求，需确保每日有充足的营养供应。饮食是获取营养的重要来源，合理的膳食结构能够保证幼儿可以通过饮食获得身体所需的营养，促进身体的健康成长。同时，也可以有效避免幼儿出现不良的饮食行为，减少营养过剩、身体肥胖等问题。

饮食行为看似纯粹的生理性行为，实则深受心理的影响。幼儿喜爱某些不健康食物，如油炸食品、膨化食品、饮料等，是因为这些食物能强烈刺激幼儿的味觉、嗅觉，使幼儿产生旺盛的食欲，从而抗拒那些味道一般的健康食品。因此，教师可以通过各种教育实践活动，帮助幼儿从情感上逐渐喜爱健康、营养的食品，远离垃圾食品，从而形成良好的饮食行为。例如，幼儿园在开展饮食营养教育活动时，要充分考虑家庭对幼儿形成饮食习惯的重要作用，将家庭教育因素纳入其中，通过家园合作，共同开展幼儿园饮食营养教育。幼儿园可以将饮食营养教育课程延伸至家庭。例如，家长和幼儿一起磨豆子、做豆浆、点豆腐。将一颗颗黄豆变成一块块大豆腐，对于幼儿来说是一件神奇的事，也是一次很好的体验。自己动手做的豆腐可以品尝，挑食的幼儿也会抢着吃豆腐，还能喝到热乎乎的豆浆。自我劳动极大地增强了幼儿对豆类的食欲，有效改善了挑食现象，使幼儿更易从情感上接受有利于人体健康的食物。

如果幼儿存在不良的饮食行为，父母就会有一定的心理压力，可能会强制幼儿食用不愿意吃的食物，导致幼儿产生厌食行为。如果幼儿饮食健康，就不会出现类似问题，有助于形成和睦的家庭关系，促进幼儿身心健康发展。

同时，幼儿园饮食营养教育可以塑造幼儿优秀的品质，促进幼儿心理的健康发展。幼儿园可以通过饮食营养教育培养幼儿珍惜粮食的品质。2018 年，《中国城市餐饮食物浪费报告》指出，中国某大型城市中小学生存在食物大量浪费的现象，每人每餐浪费约 216 克食物，高于城市餐饮业浪费现象的平均水平。幼儿园饮食营养教育可以让幼儿了解食物从种植到成品的全过程，明白食物的来之不易，从而养成节约粮食的好习惯。

(四)弘扬传统饮食文化，增强幼儿文化自信

幼儿园饮食营养教育可以帮助幼儿了解中华饮食文化。随着全球化进程的不断加快，越来越多的外来文化冲击着我国的传统文化，其中包括饮食文化。在幼儿园开展饮食营养教育可以帮助幼儿了解中华饮食文化，通过了解中华优秀饮食文化来传承和弘扬中华民族传统文化。在全球化的环境中保持我国特色饮食文化，有利于增强人们的文化自信。《"健康中国 2030"规划纲要》提出，要全面普及膳食营养知识，引导居民形成科学的膳食习惯，推进健康饮食文化建设。2017 年，中共中央办公厅、国务院印发的《关于实施中华优秀传统文化传承发展工程的意见》提出，要深入阐发文化精髓，贯穿国民教育始终，保护传承文化遗产。《指南》建议："运用幼儿喜闻乐见和能够理解的方式激发幼儿爱家乡、爱祖国的情感。"《纲要》明确指出："充分利用社会资源，引导幼儿实际感受祖国文化的丰富与优秀，感受家乡的变化和发展，激发幼儿爱家乡、爱祖国的情感。"

开展幼儿园饮食营养教育除了能够传承饮食文化外，也有利于幼儿学习更多的礼仪文化。例如，在学习古代食礼时会涉及迎客、座次等多个方面的饮食礼仪。同时，幼儿园开展饮食营养教育还有利于传承传统历史文化，让幼儿通过饮食文化了解、学习传统文化。另外，我国饮食中折射的生活内容和样式都是对文化的一种体现。从食材到餐具的选择，从烹饪到食用都有着极深的文化烙印。例如，幼儿园以"大寒"为主题，教师与幼儿一起就大寒节气适合吃什么食物、用什么材料制作展开讨论，并通过让幼儿分组制作羊肉火锅、养生红枣汤等，真实地体验到冬天里的养生小知识，使幼儿获得有关"食"的知识，形成健康意识。此外，还可以在端午节开展包粽子活动，让幼儿了解端午节的由来——吃粽子是为了纪念伟大的爱国诗人屈原等与端午节有关的知识。从这一点来看，幼儿园饮食营养教育已成为弘扬传统饮食文化的新渠道。幼儿园教育阶段是终身教育的开端，对于塑造幼儿正确的饮食观念及饮食行为具有重要的奠基作用，且幼儿园饮食营养教育中有许多与我国优秀传统饮食文化相契合的观念，二者有着紧密的内在联系。因此，幼儿园以饮食营养教育活动为载体，将传统饮食文化融入其中，对幼儿进行饮食营养教育，有利于传统饮食文化的继承和发扬，帮助幼儿坚定文化自信。

三、开展幼儿园饮食营养教育的必要性

健康的饮食习惯有利于促进幼儿的健康、生长发育和智力发育。幼儿早期是塑造健康饮食行为的关键期，在这一时期进行饮食营养教育，会取得事半功倍的效果。如果错过这一关键期，不仅会事倍功半，而且如果出现的饮食行为问题没有及时得到纠正，可能会伴随幼儿一直到成年时期，甚至会对其一生的健康产生影响。假如在幼儿的早期未能给予正确的、合理的教育，导致幼儿形成不良习惯，会给以后的教育带来成倍甚至几十倍的困难。小班的幼儿正处于规则形成的关键期，可塑性更强，并且在关键期对小班幼儿进行饮食营养教育行为的培养，教育的成效会更加显著。

据调查，我国学龄前幼儿营养健康状况存在两方面问题。一方面，我国学龄前幼儿营养不足的问题依然存在，钙、铁、维生素 A 等营养素摄入不足的情况还十分常见；另一方面，超重肥胖检出率持续上升，增长趋势明显，高血脂、高血压、糖尿病等慢性非传染性疾病低龄化问题日益突出。营养不均、超重肥胖等问题凸显。因此，要培养幼儿从小做自己健康的第一责任人，对幼儿进行饮食健康教育刻不容缓。《纲要》指出，幼儿园必须把保护幼儿的生命和促进幼儿的健康放在工作的首位，目前来看，我国幼儿园饮食营养教育任重道远。

健康的饮食行为不仅对幼儿的身体健康起着保障作用，还对幼儿的性格和心理健康发展有着深远的影响。美国心理学家罗杰·威廉·布朗(Roger William Brown)研究了"食谱与性格形成"之间的关系，他指出，在幼儿时期尝试并接纳的可供食用的东西种类与成年后的包容性成正比。还有学者指出，导致幼儿的性格更加偏内向的原因之一，就是与幼儿长时间的营养摄入不充足、挑食等有关。总之，培养幼儿的健康饮食行为对其以后的生活、工作都有深远的意义。

幼儿的饮食行为对家庭和社会也会产生一定的影响。有学者的研究指出，当幼儿出现不良饮食行为问题时，这会给父母带来一定的心理压力。德国社会学家尼克拉斯·卢曼

(Niklas Luhmann)在研究中发现，一些疾病的发生，如肥胖症、厌食症等，与幼儿的不良饮食行为问题有关。培养幼儿健康的饮食行为，会避免一些医疗资源的浪费，因此幼儿健康的饮食行为，不仅对幼儿自身发展有益，还对社会宏观方面具有重要意义。

第二节　幼儿园饮食营养教育活动的目标与内容

一、幼儿园饮食营养教育活动的目标

教育活动目标是教育教学活动实施后期望达成的具体结果。它在实际教学中具有十分重要的导向作用，是幼儿教师开展教育活动的指南针，是教育活动的出发点和归宿。活动目标为活动方案的设计指明方向，为活动内容选择、活动组织与实施、活动评价提供重要的参考依据，使整个活动设计过程更具有针对性。

(一)幼儿园饮食营养教育活动的目标制定依据

1. 以国家教育政策和法规的指导为依据

幼儿园饮食营养教育活动目标的制定要符合国家教育政策和法规的要求，以《纲要》等文件为依据进行目标设计，确保幼儿园教育目标与国家要求一致。

2. 以幼儿的具体发展情况为依据

幼儿是教育活动的主体，幼儿教师开展的一切教育活动的最终目的都是促进幼儿身心的健康发展。基于此，幼儿教师在制定饮食营养教育活动目标时，要充分掌握幼儿已有的相关经验，了解幼儿现有的实际发展水平，预判幼儿在教育活动的指导下能够达到的发展水平。

(二)幼儿园饮食营养教育活动的总目标

幼儿园饮食营养教育活动目标的制定主要是以《纲要》中五大领域的教育目标为总依据，考虑幼儿实际情况，将饮食营养教育活动总目标设置为以下三个方面。

(1) 食趣，即情感目标，喜欢并愿意接纳不同的食物，对食物的种植和制作过程感兴趣，尊重和珍惜食物，从内心喜爱和享受食物及食物带来的趣事。

(2) 食操，即能力目标，能够自主选择食物，简单地种植和制作食物。

(3) 食知，即认知目标，了解食物本身、历史来源、营养分类、饮食习俗，形成对食物的基本认识；了解食物与自身的联系，明白不良饮食行为对身体的影响，养成良好的饮食行为习惯。

(三)幼儿园饮食营养教育活动的各年龄段目标

幼儿身心发展迅速，在不同的年龄段具有不一样的发展特点。幼儿园饮食营养教育活动的目标也应该根据幼儿各年龄段的特点进行设定，如表5-1所示。

表 5-1　幼儿园饮食营养教育活动的各年龄段目标

年龄段	知识与技能	情感、态度与价值观	过程与方法
3～4 岁	(1)知道健康的身体需要营养，营养食物多种多样 (2)知道自己应该有哪些健康饮食的行为 (3)知道几种常见营养食物对身体的益处	(1)对了解营养知识感兴趣 (2)愿意参加健康教育活动 (3)愿意吃富有营养的奶类、蛋类、蔬菜、水果等 (4)愿意参加体育锻炼	(1)学会愉快地独立进餐 (2)初步形成良好的饮食习惯，不挑食、不偏食、不边吃边玩
4～5 岁	(1)知道身体的生长发育与营养摄入的关系 (2)知道常见的富有营养的食品的名称和作用 (3)知道饮食卫生的要求 (4)知道常见食物的特性、食用方法 (5)了解家乡特色食品的饮食文化	(1)对了解营养知识感兴趣，喜欢摄入多种食物 (2)愿意参加健康教育活动 (3)关心自己的营养与健康 (4)愿意吃富有营养的奶类、蛋类、蔬菜、水果等 (5)愿意参加体育锻炼，喜欢讨论营养与健康问题	(1)进餐前主动洗手，会用餐巾纸 (2)进餐时细嚼慢咽，不多说话 (3)不边走边吃、不挑食、不偏食，不多喝饮料 (4)能够评价自己的身体健康状况和饮食习惯
5～6 岁	(1)了解消化系统的作用，知道保护消化系统的重要性 (2)知道简单的营养知识 (3)知道我国的特色食品，了解饮食文化的粗浅知识 (4)知道营养全面的重要性，知道营养与健康的关系 (5)初步了解营养不良的症状及矫正方法	(1)喜欢了解营养健康知识，主动参加营养配餐活动 (2)珍惜营养工作者的劳动 (3)对获得营养感兴趣，愿意吃有营养的常见食物 (4)主动锻炼身体，保持精神愉快	(1)会用健康的标准辨别常见食物，主动不吃不健康食品 (2)运用已有的营养知识，选择营养食品 (3)能够评价自己和他人的身体健康状况及饮食情况 (4)能够评价自己的饮食习惯

二、幼儿园饮食营养教育活动的内容

在选择幼儿园阶段开展的饮食营养教育内容时，除了要契合教育目标外，教师还应该考虑到幼儿发展的年龄特点，选择一些浅显的营养学相关知识，帮助幼儿养成良好的饮食行为和卫生习惯，同时也要注意培养幼儿积极、健康的饮食态度。

(一)掌握浅显的营养学相关知识

21 世纪，医学对人类的最大贡献是营养学，它已逐渐发展成一门研究食物营养素与人类健康等相关内容的综合性学科。研究表明，营养不仅关系到人的健康，还与人的智力、性格、学习成绩、工作效率、疾病等有着密切的联系。那么，人体需要哪些营养素呢？现代医学研究表明，人体所需的营养素超过 100 种。其中，一些营养素人体可以自身合成，另有 40 余种营养素人体不能自身合成，必须从食物中摄取。这 100 多种营养素大致可分为七大类，即碳水化合物、脂肪、蛋白质、矿物质、水、维生素和膳食纤维。因此，在幼儿园阶段开展饮食营养教育活动，应让幼儿获得正确的营养知识，懂得营养均衡的重要性。

1. 幼儿对碳水化合物的需要

碳水化合物的来源很广泛，包括粮谷类食物(如水稻)。碳水化合物是人类获取能量最经济和最主要的来源，能够提供和储存热能；它是构成机体组织的重要物质，是维持大脑功能必需的能源，并参与细胞的组成和多种活动。此外，碳水化合物还有调节脂肪代谢、提供膳食纤维、节约蛋白质、抗生酮、解毒和增强肠道功能的作用。

2. 幼儿对脂肪的需要

脂肪是室温下呈固态的油脂，多源于人和动物体内的脂肪组织。脂肪在身体内扮演多个角色，并具有以下主要功能：储存大量热量，并在身体需要能量时转换释出，而皮下脂肪则有助于维持体温。大部分脂肪储存在脂肪组织内，而脂肪组织则承担保护内脏器官的责任，是传送及吸收脂溶性维生素 A、D、E 及 K 的媒介。脂肪是机体重要的热量来源之一，其产热的效能最高。脂肪除了能保持体温，抵御寒冷，是重要的能源储备外，还是机体内器官和组织的重要组成部分，也为一些维生素的吸收提供了必要的环境。

脂肪的来源可分为两种。一是动物性来源，包括动物体内储存的脂肪，如猪油、牛油、羊油、鱼油、骨髓、肥肉、鱼肝油等；动物乳中的脂肪，如奶油等。二是植物性来源，包括植物性脂肪，其主要是从植物的果实中提取，如芝麻、葵花籽、花生、核桃、松子、黄豆等。幼儿处于生长发育期，需要的热量通常高于成人。膳食中缺乏脂肪，幼儿往往会出现体重不增、食欲差、易感染、皮肤干燥，甚至出现脂溶性维生素缺乏症等问题；脂肪过多则会导致肥胖、动脉粥样硬化、冠心病、糖尿病等疾病的患病率增加。

3. 幼儿对蛋白质的需要

蛋白质是生命的物质基础，是机体细胞最基本、最重要的组成部分，同时还是人体组织更新和维护的重要原料。人体的每一个组织，如皮肤、体毛、头发、骨骼、内脏、大脑、神经、血液、肌肉等，都是由蛋白质构成的，蛋白质对人的生长和发育起着十分重要的作用。人体内具有特异性生物活性的酶属于蛋白质，能催化体内物质代谢；它们支配着生物的新陈代谢、营养和能量转换等许多催化过程，与生命过程密切相关的反应大多为酶催化反应。

人体内的某些激素如生长激素、胰岛素、甲状腺素等本身就是蛋白质，或由蛋白质参与构成。人体内的细胞膜主要由膜脂和膜蛋白组成，和血液中的蛋白质共同担负着各类物质的运输和交换。热能是维持人体各种生理功能的重要因素，它来自食物中产热的营养素，即蛋白质、脂肪和碳水化合物。对于幼儿来说，蛋白质产生的热能主要用于维持基础代谢、生长发育、活动等方面的需要。

4. 幼儿对矿物质的需要

矿物质，又称为无机盐，除了碳、氢、氮和氧之外，也是生物必需的化学元素之一。它是构成人体组织、维持正常生理功能和生化代谢等生命活动的主要元素，约占人体体重的 4.4%。虽然矿物质在人体内的总量不及体重的 5%，也不能提供能量，可是它们在体内不能自行合成，必须由外界环境供给，并且在人体组织的生理作用中发挥重要的功能。矿物质是构成机体组织的重要原料，如钙、磷、镁是构成骨骼、牙齿的主要原料。矿物质也是维持机体酸碱平衡和正常渗透压的必要条件。

5. 幼儿对水的需要

水是维持生命最重要的物质，人体内 70%是由水组成的。健康水的标准是：含有一定量的硬度(水中的钙镁离子总和)，理想值为 170mg/L 左右；含有一定量的溶解性总固体(水中的矿物质总和)，理想值为 300mg/L 左右；pH 值应在 7.0 以上。

幼儿每天水的周转比成人快，有利于排出体内的代谢物，对缺水的耐受力较差，容易发生水平衡失调。尤其要注意的是幼儿摄入的水不能用饮料、茶等代替，饮料中含有很多食品添加剂和糖，茶饮中的茶碱对幼儿的神经系统刺激较大，影响幼儿的健康成长。

6. 幼儿对维生素的需要

维生素是人和动物为维持正常生理功能而必须从食物中获得的一类微量有机物质，在人体生长、代谢、发育过程中发挥着重要作用。维生素在体内既不参与构成人体细胞，也不为人体提供能量。

7. 幼儿对膳食纤维的需要

膳食纤维又称为粗粮或大体积纤维性物质，包括植物性食物中不能被身体消化或吸收的部分。与身体能够分解和吸收的脂肪、蛋白质或碳水化合物等其他食物成分不同，纤维不会被身体消化，它会相对完整地通过胃、小肠和结肠，然后离开身体。纤维通常分为溶于水的可溶性纤维和不溶于水的不溶性纤维。

膳食纤维被肠道内益生菌发酵并产生短链脂肪酸、乳酸、泛酸，使肠道的 pH 值降低。肠道的酸性环境具有较强的抑菌和杀菌作用，能够抑制病原菌的生长和繁殖，并对肠道的消化和吸收具有调节作用。

(二)养成良好的饮食行为和卫生习惯

《中国学龄前儿童膳食指南》(2022 年版)第一条规定，"规律就餐，自主进食，培养健康饮食行为"。幼儿园阶段是饮食习惯形成的关键期，教师、家长应该指导幼儿养成良好的饮食习惯、就餐礼仪。因此，幼儿园进行饮食营养教育，可以帮助幼儿养成健康的饮食习惯，培养幼儿的日常生活能力、独立处事能力、感恩之心和爱的能力等，同时促进幼儿德、智、体、美的全面发展。

另外，幼儿园饮食营养教育可使幼儿养成良好的饮食卫生习惯。新冠疫情的出现使我国人民对卫生的重视程度进一步提高，饭前洗手已成为一个必不可少的步骤。但幼儿年龄较小、缺乏生活经验，存在没有洗手的意识或者不会正确洗手的问题。《纲要》明确提出要"教育幼儿爱清洁、讲卫生，注意保持个人和生活场所的整洁和卫生"。幼儿园可通过饮食营养教育，引导幼儿养成饭前洗手的习惯，学会正确的洗手方法，并引导幼儿了解讲卫生对健康的重要性，从而促进幼儿养成良好的卫生习惯。

(三)培养积极、健康的饮食态度

教师可以通过各种教育实践活动帮助幼儿从情感上逐渐喜爱健康、营养的食品，了解健康饮食知识，知道饮食营养的价值，养成不浪费粮食、珍惜食物的态度。通过一日生活中的各个环节逐渐培养幼儿积极、健康的饮食态度，让幼儿从内心喜欢上健康的饮食。

第三节 幼儿园饮食营养教育活动的设计与实施

幼儿园开展饮食营养教育具有系统性、计划性和完整性的特点，能够给予幼儿全方位的体验。因此，幼儿园要根据自身实际，构建符合幼儿发展规律且具有特色的饮食健康教育活动，无论是目标、内容还是过程，都要以幼儿的发展为基础。

一、幼儿园饮食营养教育活动的设计

(一)教育活动设计的理论基础

1. 生态学理论

近年来，随着社会各界对幼儿园教育的重视程度不断提高以及其持续发展，有关幼儿教育的研究日益增多。幼儿的发展复杂多变，不过可以确定的是，幼儿是在环境中发展的，时刻与环境进行交互作用。因此，研究不能忽视幼儿生存环境的复杂性和不确定性。生态学理论的基本观点是"幼儿是在环境中发展的"。生态学取向的研究注重从实际情景出发，解决实际问题，在生态系统中研究人的行为与发展，这与幼儿园教育的特点相契合。生态学理论中有六种较具影响力的理论，分别代表着生态学思想发展的几个主要阶段，其中美国心理学家布朗芬布伦纳(Bronfenbrenner)的人类发展生态学理论涉及的学科领域最为广泛。1979 年，布朗芬布伦纳在《人类发展生态学》一书中提出了生态系统论，他认为人类的发展过程是在不断变化的生态环境中进行的。在幼儿园里，幼儿作为主要角色，在自身发展过程中不断成长，不断接触不同的环境和环境因素，首先认识家庭成员，其次是幼儿园同伴和老师，最后是更广阔的社会成员。在这个过程中，幼儿在促进自身发展的同时，会根据自身不同的生理特点、心理特点和气质性格，塑造出独特的发展结果。生态学理论为幼儿园饮食营养教育的开展提供了重要启示，幼儿园饮食营养教育离不开幼儿每日接触的环境的影响。因此，除关注幼儿自身的发展外，更不能忽视周围环境对幼儿园饮食营养教育的影响。

2. 幼儿健康行为养成论

幼儿健康行为养成论是由我国学者顾荣芳教授提出的，其核心是"幼儿健康行为养成层递假说"。顾荣芳教授在该理论中为幼儿健康行为的养成提供了完整且可操作的实施路径。幼儿要养成某一行为习惯，首先需要通过学习掌握一些健康知识，进而丰富自己的健康观念，最后养成健康的行为习惯。幼儿年龄尚小，身心发展不够完善，难以做到知行合一，如何将幼儿健康的认知转化为健康的行为，是家长较为困惑的问题。顾荣芳教授提出了培养幼儿养成健康行为的模式,即幼儿要建立初步的健康认知,然后通过成人的正确引导,树立健康的态度观念,接着激发幼儿的内在动机,促使其达到自我努力的健康行为,再形成健康的态度,最终实现自动化的健康行为。

根据培养幼儿养成健康行为的模式,教师在进行幼儿园饮食营养教育时应得到以下几点启示。第一,提高幼儿对健康饮食行为的认知。培养和塑造幼儿健康的饮食行为,前提是让幼儿掌握科学的营养学知识,这就要求成人为幼儿做好良好的饮食行为示范,并在饮食教育方面适时对幼儿进行指导,以激发幼儿的内驱力。第二,在塑造幼儿健康的饮食行为过程中,当幼儿出现饮食行为问题时,教师应保持理性的态度,及时纠正幼儿的饮食问题。第三,培养幼儿健康的饮食行为是一个长期的过程,家长要有持之以恒的耐心,不仅要关注短期效果,还要关注幼儿的终身发展。第四,父母应该给予幼儿独立的机会,让幼儿在生活中得到充分的锻炼。

(二)幼儿学习的特点

由于现代科技的进步、信息的广泛传播和人们生活水平的提高,人们的认知发展普遍提前。按照美国心理学家皮亚杰的认知发展学说,3~6 岁幼儿的认知发展属于从前运算阶段向具体运算阶段过渡的时期。在这个阶段,幼儿的思维有了质的变化,他们逐渐能够掌握守恒定律,思维具有可逆性。虽然他们能够进行逻辑推理或逻辑转换,但仍需要实际经验作为支撑,需要借助具体的材料或客体才能解决问题。在教学设计中,必须了解幼儿原有的知识、技能、态度等,对幼儿起点能力的分析可以确定教学的出发点。

(三)教育活动目标的确定

在幼儿园饮食营养教育课程的目标设计方面,要符合幼儿的认知能力、情感需求,以培养幼儿对"食"的兴趣和积极情感为主,让幼儿懂得尊重和珍惜食物,并且具备一定的动手能力。

以美国心理学家布鲁姆为首的专家团队将各类教学目标归为"认知""情感"和"动作技能"三个领域。幼儿园饮食营养教育活动的教学目标体系也应该涵盖认知、情感、动作技能这三方面的内容。认知目标指对与饮食相关知识的掌握,主要包括:描述六大类食物及其功能;区分红、黄、绿等颜色的食物;鉴别食品包装上的标志;概括新鲜食物的保存方式;了解自己的饮食习惯。情感目标指幼儿对食物、信息传播者的态度,主要包括:审视自己的饮食习惯;体会食品广告的真正意图;端正自己的饮食态度;树立正确的饮食观念。动作技能目标指幼儿在日常生活中的饮食行为,主要包括:尝试吃自己不喜欢的食物,熟练运用所学的饮食知识辨别卫生的食物;联系日常生活,改变不良的饮食行为。

1. 饮食营养教育活动目标要适应幼儿身心发展

在幼儿园饮食营养教育活动的设计与实施中,存在课程目标制定脱离幼儿身心发展规律的情况。教师如果错估了幼儿的实际发展水平,将目标设置过高或过低,就会出现目标与幼儿实际发展水平不符的情况。《幼儿园工作规程》规定,幼儿园教育目标为对幼儿"实施体、智、德、美等方面全面发展的教育,促进幼儿身心和谐发展"。幼儿园课程实施的对象是幼儿,目的是帮助、引导幼儿更好地学习,促进其身心全面发展。因此我们在制定饮食营养教育活动目标时首先要考虑的因素就是幼儿。首先,教师要了解幼儿身心发展的规律、已有的发展情况，以及怎样促进其更好地发展。其次，要了解幼儿的现实发展状况。在开展饮食营养教育活动之前，通过日常观察、与幼儿对话、对教师访谈等途径掌握幼儿已有的知识经验、发展水平及兴趣爱好，只有全面了解幼儿的基本情况，才能依据《指南》中制定的目标制定出适合幼儿的课程目标。

2. 饮食营养教育活动目标制定要符合要求

饮食营养教育包括食物知识、饮食文化、身体健康、种植等多个方面的内容。饮食营养的学习在认知上能够促进幼儿对食物知识和饮食文化的了解，在情感上能够加深幼儿对自然知识和传统饮食习俗的理解，从而使其热爱传统文化。饮食营养教育活动的目标要围绕教育活动设计的总目标。因此，饮食营养教育活动目标的制定要注意多个目标的协调统一。

(四)教育活动内容的确定

在幼儿园饮食营养教育课程的内容设计上，要能够有效实现上述目标，可大致将内容分为食物、识农、健康和操作四个方面。其中，食物方面是要让幼儿认识食物的基本形态、食用方法和功效等。识农方面则是让幼儿了解更多与农业有关的知识。例如，幼儿园利用校园闲置的土地开展农产品种植活动，带领幼儿参与农产品种植过程，使幼儿直观地了解农产品的种植、生长过程，体会食物的来之不易，进而树立正确的饮食观念。健康方面是让幼儿明白不同食物搭配能够为人体发育提供不同的营养物质，让幼儿认识到挑食对身体发育的不良影响，从而在一定程度上防止幼儿挑食。例如，让幼儿了解蔬菜和水果可以补充体内的维生素 C 和类胡萝卜素，能够增强自身的免疫力。操作方面则是通过邀请或组织幼儿亲自动手制作简单的食物，了解用餐的基本礼仪，做好用餐卫生。通过开展食物、识农、健康和操作等方面的教育，能够有效地实现幼儿园饮食营养教育目标。由此可见，幼儿园开展饮食营养教育涉及多方面的内容，能够为幼儿提供全面的营养教育。

(五)教育活动的开展

幼儿年龄阶段的特殊性决定了在对幼儿开展饮食营养教育活动时，教师一定要抓住教育契机，在真实、可感知的情境中开展教育活动。同时充分利用各种教育资源，吸引幼儿的注意力，帮助幼儿更好地掌握知识。

1. 充分利用绘本资源，拓展幼儿园饮食营养教育形式

游戏是幼儿学习的基本活动，以绘本为载体并不意味着只使用绘本。教师在教学实施环节要适当加入游戏、美术、音乐等多种形式的活动，使整个课程内容丰富，满足幼儿的兴趣需要。以绘本为载体开展饮食营养教育活动，最主要的是将绘本完整地呈现给幼儿。绘本故事不仅要讲，还要通过语言变换、肢体展示及丰富情感进行"演"。例如，在《肚子里的火车站》中加入消化系统迷宫图，让幼儿自己动手探索消化知识。在通过绘本开展教学活动时，教师应该多利用绘本图画对幼儿进行灵活提问，通过画面变化为幼儿设置悬念。例如，在《挑食的弗雷达》中，让幼儿观察画面并思考："弗雷达不吃东西会变小，那么她现在什么都要吃会有什么变化呢？"幼儿对于自己经过思考和亲自探索出来的知识更容易理解，也更容易记忆。

2. 发挥教师教育机智，与幼儿形成积极互动

教师在幼儿园饮食营养教育活动实施的环节中要考虑多个影响因素，幼儿的情绪会受到教师的影响。当教师充满激情地讲述时，幼儿会更加投入。除此之外，教师在教学过程中要注意课程的生成性。新课改后，教学从"以教为主"转变为"以学为主"，这对教师提出了更高的要求。教师要有提问的艺术，巧妙地设置问题情境，通过有效的提问激发幼儿的学习热情。

3. 创设真实饮食营养教育情境，将幼儿园饮食营养教育活动与食物相结合

幼儿的学习以直接经验为基础，因此营造真实有趣的环境，让幼儿通过亲身经历和实际感受获得学习和发展至关重要。幼儿园饮食营养教育的开展不能脱离实际生活，而是围绕"饮食"展开的教育活动，自然不能脱离食物实体，尤其是对于介绍食物种类、名称、外形等基础知识的绘本。在活动开展前，教师可以让家长带幼儿去超市或者菜市场进行观察。如果幼儿园有菜园或种植区，教师可以带幼儿进行参观。在活动实施过程中，教师可以准备与绘本内容相关的食物，让幼儿亲身感受。在活动延伸阶段，教师可以联系家长，让幼儿在家动手制作相关的美食。

(六)教育活动评价的设计

教育活动评价要关注幼儿的长期发展和教育活动的全面与客观。教育活动最重要的是教师在实施行动后的反思。因此，在教育活动评价时要注意以下几点。

1. 对于幼儿园饮食营养教育活动设计的评价要全面

教育活动评价是提升教育活动质量的重要手段，对于整个教育活动发挥着诊断、导向和调节作用。从评价内容来看，教师除了以教育活动目标达成度作为评价的主要方面外，还应该对幼儿进行长期观察，对幼儿发展进行持续性评价。从评价方式来看，教师在反思中除了以课堂提问和课后提问为主，还应该通过提问诊断幼儿对所学知识的掌握情况。从评价主体来看，除了教师外，幼儿也应该参与整个评价过程，因为教育活动最终指向的是幼儿的发展，幼儿有权利从自身的需要评价教育活动的好坏。对于教育活动设计本身的评价包括考察和评定幼儿园教育活动目标、内容选择、实施环节的设置等。首先，考察教育活动目标制定是否合理，其既要符合幼儿身心发展，也要突出活动主题。其次，判断所选择的教育内容是否与相关目标相结合，是否符合幼儿的身心发展特点和生活实践经验，能否促进幼儿在认知、情感、能力等多方面的发展。最后，评价各实施环节是否具有可操作性，以及各环节是否完整，是否符合所设置的教学目标，是否突出重难点。教育活动设计对教师实施教育活动起着导向作用，应该是全面且具体的。

2. 对于实施过程的评价要客观

教育活动评价是对整个教育活动实施的价值做出判断的过程。"评价课程的价值"可以诊断课程、修正课程、对各种课程的相对价值进行比较、预测教育的需求或者确定课程目标达成的程度等。在教育活动评价中，教师作为课程实施者是评价的主体。此外，幼儿作为教育活动实施对象，其学习成果是教育活动实施效果最直观的体现。教育活动的实施受多方面因素影响，如师幼互动、幼幼互动、教学设施和幼儿参与教育活动时的情绪等。

对教育活动实施的评价包括教师是否与幼儿形成了积极互动、是否给幼儿讲清楚了教育活动内容、教师在讲述时是否生动形象、活动延伸是否符合本次教育活动主题。教师在对教育活动实施进行评价时要客观，多考虑幼儿在实施过程中的感受。从幼儿的角度审视教育活动中教师的表现，而不是从教师自身的角度评判其的施教能力。

3. 对于教育活动效果的评价要长远

教育活动效果的评价并不是指教育活动目标的达成，因为并不是所有教育活动效果都以显性的行为表现出来。关于幼儿是否知道挑食是不良饮食行为、食物的分类及传统饮食习俗等知识，教师可以通过提问的方式或者主动询问幼儿的方式得知。对于幼儿能力的发展及行为的改变等隐性内容，教师无法在短期内观察到。在教育活动的评价中，评价重点主要是幼儿是否对饮食知识有基本掌握，是否知道饮食和传统节日及饮食和身体健康存在一定的联系。总的来说，对于教育活动的评价要以幼儿为主，以形成性评价为主，关注幼儿的长期发展，灵活运用多种方式进行评价。

二、幼儿园饮食营养教育活动的实施

在实施幼儿园饮食营养教育活动前，教育工作者应当充分了解实施幼儿园饮食营养教育活动的影响因素，并掌握幼儿园饮食营养教育活动的实施途径和教育策略。

(一)实施幼儿园饮食营养教育活动的影响因素

1. 教师自身的饮食营养教育知识会影响幼儿园饮食营养教育活动的开展

教师的饮食营养教育知识是否丰富是影响幼儿园饮食营养教育活动质量的主要原因之一。健康行为习惯的培养离不开健康认知的提升，而教师的饮食营养知识储备会影响幼儿饮食营养知识的获得。对幼儿进行饮食营养教育需要教师具备学前儿童卫生学、营养学、保健学与饮食营养知识等，所涉及的知识面广且复杂，对教师的知识储备要求较高。如果没有扎实系统的专业知识作为支撑，开展的饮食营养教学活动质量将难以保证。例如，在面对幼儿挑食问题时，教师如果仅通过口头语言解释，告知孩子吃炸鸡腿、薯条、烧烤等会导致身体变胖和生病，而未从营养学的专业角度深入阐释"吃垃圾食品对身体的危害"，则难以达到理想的教育效果。

教师的专业知识水平会对幼儿教育质量产生影响，因此幼儿教师必须具备扎实的专业知识，促进自身的专业发展。其专业知识包括幼儿发展知识、先进的保育和教育知识及幼儿园通识性知识。首先，幼儿发展知识能让教师了解不同年龄阶段幼儿的身心发展特点与规律，充分利用教育学和心理学的知识开展饮食营养教育。很多教师在开展教学活动时讲授多，幼儿参与少，没有充分认识到教育对象的心理特点，势必会影响幼儿营养知识的获得。其次，先进的保育知识和教育知识是实施科学保教的前提。幼儿教师应该更新教育观念，认识到幼儿才是活动的主体，应该根据幼儿以经验方式获取知识的学习特点，增加实践操作环节，让幼儿好动的天性得到合理释放。最后，通识性知识可以让幼儿教师游刃有余地回答幼儿千奇百怪的问题。教师对幼儿进行饮食营养教育应秉持准确解释与科学相告的原则。准确解释是指教师传授给幼儿的饮食营养知识应该是科学的、符合实际的，不应敷衍了事。科学相告是指以幼儿的认知水平和接受程度为前提，将科学的饮食营养知识以通俗易懂的方式生动形象地传递给幼儿。在教育过程中教师要运用生动形象的语言进行介绍，注意将饮食营养知识与幼儿的生活经验相融合，尽量避免使用那些过于专业的营养学词汇。

2. 幼儿园教育活动的开展情况影响幼儿园饮食营养教育活动的开展

《纲要》明确要求"幼儿园必须把保护幼儿的生命和促进幼儿的健康放在工作的首位"。因此，作为一名幼教工作者，我们必须高度重视幼儿的健康教育。然而，目前幼儿园开展的幼儿健康教育质量和效果都有待提高，饮食营养教育的教学效果也相对一般。这可能与健康教育起步较晚，欠缺系统的理论知识和实际经验有关。一些教师甚至不知道饮食营养教育的内涵，对每个年龄段具体的饮食营养教育目标也很模糊。因为教师自身的饮食营养知识相对匮乏，所以相关教学活动的开展也比较少。要想通过健康教育培养幼儿健康的行为，园长和教师都应该高度重视幼儿健康教育对幼儿发展的重要价值。

饮食营养教育活动形式的丰富程度也影响着其教学效果。目前，幼儿园开展的饮食教育活动以集体教学活动的形式为主，教师讲授为主，实践操作环节较少，幼儿参与度较低。幼儿具有好奇、好动、好模仿的特点，这种教学方式难免让幼儿注意力不集中，教学效果也会大打折扣。以集体教学活动为主，就难以照顾到个别幼儿的特殊需要；以讲授形式为主，会使活动缺乏趣味性，幼儿只是被动学习，其学习效果也会受到很大的影响。因此，幼儿教师需要思考和创新饮食营养教育教学的活动形式，融入更多有趣的教学方式激发幼儿的学习兴趣。

3. 父母的教养方式影响幼儿园饮食营养教育活动的开展

父母是孩子的第一任老师，父母在育儿过程中采取的教养方式对幼儿身心健康的发展起着至关重要的作用。饮食行为是幼儿一日生活的重要组成部分，健康的饮食行为不仅能为幼儿的健康体魄打下坚实的基础，而且有益于幼儿健康心理状态的形成。随着时间的推移，国家和政府对幼儿园的财政投入大幅增加，社会对幼儿园的关注度也越来越高，家长也更加重视幼儿园教育在幼儿一生发展阶段中的重要性。家长不再仅仅关注幼儿的吃饱穿暖，而是更加注重如何促进幼儿的全面发展。幼儿的全面发展离不开父母选择科学的教养方式。在信息化时代，父母很容易通过手机、计算机等多种媒介获取前沿的科学育儿知识。而且，现在大多数幼儿园经常定期开展家长学校活动，在学期开始和结束时召开家长会等，这些都有利于父母更新家庭教育理念，为选择合理的教养方式奠定基础。

溺爱型父母教养方式的特点是以幼儿为中心，给予幼儿无尽的爱，无条件地满足幼儿的需求，对幼儿缺乏应有的控制和严格要求。当幼儿出现违反规则的行为时，父母会采取忽视或纵容的态度。在这种教养方式下，幼儿常常以自我为中心，自理能力较差。当幼儿出现挑食、边玩玩具边吃饭等问题时，父母大多会顺从幼儿的意愿，或采取纵容的态度，这减少了幼儿主动进食能力的锻炼机会。过度的爱就像水满则溢一样，对幼儿的溺爱是一种潜在的伤害。这种过于周到的"服务"不仅剥夺了小班幼儿成长锻炼和独立的机会，而且幼儿吃零食的行为由于家长的溺爱得不到有效控制，影响了幼儿的正常进食，不利于幼儿健康饮食行为的养成。

放任型父母教养方式的特点是父母对幼儿的言行不进行严格的要求和控制，给予幼儿极大的自由，放任自流。在这种教养方式下，幼儿的自我控制能力较差。幼儿本身正处于规则意识养成的前期，自我控制能力较弱，如果父母采取放任型教养方式，对幼儿挑食、吃饭不专心等行为放任不管，会对幼儿健康饮食行为的养成产生消极影响。当幼儿出现挑食等不良饮食行为问题时，放任型父母会采取忽视的态度，任由幼儿发展，不会积极引导幼儿改正饮食行为，也没有对幼儿的饮食进行长期系统的规划，一切顺其自然，这不利于幼儿健康饮食行为的塑造。

专制型父母教养方式的特点是对幼儿要求严格，不够民主，强制性较多，强调父母的绝对权威，导致幼儿顺从或胆怯。这也是专制型父母教养方式家庭的幼儿出现饮食行为问题相对较少的一个原因。刘迎晓学者的研究结果表明，专制型教养方式与挑食、情绪性进食等行为呈显著正相关关系。

不一致型父母教养方式的特点包括：一是教养人的教育态度缺乏一致性和连续性，以教养人的情绪为转移，教育方式多变，导致小班幼儿对科学饮食行为的认识缺乏整体性和系统性；二是父母双方对幼儿的教养态度不一致。这种教养方式容易给幼儿造成认知混乱，不利于幼儿认知方面的发展。当幼儿出现饮食行为问题时，教养人无法给幼儿一个统一的正确认知，会导致幼儿对正确的饮食行为缺乏概念。

(二)幼儿园饮食营养教育活动的实施途径

幼儿园教育课程实施的途径包括专门组织的教育教学活动、日常生活活动(在生活中潜移默化地进行)、科普实践活动、外出参观活动等。

1. 专门组织的教育教学活动

在专门组织的教育教学活动中，向幼儿介绍各类食物，增强幼儿对食物的系统、全面的认识，让幼儿了解食物的重要性，提高其对食物的接受度。

2. 日常生活活动

幼儿园除了开展营养课堂教学外，还可以组织有趣的与一日生活相关的课外餐点活动。组织餐点活动应注意以下事项。

(1) 根据幼儿的能力经验，判断所选活动的难易程度是否恰当。

(2) 餐点活动应配合该单元的主题，如"常吃的水果""常吃的蔬菜""蛋""点心材料"等来选择。

(3) 让幼儿在做中学，采用小组活动的形式提供学习机会。小组用的餐点教具根据人数确定份数，每份分装好，幼儿园饮食营养教育可以轮流交换使用。倘若班级人数太多，无法分组时，教师可以以示范的方式，和幼儿共同讨论、操作，示范时事先安排好座位，让每个幼儿都能看清楚教师的示范动作。

(4) 幼儿从事食物制备活动时，必须有教师在旁辅导，注意安全卫生等事宜。

(5) 餐点活动中要不断进行评价，随机指导，因材施教；把握活动目标，灵活运用，以适应幼儿的个性差异。

(6) 幼儿餐点活动可邀请家长参与，让家长了解幼儿园的活动目的，获得正确的营养知识，以便家长在家中的教导与学校的学习活动相互配合，相辅相成。为了把课外餐点活动引向深入，在强调活动组织的同时，还应该重视活动的有效教育。

3. 科普实践活动

幼儿园要充分利用有限的空间，种植蔬菜或饲养家禽。就种植而言，让幼儿了解整个生长过程，由播种开始，让幼儿每天浇水、除草或施肥等，细心地照顾所种的蔬果，并注意观察生长的变化。认识所种蔬菜的名称，观察其形态(根、茎、叶)特点，再加以分类。例如，深色蔬菜的营养价值比浅色蔬菜的高。收成后，幼儿可用放大镜、显微镜或万花筒，观察食物的各部位，如水果的外皮、果肉或果核组织。在豆类单元中，观察种豆的情况，辨认各种豆类，了解其营养价值、用途，并制作简单的食品，如豆浆、豆花、豆沙，让幼儿在实践中接受教育。

4. 外出参观活动

(1) 参观菜园、果园，让幼儿了解植物的繁衍生长是通过种植实现的，观察蔬果开花、结果及采收的情况。

(2) 参观畜牧场、乳制品加工厂，让幼儿知道牛奶的来源、加工处理过程及各式各样的乳制品，了解牛奶的营养价值。

(3) 参观养鸡场，让幼儿了解鸡的繁殖是由鸡蛋孵化而来的及其饲养情况，认识鸡蛋的营养价值。

(4) 参观农村，让幼儿了解五谷的种植情况，农家饲养家禽、家畜的情况，以及农产品加工品的制造。

(5) 参观食品加工厂，让幼儿了解常见的食品加工和制造过程。

(6) 参观超市、菜市场或中式、西式、日式等餐厅，让幼儿了解文化对饮食的影响，比较菜市场与超市的差别。参观结束后，让幼儿分享其所见所闻，彼此讨论、交流感受，加深他们的印象。

(三)幼儿园饮食营养教育活动的教育策略

幼儿是家庭的未来，是社会的希望，在启蒙阶段的幼儿园中的学习为其一生的发展奠定基础。幼儿园作为幼儿接受教育的重要场所，其教育教学活动是幼儿有效健康成长的重要手段。根据幼儿阶段活泼好动和注意力不持久等身心特点，设计教学形式必须要吸引幼儿的兴趣，因此，本研究教育活动采用绘本教学、游戏活动、儿歌背诵和区域活动等多种形式和方法，力求让幼儿全身心投入饮食营养学习，让其带着兴趣和好奇感受活动的魅力。

1. 绘本教学是幼儿提高饮食认知与饮食行为的有效教学策略

绘本故事在幼儿教育中扮演着重要的角色，幼儿可以通过绘本故事的熏陶开拓视野及探索人生经验和知识。对幼儿进行科学的绘本教学不仅可以提高其理解能力，还能锻炼幼儿的思维。通过阅读，幼儿可以了解绘本中每一个有趣的小故事，在潜移默化中形成逻辑思维能力。同时，还可以帮助幼儿掌握更多的知识，获得丰富的生活经验。

2. 游戏活动提高了幼儿对健康饮食认知与饮食行为学习的兴趣

游戏活动本身具有教学价值，将游戏与教学活动相结合可以事半功倍地提升幼儿的能力。幼儿具有爱玩的天性，而游戏具有极强的趣味性，十分符合幼儿的心理特征，使幼儿具有很高的接受性和参与性。根据一定的教学目标设计游戏，可以让幼儿在获取知识的同时提高教学效率；可以通过游戏让幼儿感悟规则的力量，并在感受快乐的同时潜移默化地学习经验和知识，养成良好的性格和优秀品质。游戏活动在幼儿中很受欢迎，尤其是带有奖励机制的游戏，幼儿都想争当榜样，在这一过程中他们会自觉规范自己的行为。此外，一些游戏活动是在集体教学活动结束后将物品投放到区域中，幼儿在自由活动玩耍时经常几个人进行比赛，遇到不太确定的知识问题他们还会向教师求助，幼儿在游戏中愉快地掌握了健康饮食的知识。

3. 儿歌背诵有助于潜移默化地提高幼儿饮食认知记忆与饮食行为

儿歌教学是扩大幼儿认知范围，规范幼儿良好行为的趣味性教学方式。儿歌是成人专门为幼儿创作的，适合其念唱的歌谣，是经常被使用的文体形式，且在幼儿文学领域中被广泛应用。在儿歌教育活动中，幼儿会不自觉地记忆、感知、体会儿歌内容，在不断积累相应经验的同时默默将其转化和发展为自身的知识，这是一种非常有效的幼儿教育方式。儿歌的超强韵律感，不但有益于幼儿记忆汇聚于其中的小知识，而且有助于幼儿想象力的丰富和发展，甚至对其智力的开发和良好道德品质的培养都有极大助益。

4. 区域活动是幼儿最喜爱参与的学习饮食认知与饮食行为的活动方式

幼儿园的区域活动深受幼儿喜爱，他们在参与区域活动进行游戏时不仅培养其好奇心、主动性、专注度、想象力、创造力等学习品质，还锻炼其沟通、合作等社会性技能。区域活动的特点不仅满足了幼儿喜爱玩耍的天性，还可以在不经意间满足幼儿亲自动手尝试的心理需求，让幼儿有机会在玩乐之中反复不断地练习动手能力并建构完整心理智力。幼儿园区域活动也可以看作对幼儿集体教育之外的有效补充，是促进幼儿个性发展的重要手段。同时，对幼儿了解活动规则并养成良好的行为习惯也有很大帮助。幼儿教师作为幼儿成长和学习的重要负责人，在构建区域活动时可以给幼儿创造安全愉快、宽松自由并且有趣的环境，使幼儿感受到宽容和谐的气氛。幼儿在这种氛围之中自然而然会遵循各自的意愿，按照已有能力去自主选择想要习得的内容和活动中的合作伙伴，主动地进行探索和学习。

三、幼儿园饮食营养教育活动的建议

在幼儿园饮食营养教育的实际开展中，仍存在教师专业素养缺乏、幼儿园教育体系和制度混乱、家园教育理念相悖等问题。因此，为了更好地开展幼儿园饮食营养教育活动，提出以下建议。

(一)提高教师饮食营养教育知识水平，增强教师开展饮食营养教育的能力

幼儿园在进行教师招聘时应该考虑对教师饮食营养教育理念与营养知识的考查。同时，教师在上岗后要定期进行有关幼儿园饮食营养教育内容的培训。培训可以以教研活动开展，教师之间相互交流分享经验，也可以是聘请专家举办讲座，教师通过讲座学习最先进的幼儿园饮食营养教育理念，从而更新自己的教育观念。教师还可通过学习掌握正确的幼儿园饮食营养教育方法。比如，在进餐过程中，有的幼儿把饭菜洒在了桌子上，教师会对幼儿进行提醒，并且会在幼儿用餐结束后统一清理。美国犯罪学家詹姆士·Q. 威尔逊(James Q.

Wilson)发现，如果有人打坏了建筑物的玻璃，但没有及时进行修理，其他人就会得到某些暗示，进而去打坏更多的玻璃，这就是"破窗理论"。同样地，如果幼儿将饭菜弄到桌子上教师没有及时清理，幼儿就会认为反正已经脏了，再弄脏一点儿也没关系。但如果教师及时进行清理，让桌面始终保持干净，幼儿就会更加谨慎尽量不将饭菜弄到桌子上，如果不小心弄脏了桌子，也会主动进行清理。幼儿园还可以组织教师进行与幼儿园饮食营养教育有关的趣味性活动。例如，与饮食营养教育有关的游戏或者与饮食营养教育相关的知识问答等，以增加教师对幼儿园饮食营养教育的兴趣。教师的兴趣提高了，开展饮食营养教育活动的频率也会相应增加。

教师在饮食营养教育教学活动中扮演设计者、实施者、评价者的角色，因此教师自身的饮食营养教育水平影响着幼儿饮食营养教育课程的质量。教师是幼儿身边的重要他人，对幼儿行为习惯的塑造有着重要的作用。因此，教师应充分认识到饮食营养教育对幼儿健康饮食行为养成的重要性。首先，他们应精心设计饮食营养教育教学活动，根据幼儿身心发展规律和特点制定适宜的教学目标，选择适宜的教育内容，创新教学方法，重视幼儿的动手操作和亲身体验，提高提问的有效性，为幼儿健康行为的养成奠定知识经验基础。其次，教师应不断充电学习，利用网络、专家讲座、书籍等形式丰富自己的饮食营养知识储备，提升饮食营养教育课程的胜任力。与此同时，教师应树立健康的饮食行为观，通过榜样示范潜移默化地影响幼儿。最后，教师应不断探索和创新幼儿饮食营养教育的教学形式，将其游戏化或融入区域活动，营造一个宽松愉悦的氛围，促进幼儿健康行为的养成。同时，还要完善职后培训，优化教师的专业知识结构。职后培训是促进幼儿教师专业发展的途径之一，它不仅可以提升教师的教研与教学水平，还可以增强教师的自主学习与反思能力。幼儿教师通过提升学习反思能力，能更敏锐地发现在饮食营养教育教学活动中存在的问题，关注幼儿的需求，及时调整自己的教学方式以改善教学质量。高质量的幼儿教师是促进幼儿教育事业良好发展的前提与基础，对幼儿教师的培养则是保障幼儿教师队伍的关键手段和必然途径。通过国培、省培、园本培训及网上学习等多种形式，加强幼儿教师健康学科知识的培训，促进教育学和心理学等知识在饮食营养教育教学中的应用。此外，幼儿教师还应在日常工作中积累教学经验，不断总结、丰富、提升自己的教学水平。

幼儿园食堂是为幼儿制作餐点的场所，不仅是后勤保障场所，也具有饮食营养教育功能。首先，应通过培训等方式帮助食堂工作人员树立正确的饮食营养教育观念，充分发挥食堂的教育功能，积极配合幼儿园进行饮食营养教育工作。在食物的制作上要考虑色彩的搭配与造型的变化，以增加幼儿的食欲。其次，食堂工作人员要严格按照食品安全卫生的标准来执行，保证幼儿园饮食的安全与卫生。教师是饮食营养教育活动的主体，也是决定饮食营养教育活动能否开展及开展质量的关键因素，因此应加强对教师饮食营养教育方面知识、能力的培训，以有效开展饮食营养教育工作。幼儿园应根据自身情况配备一名或多名营养师，营养师不仅要制定幼儿的食谱，还要与教师一起设计组织幼儿饮食营养教育活动，营养师对饮食营养知识的掌握比较全面透彻，与教师形成合力共同组织饮食营养教育活动。推动幼儿园饮食营养教育更好、更快地发展。同时，营养师还可以通过微信公众号或者家长学校等形式向家长普及饮食营养知识，帮助家长为幼儿选择健康、安全的食物。

(二)完善幼儿园饮食营养教育活动开展的体系、制度

1. 完善幼儿园饮食营养教育活动目标

饮食营养教育不仅是关于"食"的教育,更是通过"食"的教育促进个人认知、情感、能力的发展及健全人格的养成。在幼儿园开展饮食营养教育活动,应构建系统、科学的饮食营养教育活动体系。饮食营养教育活动目标的设定要符合幼儿认知、技能、情感的发展要求,培养幼儿对"食"的认知,包括对食物本身及与食物相关知识的了解。要培养幼儿选择食物的能力和动手能力,同时培养幼儿对食物的喜爱之情,以及爱国之情与感恩之情。目标制定时要充分考虑幼儿园的具体情况及每个年龄段幼儿的特点,还要注意各年龄段之间的衔接。

2. 丰富幼儿园饮食营养教育活动的内容与组织形式

饮食营养教育内容应与体育、智育、德育、美育等内容相结合。

(1) 饮食营养教育内容可与体育结合的方面最为丰富。例如,可以培养幼儿良好的卫生习惯,让幼儿明白饭前要洗手、饭后要漱口;培养幼儿不挑食、均衡饮食的习惯;向幼儿普及食品安全知识,让幼儿了解哪些食物不能吃,吃了不利于身体健康。饮食营养教育内容与体育内容的结合,不仅有助于幼儿养成良好的饮食习惯,还能增强幼儿的体质。

(2) 饮食营养教育内容可与智育内容相结合,让幼儿了解食物本身,如食物的种类、习性、生长规律等。

(3) 饮食营养教育内容可与德育教育内容相结合。例如,向幼儿普及饮食文化知识,让他们了解我国传统饮食文化及地方饮食文化,增强民族自豪感;还可以让幼儿了解国外饮食文化,丰富他们对"食"的认知。同时,培养幼儿用餐时保持端正的坐姿,禁止用勺子敲打餐盘。教育幼儿尊重长辈,规范用餐礼仪。此外,培养幼儿珍惜食物的意识,使其养成节约粮食的习惯。

(4) 饮食营养教育内容可与美育内容相结合。例如,在制作食物时,注重色彩的搭配和造型的创造,在烹饪活动中引导幼儿大胆进行食物造型的创作,培养幼儿感受美、创造美的能力。

饮食营养教育并非枯燥的知识学习,而是满足幼儿身心需要的愉快实践。饮食营养教育的组织形式要根据幼儿的年龄特点,采用多种方式开展。进餐活动是幼儿每天都会进行的活动,也是幼儿园开展饮食营养教育最直接、便捷的途径。环境是幼儿园中的"隐性课程",可通过环境创设来开展饮食营养教育。例如,在教室及公共区域的墙面张贴与食物有关的材料,在班级内设置食物展台展示不同季节的食物,在幼儿进餐时营造温馨优美的进餐环境。同时,在环境创设过程中要让幼儿参与进来,投放幼儿感兴趣且对幼儿发展有益的食物材料。另外,还可以在区域活动中开展饮食营养教育,教师可以开设"果蔬坊""小吃街"等区角,让幼儿在区角活动中模拟现实生活场景,获取与食物有关的生活经验。教师还可以根据饮食营养教育活动的特点,开展一系列主题活动。例如,开展"买菜"的主题活动,幼儿可以在活动中认识各种食材,学会挑选新鲜的蔬菜,模拟买卖东西的过程,促进幼儿社会性的发展,还能掌握算术知识。同时,主题活动的开展会伴随着环境的创设和区角的变动,使饮食营养教育活动的组织形式更加多样化。

幼儿园饮食营养教育活动的一个重要途径是让幼儿通过亲手种植、采摘,加深对健康、

营养食品的了解，并在参与食品制作、品尝自己劳动成果的过程中，增进对健康、营养食品的认识和情感，从而克服挑食、偏食的行为习惯。例如，幼儿园可以建立幼儿饮食营养教育工坊，提供合适的炊具，营造安全的操作环境，让幼儿进行力所能及的食物制作。在饮食营养教育工坊中，要把握节气变化，选用当时、当地、当季的无公害食物。在这里，幼儿不仅能感受厨房的氛围，而且能通过观察、聆听、操作等方式了解食物基本的制作方法。幼儿尝试使用擀面杖、刀具等常用厨具，自己动手制作月饼、南瓜饼、螺丝卷、五香鹌鹑蛋等食物，从而萌发对食物的敬畏之心，体会食物的来之不易，学会感恩与珍惜。在初步了解食物与健康的关系后，幼儿会喜欢多种口味的食物，从小树立健康的饮食观念。在饮食营养教育活动中，可以为幼儿提供一些真实的蔬菜、水果等食品，充分利用生活区，让幼儿自己动手烹饪食物，增加活动的趣味性，避免教师枯燥乏味的说教。

另外，幼儿园可以编写一些通俗易懂的儿歌、绘本、故事或童谣，向幼儿传递饮食知识，改变教师一人唱独角戏的局面，从而培养幼儿健康的饮食行为。而且还可以借鉴美国的教学方式，美国的营养教学活动并非简单地向幼儿传授知识，而是需要教师和幼儿通过角色扮演、社交活动、游戏等多样的教学方式，培养幼儿不挑食、不偏食的健康饮食习惯以及不浪费食物、节约粮食的优良品质。

在幼儿园班级一角，可以放置一些食物的文字贴图、蔬菜及水果模型，帮助幼儿简单地了解日常所见食物，同时让幼儿通过眼看手摸等方式认识食物的外形特征；让幼儿在区域活动中进行蔬菜、水果等食物图片的分类游戏活动，提高幼儿对食物的兴趣。此外，教师要想方设法为幼儿创造科学合理的进食环境，营造轻松愉悦的进餐氛围。例如，可以给幼儿讲一些故事来激发他们吃饭的兴趣，让他们了解一些基本的食物营养知识；教幼儿唱一些有关食物或者进食的儿歌，调节幼儿饭前的情绪。

3. 完善幼儿园饮食营养教育活动的评价制度

饮食营养教育具有广泛的教育功能，在饮食营养教育活动开展过程中要做好记录，活动结束后要及时进行评价。教师可以为幼儿准备一个饮食营养教育成长手册，由教师和幼儿共同填写；教师负责撰写饮食营养教育活动的观察记录，记录幼儿在饮食营养教育活动中的表现，并与幼儿以往的行为表现进行对比，给予积极的评价。幼儿则将每次饮食营养教育活动中的作品，如饮食营养教育活动中的美术作品、种植的蔬菜的照片等放进饮食营养教育成长手册中，教师可通过幼儿作品对幼儿进行阶段性评价。饮食营养教育活动结束后，教师可通过自评、互评、他评等方式对活动实施情况进行评价。自评能让教师总结活动进展情况，互评可促进教师之间取长补短、相互借鉴，而他评则可从领导、专业等角度进行评价，帮助教师了解自身存在的问题，及时进行改进。幼儿园饮食营养教育活动的评价可以作为改善幼儿园饮食营养教育活动的依据，促使幼儿园饮食营养教育活动更加全面，更有利于促进幼儿的发展。

(三)完善幼儿园饮食营养教育监督管理制度

1. 完善幼儿园饮食营养教育监督管理组织

完善幼儿园饮食营养教育活动的监督管理制度，有利于饮食营养教育活动高质量开展。幼儿园应建立、完善三方联合的饮食营养教育活动监督管理组织，包括政府相关监督部门、幼儿家长代表及幼儿园相关负责人共同对幼儿园饮食营养教育进行监督管理。幼儿园饮食营养教育监督管理组织应制定详细的监督管理方案，并定期进行考察。如果发现问题，要及时制定相应的修改方案，并督促相关人员进行整改。同时，监督管理组织还要时刻关注饮食营养教育的需求变化，依据实际情况及时对计划与安排进行调整。幼儿园通过持续监督饮食营养教育工作，发现问题并反思，从根源解决问题，不断提高幼儿园饮食营养教育的水平，从而促进幼儿园饮食营养教育的进一步发展。

2. 完善幼儿园饮食营养教育监督管理内容

幼儿园饮食营养教育监督管理的内容应该从多角度、多方面开展。食品安全卫生情况、饮食营养教育的内容、饮食营养教育的组织形式及食谱的制定都需要进行监督与管理。食品安全卫生情况可以从食堂卫生情况、饭菜是否留样、是否取得一系列食品安全许可证等方面进行监督。饮食营养教育的内容可以从内容是否丰富、幼儿是否感兴趣、是否能促进幼儿的发展等方面进行监督。饮食营养教育的组织形式可以从形式是否多样、新颖，幼儿的参与程度等方面进行考察。对幼儿园食谱的监督可以从"五化一体"进行，分别为饮食四季化、饮食多元化、饮食均衡化、饮食幼儿化与操作可行化，从而实现幼儿园食谱的科学性与实用性、艺术性与安全性的结合。幼儿园饮食营养教育应从全方位进行监督管理，监督管理制度的确立将为幼儿园饮食营养教育的开展提供强有力的保障。

(四)提高对教养观念的认知，选择合理的教养方式

幼儿园教育受到社会各界的广泛关注，科学的育儿观通过媒体宣传等方式被争相报道。家长也了解到民主型父母教养方式是当下比较倡导的教养方式。研究证实了父母教养方式会对幼儿的饮食行为产生影响。因此，选择合理的教养方式对塑造幼儿的健康饮食行为变得尤为关键。学者研究认为，父母采取民主型教养方式，幼儿的总体饮食行为状况比较好。原因是民主型的父母考虑得比较周到，对幼儿饮食的环境、食物需求等都能有所关注。还有一些父母，虽然受过高等教育，但是对科学教养观的了解仍比较匮乏。这就要求家长增强自身主动学习的能力，通过阅读专业的育儿书籍、与教师的有效沟通，获取更多的教养知识，从而选择合理的教养方式，增强小班幼儿主动进食的能力，减少挑食和不良进食习惯等饮食问题。专制型教养方式的家庭应该给予小班幼儿一定的自由，如营造宽松的饮食环境，让幼儿在进餐时感到放松和愉快。最后，不一致型父母教养方式的家庭应注意，在幼儿的饮食行为中，父母对幼儿的要求要保持一致的教养态度。

古训"七不责"中就讲到了"饮食不责"，即当幼儿进餐时，不要责备或者批评他们，以免幼儿带着消极情绪就餐，这不仅影响幼儿的食欲，还会影响幼儿消化功能的完善。父母可以通过阅读相关书籍、参加家长学校、与幼儿园教师沟通等多种途径，提高对正确饮食行为的认识，避免小班幼儿在消极情绪下进食。

(五)多方共同开展饮食营养教育，增强教育合力

1. 家园合作，共同开展饮食营养教育

家长是幼儿的第一任老师，其行为会直接影响幼儿的饮食习惯和营养认知。家庭也是对幼儿进行饮食营养教育的重要场所。因此，幼儿园要与家庭密切联系，形成教育合力。

家长应积极配合教师工作，共同培养幼儿健康的饮食习惯，与幼儿园教师一同助力幼儿养成健康的成长习惯。在家进餐时，父母要及时纠正幼儿不健康的饮食行为。同时，家长不能在幼儿面前表现出不科学、不合理的饮食习惯，以免对幼儿产生不良影响。在家庭日常饮食中，家长要做好榜样，引导幼儿形成健康的饮食习惯，确保幼儿日常饮食营养均衡。幼儿的健康成长离不开健康的饮食习惯。幼儿园和家长要采用各种有效方式，引导幼儿养成良好、健康的进餐行为习惯，促进每一位幼儿健康成长。这些方法和途径能在不同程度上提升幼儿身边重要他人的饮食营养知识，改善他们的不良饮食方式或习惯，从而间接影响幼儿。幼儿喜欢形象、直观的活动形式，这符合他们好奇、好动、好模仿的心理特征，更能激发他们的学习兴趣。

首先，家长要与幼儿园在饮食营养教育观念与行为上保持一致。有时家长可能不理解教师的教育行为，认为其不必要。为避免这种情况，要让家长了解饮食营养教育的重要性，认识到其对幼儿身体健康、认知能力、情感态度等方面都有积极作用。有时幼儿在幼儿园能保持进餐礼仪、均衡饮食，但回家后家长不做要求，幼儿就会表现出两种不同状态。因此，家长应在观念一致的基础上保持行为一致，共同对幼儿进行饮食营养教育。其次，幼儿园可以邀请不同职业的家长带领幼儿参与饮食营养教育活动。例如，邀请护士、医生等营养知识丰富的家长开展均衡饮食、不挑食的活动，邀请农业专家等农业知识丰富的家长带领幼儿开展"水稻的一生"等活动，让幼儿了解米饭的种植过程。幼儿园还可以邀请其他国籍的家长讲解其国家的饮食文化，丰富幼儿的认知。最后，幼儿园要与家长密切沟通，及时解决家长在进行饮食营养教育时遇到的问题，通过微信公众号或家长学校等形式向家长讲解饮食营养教育相关知识，提高家长的饮食营养教育能力。

2. 幼儿园与社区进行合作，建立和谐的"社园"关系

政府应通过立法规定幼儿园的饮食营养标准，并对幼儿能接触到食物的地方进行监管，同时对项目运行相关人员开展营养、食物和健康方面的免费营养教育和培训。通过对教师设计和实施科学系统的饮食营养教育及培训，提高他们的饮食营养知识，确保达到相应要求，从而对幼儿实施高质量的饮食营养教育。另外，还可以通过园本教研的形式探索不同年龄班的饮食营养教育课程编制。幼儿园饮食营养教育的顺利开展离不开社区的支持，幼儿园要积极与社区合作，利用社区资源进行饮食营养教育。幼儿园可以借助当地高校的辐射功能，充分利用高校学科人才优势，结合自身教育实践经验，与高校教师共同探索饮食营养教学活动目标制定、教学内容选择、教育方式优化、课程评价等问题。

有的社区有食品加工厂，如牛奶加工厂或面包加工厂，幼儿园可与社区联系，带领幼儿到工厂参观，让幼儿了解日常食物的制作过程。有的社区有蔬菜、水果种植园，幼儿园与社区联系后可定期组织幼儿参观，了解多种蔬菜、水果的生长过程。同时，幼儿园还可联合社区定期开展饮食营养教育讲座，讲解幼儿营养知识，营造社区居民关注幼儿园饮食营养教育的氛围。另外，社区可在社区网站或微信公众号定期发布饮食营养教育相关知识，居民可在网站上讨论分享心得、提出问题，社区应组织相关专业人员定期解答。幼儿园与社区合作可弥补幼儿园饮食营养教育过程中场地不足、资源短缺等问题，对幼儿园饮食营养教育的开展起到锦上添花的作用。

除此之外，幼儿园还可借助大众媒体传播营养信息。通过专家网上授课、发放科学读

物、建立微信公众号、网站宣传等方式，向家长、看护者、教师、同伴和亲戚等重要他人进行饮食营养教育。

幼儿园教育工作者应深入开展饮食营养教育，让每个幼儿都能养成良好的饮食行为，从而拥有健康的身体和美好的未来。《纲要》在健康领域的教育内容与要求中指出，"密切结合幼儿的生活进行安全、营养和保健教育，提高幼儿的自我保护意识和能力"。结合幼儿身心发展特点和规律，幼儿饮食营养教育刻不容缓。饮食营养教育是生存之本、教育之本，"食"的问题关系到幼儿身心的健康成长，关系到国家未来、民族进步和社会的可持续发展。开展饮食营养教育是我国现阶段亟待加强的一项教育。

幼儿园饮食营养教育活动案例请扫右侧二维码。

本章小结

本章主要介绍了幼儿园饮食营养教育活动的相关内容，对其进行了概述和介绍，重点阐述了幼儿园饮食营养教育活动的目标、内容、设计与实施等方面内容，并介绍了幼儿园饮食营养教育活动案例。

思考题

1. 幼儿园饮食营养教育活动有哪些功能，结合实例进行说明。
2. 幼儿园饮食营养教育活动的目标应该如何制定，结合具体事例谈谈你的理解。
3. 幼儿园饮食营养教育活动有哪些实施途径，结合实际谈一谈。

第六章　幼儿园心理健康教育活动

本章学习目标

➤ 了解幼儿心理健康的概念和幼儿心理健康教育的概念。
➤ 重点掌握幼儿园心理健康教育活动的目标和内容。
➤ 了解幼儿园心理健康教育活动设计的原则。
➤ 重点掌握幼儿园心理健康教育活动实施的途径与注意事项。

重点与难点

➤ 幼儿园心理健康教育活动的目标。
➤ 幼儿园心理健康教育活动的内容。
➤ 幼儿园心理健康教育活动实施的途径与注意事项。

导入案例

谁折断了飞翔的翅膀

　　幼儿园大班的手工课上，李老师教孩子们折纸飞机。向来聪明伶俐的强强很快就折好了一架纸飞机。看着其他小朋友还在慢悠悠地折着，他一边给纸飞机画上眼睛，一边得意扬扬地想：自己又是第一名，老师肯定会夸自己折得又快又好。过了一会儿，全班小朋友都完成了任务，就连动作最慢的迟迟也折好了纸飞机。李老师提议道："现在，我们到教室外面去，比一比谁的飞机飞得高！"孩子们纷纷跑到院外的活动场地，迫不及待地把手里的纸飞机投掷出去。李老师在一旁巡回观察，帮助孩子们让他们的飞机飞得更高、飞得更远。李老师看到，强强的飞机虽然因为有"眼睛"而显得很漂亮，可刚出手就一个倒栽葱掉了下来，而迟迟的飞机却飘飘忽忽飞得很高，孩子们都兴奋地为他鼓掌。观察细致的李老师发现，当大家都为迟迟喝彩时，强强的脸上露出了不服气的神情。没想到，趁着迟迟的飞机再次飞起，强强跑上前去追逐它，等飞机落地时还故意一脚踩上去，结果把迟迟的纸飞机踩烂了，迟迟急得哭了起来，而强强却在一旁暗自得意。目睹这一幕后，李老师十分困惑：像强强这样的表现并非个例，那么，为什么孩子们会有这样的心理和行为呢？老师又该如何教育引导他们呢？

（资料来源：杜燕红. 学前儿童心理健康教育[M]. 郑州：大象出版社，2009.）

第一节　幼儿园心理健康教育活动概述

幼儿健康包括生理健康和心理健康，但人们常常只注重幼儿的生理健康而忽视了幼儿的心理健康，因此我们有必要系统地掌握幼儿心理健康的相关概念。

一、幼儿心理健康

(一)心理健康的概念

心理健康是指心理的各个方面及活动过程都处于一种良好或正常的状态。心理健康的理想状态是保持性格完好、智力正常、认知正确、情感适当、意志合理、态度积极、行为恰当、适应良好的状态。

心理健康受到遗传和环境的双重影响，尤其是幼年时期原生家庭的教养方式，对心理健康的发展影响甚大。心理健康突出表现在社交、生产、生活中能与其他人保持良好的沟通与配合，能够妥善处理生活中发生的各种情况。

心理学家将心理健康的标准描述为以下几点。

(1) 有适度的安全感，有自尊心，对自我的成就有价值感。

(2) 适度地自我批评，不过分夸耀自己，也不过分苛责自己。

(3) 在日常生活中，具有适度的主动性，不为环境所左右。

(4) 理智、现实、客观，与现实有良好的接触，能容忍生活中挫折的打击，无过度幻想。

(5) 适度地接受个人的需要，并具有满足此种需要的能力。

(6) 有自知之明，了解自己的动机和目的，能对自己的能力做客观的估计。

(7) 能保持人格的完整与和谐，个人的价值观能适应社会的标准，对自己的工作能集中注意力。

(8) 有切合实际的生活目标。

(9) 具有从经验中学习的能力，能根据环境的需要改变自己。

(10) 有良好的人际关系，具备爱人的能力和被爱的能力。

(11) 在不违背社会标准的前提下，能保持自己的个性，既不过分阿谀，也不过分寻求社会赞许，拥有个人独立的意见和判断是非的标准。

(二)幼儿心理健康的概念

幼儿心理健康是指心理发展达到相应年龄组幼儿的正常水平。我国的儿科医学专家、幼儿心理和教育专家主要从动作、认知、情绪、意志、行为及人际关系等方面衡量幼儿的心理健康。幼儿心理健康的标志有以下几点。

1. 动作发展正常

动作发展与脑的形态及功能的发育密切相关，幼儿躯体大动作和手指精细动作的发展水平处于正常范围是心理健康的基本条件。

2. 认知发展正常

一定的认知能力是幼儿生活与学习的重要条件。虽然幼儿的认知发展存在个体差异，但若某个幼儿的认知水平明显低于同年龄幼儿，且不在正常范围内，那么该幼儿的认知能力是低下的，心理也是不健康的。学前期是幼儿认知发展极为迅速的时期，应避免因各种原因造成的脑损伤或不适宜的环境刺激，防止幼儿产生不健康的心理。

3. 情绪积极向上

积极的情绪状态反映了中枢神经系统功能的协调性，也表明个体的身心处于良好的平衡状态。幼儿的情绪具有很大的冲动性和易变性，但随着年龄的增长，幼儿对情绪的自我调节能力有所增强，稳定性逐渐提高，并开始学习合理地发泄消极的情绪。如果某个幼儿经常处于消极的情绪状态，如整天闷闷不乐或暴跳如雷，那么该幼儿的心理是不健康的。

4. 人际关系融洽

幼儿之间的交往是维持心理健康的重要条件，也是获得心理健康的必要途径。心理不健康的幼儿，其人际关系往往是失调的，或自己远离同伴，或成为群体中的不受欢迎者。心理健康的幼儿乐于与人交往，能与同伴合作，游戏中能够谦让。

5. 性格特征良好

性格是个性中最核心、最本质的表现，它反映在对客观现实的稳定态度和习惯化的行为方式中。心理健康的幼儿一般具有热情、勇敢、自信、主动、合作等性格特征，而心理不健康的幼儿常常具有冷漠、胆怯、自卑、被动、孤僻等性格特征。

6. 没有严重的心理卫生问题

幼儿不健康的心理往往以各种行为方式表现出来，如吮吸手指、遗尿、口吃、多动等。心理健康的幼儿应没有严重的或复杂的心理卫生问题。

二、幼儿心理健康教育

(一)心理健康教育的概念

心理健康教育也称为心理教育、心理卫生教育、心理品质教育或心理素质教育。《心理学大辞典》中指出，心理健康教育的主要内容是：普及心理健康基础知识、树立心理健康意识、了解简单的心理调节方法、认识心理异常现象、初步掌握心理保健知识。

关于心理健康教育的定义，可以从广义和狭义两个角度来看。广义的心理健康教育，是指一切有助于学生心理素质的培养和人格健全的教育活动，包括学校、家庭、社会的有关教育，学科渗透和社会影响等。狭义的心理健康教育，是指在学校范围内，以心理素质培养和健全人格为目的的专门教育。我们这里所说的心理健康教育，主要是指后者。

(二)幼儿心理健康教育的概念

幼儿心理健康教育的维度需要依据幼儿的身心发展水平进行具体划分。学者指出，幼儿心理健康教育不同于心理辅导和治疗，它的目的是预防心理问题的发生。幼儿心理健康教育是幼儿素质教育的一部分，它既是幼儿园各类活动中不可或缺的一部分，又是实施其他活动的基础。

有学者认为，幼儿心理健康教育具体指情绪乐观、乐于交往、对环境有一定的适应能力等。也有学者认为，幼儿园心理健康教育应包含以下几方面内容：智力正常；情绪健康；乐于与人交往；性格特征良好等。还有学者认为，幼儿心理健康的标准是智力正常，情绪稳定，具有健全意志，和谐人际关系等。朱家雄老师认为，幼儿心理健康有助于幼儿表达、调控自身情绪和情感，具有良好的生活习惯和性教育等。

幼儿园心理健康教育具有预防和矫治两层含义：一是面向全体幼儿，开展预防性和发展性的心理健康教育，维护和促进幼儿的心理健康；二是面向少数有心理问题的幼儿，开展一定的补救性或矫治性心理咨询和辅导。两者比较，预防比矫治更有积极意义。需要指出的是，幼儿年龄越小，发展的差异性越大，本章中，我们心理健康教育主要集中针对幼儿园 3～6 岁幼儿。

第二节　幼儿园心理健康教育活动的目标与内容

幼儿园心理健康教育活动的设计包括活动目标与活动内容。活动目标的制定需要遵循幼儿的身心发展规律和社会发展的需要，活动内容要能够促进幼儿的全面发展。

一、幼儿园心理健康教育活动的目标

(一)目标制定的依据

1. 幼儿的身心发展规律

幼儿心理健康教育的目标必须考虑幼儿的年龄特征、心理发展水平及幼儿目前的心理状态。只有了解了幼儿的身心发展特点和当前水平，才能对幼儿的行为和品质的发展做出正确判断，遵循幼儿的身心发展规律，并在幼儿能接受的范围内提出有针对性的措施，促进幼儿各方面在原有水平上获得进一步的发展。

2. 社会发展的需要

随着社会的前进和发展，人类所处的环境已发生很大的变化，并且这种变化还将持续下去。过去制定的目标和内容在当今社会可能不再适用，过去出现过的心理问题也可能不会再出现。因此，在制定幼儿心理健康教育的目标时，应因时制宜地进行调整，使之与社会的发展变化相符。

3. 能够促进幼儿终身发展

《纲要》明确指出，幼儿园教育是基础教育的重要组成部分，是我国学校教育和终身教育的奠基阶段。它不仅要为幼儿进入小学做好准备，更要为幼儿一生的发展打好基础。因此，幼儿心理健康教育的目标应体现幼儿终身学习的理念，将培养幼儿终身学习的能力、获得终身发展的潜力放在核心位置。各项心理健康教育活动的设计、组织和开展，既要符合幼儿现实的需要，又要有利于其长远的发展。

(二)幼儿园心理健康教育活动的总目标

幼儿园心理健康教育活动的总目标在多个文件中均有体现。

《幼儿园工作规程》提出，幼儿园要促进幼儿心理健康，培养幼儿良好的生活习惯、卫生习惯，教职工要尊重、爱护幼儿，严禁实施损害幼儿身心健康的行为，要把安全教育融入幼儿的一日生活，根据幼儿年龄特点指导游戏，使幼儿获得积极的情绪体验，促进幼儿能力和个性的全面发展。

教育部等十七部门联合印发的《全面加强和改进新时代学生心理健康工作专项行动计划(2023—2025年)》指出，要培育学生热爱生活、珍视生命、自尊自信、理性平和、乐观向上的心理品质和不懈奋斗、荣辱不惊、百折不挠的意志品质，促进学生思想道德素质、科学文化素质和身心健康素质协调发展。

此外，地方文件也有相关要求。例如，《乐昌市中小学(幼儿园)心理健康教育与家庭教育工作提升行动方案(2020—2022年)》提出，要健全学校心理健康教育服务体系，积极开展心理健康教育，加强学生心理危机的识别和干预，促进学生身心健康发展。

同时，学前教育阶段，教师应当关注和满足儿童心理发展需求，引导自我概念正向发展；通过有针对性的关注与反馈，提高儿童自尊水平；保持儿童积极的情绪状态；保护幼儿的好奇心和学习兴趣；培育幼儿良好的行为习惯，尊重个体差异，让儿童感受到尊重和接纳。

综上所述，我国幼儿园心理健康教育活动的总目标旨在通过系统性教育引导，促进幼儿心理健康与全面发展。聚焦幼儿心理发展需求，培育其自尊自信、理性平和、乐观向上的积极心理品质，以及珍视生命、百折不挠的意志品质；保护幼儿的好奇心与学习兴趣，引导幼儿自我概念正向发展；尊重个体差异，通过有针对性的反馈，让幼儿感受到接纳与尊重，保持积极情绪状态；培育幼儿良好的生活习惯、卫生习惯与行为习惯；结合幼儿的年龄特点融入安全教育与游戏指导，帮助幼儿获得积极情绪体验，促进其能力与个性全面发展；健全心理健康教育服务体系，加强心理危机识别与干预，推动幼儿思想道德素质、科学文化素质与身心健康素质协调发展，为其终身发展奠定心理健康基础。

(三)幼儿园心理健康教育活动的年龄阶段目标

依据幼儿心理健康教育的总目标，结合《指南》中关于幼儿学习与发展的目标的内容，并在考虑不同年龄幼儿心理健康的不同表现水平的基础上，我们提出了3~6岁不同年龄段幼儿心理健康教育的具体目标，为幼儿园或家庭有针对性地、更具实效地开展幼儿心理健康教育活动提供参考。

1. 3~4岁幼儿心理健康教育目标

(1) 情绪愉快、稳定，能恰当地表达自己的情绪；有强烈的情绪反应时，能在成人的安抚下调节自己的情绪。

(2) 能主动、大方地与人打招呼，愿意在熟悉的人面前表达自己的想法。

(3) 愿意与同伴一起游戏，在成人指导下，懂得分享和轮流，体验与同伴共同游戏的乐趣。

(4) 喜欢接触大自然，对周围的事物和现象感兴趣，并能用多种感官和动作进行探索。

(5) 自己能做的事情愿意自己做，喜欢承担一些小任务，并为自己的好行为感到高兴。

(6) 喜欢上幼儿园，初步养成独立的生活自理能力和良好的生活习惯，能遵守一定的规则，逐步适应集体生活。

2. 4～5 岁幼儿心理健康教育目标

(1) 经常保持愉快的情绪，能初步恰当地表达自己的情绪，并初步具备情绪的自我调节能力，如不高兴时能较快缓解；有比较强烈的情绪反应时，能在成人的提醒下逐渐平静下来。

(2) 愿意并喜欢与他人交流，能用礼貌的方式表达自己的要求和想法。

(3) 喜欢并能与同伴一起游戏，能关心、体贴他人，懂得轮流和分享，初步理解并愿意接受别人不同的意见和建议。

(4) 好问好学，乐于动手动脑探索新事物或现象，并初步掌握一些探究方法。

(5) 知道自己的一些优点和长处，自己的事情尽量自己做并对此感到满意，敢于尝试有一定难度的活动和任务。

(6) 养成良好的独立生活能力和行为习惯，理解并遵守基本的规则，适应并喜欢集体生活，积极参加集体活动。

3. 5～6 岁幼儿心理健康教育目标

(1) 情绪愉悦、稳定，表达情绪的方式适度，能较为有效地控制和调节自己的情绪。

(2) 积极主动并礼貌地与他人交流互动，敢于在众人面前表达自己的想法。

(3) 喜欢结交新朋友，能关注他人的情绪和需要，并能力所能及地给予帮助，与同伴友好相处，乐于分享和合作。

(4) 具有独立探索的愿望和精神，对感兴趣的事物表现出极大的探究兴趣和高度集中的专注力，初步具备独立探究的能力。

(5) 知道并能做出与自己性别角色相一致的行为。

(6) 自己的事情自己做，能主动承担任务，遇到困难能够坚持。

(7) 具备良好的行为习惯，理解规则的意义并能遵守各项规则，愿意为集体做事，有集体意识，对小学生活产生好奇和向往。

二、幼儿园心理健康教育活动的内容

(一)促进认知能力与品质的提升

认知涵盖感知觉、记忆、思维等方面，是人的全部认识过程及其品质的统称。人依靠认知活动来认识外界事物及其之间的联系，因此，认知活动在人的心理活动中占据着十分重要的地位。认知是幼儿情感、良好习惯和社会性发展的基础。认知能力是指个体认识外界事物的一系列心理能力，也是幼儿学习能力的重要组成部分。如果某阶段幼儿的认知能力发展迟缓或停滞，就会导致学习困难，这将直接影响幼儿的全面成长，尤其对幼儿的心理发展有着不可忽视的作用。

1. 强烈的好奇心

对一切事物充满好奇是幼儿期的显著行为特征之一。由于幼儿接触事物较少，不了解事物变化的规律，因此总是对周围环境中新鲜的、特殊的、神秘的事物产生积极反应，他们总是想看、想摸、想问。这种好奇心驱使幼儿努力探索，以获得认知上的满足，也使他们产生询问、思考和探索的欲望。这是幼儿良好认知能力提升的开端。因此，成人要保护幼儿的好奇心，增加幼儿接触环境的机会，帮助幼儿了解各种事物变化的规律，提高其认知能力，规范其活动，促进其身心健康发展。

2. 广泛的兴趣

意大利教育家玛利娅·蒙台梭利(Maria Montessori)曾说过，好奇是入门的钥匙，兴趣是求知的开始。兴趣是推动幼儿与周围环境事物建立联系、促进幼儿与客体持续相互作用的内在动力。为了让幼儿主动、积极地探索周围世界，建立与周围环境的平衡与协调，需要在生活和教育中广泛选取素材，选择多样的活动内容，采用多种活动形式，培养幼儿多方面的兴趣。例如，教会幼儿欣赏音乐和其他艺术作品，陶冶幼儿的情操；开展丰富多彩的户外游戏和体育活动，让幼儿喜欢参加各种运动并从中体验运动的乐趣等。

3. 独立思考、探索和学习的能力

心理健康的幼儿应该具备独立思考、探索的能力，能够完成任务并展现自己。学前阶段是培养幼儿独立性的起始阶段。家长和教师应针对这一阶段幼儿"独立"的需求，在教育中引导他们学会自己的事情自己做，不依赖他人；让他们学会在生活和学习中有主见，独立思考并解决问题；帮助他们体验独立自主、获得成功的喜悦，培养其独立的探索和学习能力。

(二)培养良好的情感与意志

目前，受传统教育的影响，我国幼教工作者较少开展情绪、情感与意志等方面的活动，导致个别幼儿心理不健全，甚至可能引发心理疾患。意志与认知、情感过程密切相关；情感既可以成为意志行动的动力，也可能成为其阻力。幼儿期是心理发展最为迅速、稳定的时期，因此，注重幼儿情绪、情感与意志教育尤为重要。没有健康的情感，不利于幼儿健全人格的形成。情绪是否稳定是评判幼儿心理是否健康的重要标准。幼儿在这一阶段的主要任务是进行情绪表达、维持良好的同伴关系，而任务的核心正是情绪能力，因此幼儿情绪能力(情绪理解和调节)是情绪发展的重点。

1. 学会转移注意力

幼儿情绪冲动性强，常常处于激动状态，情绪表现强烈且难以自控，有时会深陷某种情绪状态无法自拔，如大声哭闹，甚至自己都不清楚哭闹的原因，也不知道如何停止。此时，成人的安慰和说理往往无济于事，甚至可能因关注使这种情绪更加激烈和持久。这时，应适当转移幼儿的注意力，用幼儿感兴趣的活动或玩具帮助其摆脱当前的情绪状态。要逐渐教会幼儿，当陷入不良情绪时，自觉转移注意力，先不去想它，做些别的事情，慢慢忘记。

2. 学会宣泄情绪

每个人都会有不良情绪，需要通过合适的渠道宣泄出来，以减轻心理压力。幼儿也不例外，他们在生活中难免会遇到挫折、感到委屈，从而产生不良情绪。如果这些情绪得不到及时宣泄，长期压抑会引发身体和心理上的疾病。由于幼儿年龄特点的限制，他们不懂得如何通过合适的渠道宣泄不良情绪。因此，家长和教师要适时对幼儿进行合理疏导，教会幼儿一些宣泄不良情绪的方法，如倾诉、大哭、剧烈运动、放声歌唱、睡觉等，帮助他们减轻内心压力，获得内心平衡。教师还可以在教室中设置心情屋、私密区，放置娃娃、操作卡、耳机、小沙发、靠垫、图书、电话等，甚至可以准备一些糖果、点心，让幼儿在轻松自由的环境中宣泄情绪。当然，这种宣泄应当合理、适度，要考虑对象、时间和场合，用恰当的语言、动作和表情表达，不能伤害他人，不随意发脾气，不影响他人。

(三)培养良好的行为习惯

幼儿心理健康教育应从日常行为习惯上加强指导。心理是否健康，幼儿表现出的行为最为明显。因此，对幼儿加强行为习惯的培养尤为重要。相关研究表明，各类活动可以帮助幼儿获得积极向上的健康心理，逐步做出合理行为。

1. 利用讲故事、学儿歌等形式把抽象的行为具体化

低班幼儿年龄小，认知水平低，当我们每天对他们提出"要好好吃饭，好好睡觉，懂礼貌，讲卫生"这些泛泛的要求时，幼儿会感到茫然，不知所措，他们还不能理解这些要求所涵盖的具体指向和内容。针对该年龄段的幼儿特点，我们可以运用他们喜闻乐见的形式将要求"润物细无声"地传达给他们。

2. 制定规范，反复练习

一个好习惯的养成不是一朝一夕的事情，"养"相对容易，但要巩固就需要不断地强化。幼儿年龄小，自制能力差，因此需要成人的提示和帮助。例如，针对幼儿"拉扯小椅子"的现象，首先请他们观察磨损的椅子，然后讨论该怎么保护这些椅子，经过讨论商定出共同的规则"轻搬轻放，有倒下的椅子及时扶起来"。在规则制定后就要训练幼儿轻搬椅子、轻放椅子的正确方法，而后在搬椅子过程中检查并督促幼儿的执行情况。对遵守规则的行为，教师应及时给予表扬和肯定；对于违反规则的行为，教师应及时制止，并给予一定的惩罚。"上课时举手回答问题"这一规则也需要反复强调，幼儿才能理解并执行。再如，对于年龄稍大一些的幼儿，可以安排"包书皮练习"，哪怕是幼儿包一次后，教师再拆开，返工重包一次，也应该让幼儿反复练习。经过一段时间的练习，幼儿已经能够很好地完成这项任务，并从中体会劳动的快乐，收获成功的喜悦与自信。

3. 多表扬、多鼓励、多肯定，坚持正面教育

对于幼儿来说，表扬与鼓励常常是达到教育目的的最有效的方法。当发现幼儿把玩具弄得满地都是时，大声斥责并没有多大效果。这时，轻轻地说一句："我来看看哪些小朋友最棒，能把地上玩具捡干净。"然后再表扬几个正在捡玩具的幼儿"真能干"。那么，地上的玩具会在顷刻间被捡得干干净净。当你在注意到某些幼儿上课坐姿不端正时，你说一句："看某某坐的姿势真漂亮！"幼儿会立刻坐好。面对幼儿的正确行为，教师给予认

同、赞赏的积极评价，如"你帮小妹妹搬椅子，真会关心人""小手洗得这么干净，真是讲卫生的好孩子"等，这样会强烈地增强幼儿的自尊与自信。面对幼儿的过失行为，教师要给予关心与期望的评价，要善于"捕捉"幼儿的闪光点，适时地进行随机教育，变批评为指导，这样会起到事半功倍的作用，幼儿的不良行为习惯也会逐渐改正。

4. 发挥幼儿的自我教育、榜样教育及成人的言传身教作用

利用幼儿之间的交往让他们互相影响、彼此教育，可以收到意想不到的效果，也省去了教师很多功夫。幼儿喜欢模仿，特别是年龄小的幼儿，教师几乎是他们的偶像，教师的一言一行都是他们的模仿对象，因此教师的榜样作用胜过千言万语的说教。例如，幼儿礼貌用语的使用。在入学时，如果教师主动与幼儿及其家长打招呼，并恰当地使用礼貌用语。幼儿在回答教师的同时，也学会了用礼貌用语与教师交流。再如，要求幼儿饭前便后要洗手，教师在给幼儿分餐前主动用正确的方法洗手，同时提醒幼儿也要洗手，这样的榜样作用，比教师的言语要求效果要好得多。另外，幼儿身边的同年龄段的同伴也会给予他们更多的影响，在确定正确是非观、树立身边榜样的同时也使幼儿学会了较为客观地认识自我和全面地评价自我。比如，评选"好习惯之星""礼仪小天使"，颁发小红花，命名"文明宝宝"等，这些活动可以充分调动幼儿的积极性，发挥幼儿的个性特长。

(四)促进社会性的发展

1. 学会分享与合作

为了更好地适应集体生活，提高社会交往的能力，能够与人和谐相处，幼儿应学会分享物品与角色，互相合作，恰当地表达自己的愿望，并能考虑他人的要求，用恰当的方式解决矛盾冲突。当集体使用玩具、用具时，幼儿应能与同伴共同分享，不独自占有，学会轮流和等待；当需要向他人借东西或参与他人正在进行的活动时，幼儿应能以恰当的方式征得他人的同意；当同伴提出加入自己正在进行的活动时，幼儿应能乐意接受；在活动中，幼儿应能理解同伴的兴趣和爱好，能尊重他人的兴趣但不盲从，能积极地提出自己的建议和意见，愉快地与同伴合作。对于这些交往技能，幼儿难以通过简单的示范或单纯的模仿掌握，成人应在示范的基础上结合讲述，并创造机会让幼儿在实践中进行练习，使其学会在集体生活中建立良好的人际关系。

2. 学会尊重与互相帮助

尊重和互相帮助是社会交往中的重要准则和重要内容。为促进幼儿的人际交往，帮助其掌握正确的交往方式，应该从小教育幼儿学会尊重，学会接纳。教育幼儿不随意取笑他人，不歧视某方面不足或有缺陷的人；尊重教师和长辈，见面主动打招呼问好，不随便插话，不无理取闹；爱惜他人的劳动成果，不故意弄脏地面或桌面，不故意撕毁他人作品；乐于助人，给予同伴关心、帮助和同情，体验帮助他人给自己带来的快乐，感受这种利他行为的价值。

3. 学会基本的礼貌

文明礼貌是幼儿进行有效交往的"通行证"。学习并掌握交往中的基本礼貌、礼节，可以帮助幼儿以正确的行为方式控制自己，将不友好的行为转变为友好的行为。在日常的生活和交往过程中，成人要注意用自己文明优雅的言行举止感染、熏陶幼儿一些基本的礼貌用语，帮助幼儿掌握简单的礼仪规范，并让幼儿付诸行动，如学会微笑，主动和别人打招呼，会说"请""谢谢""对不起"等，使幼儿成为语言文明、举止优雅、同伴喜爱的游戏伙伴和交往对象。

第三节　幼儿园心理健康教育活动的设计与实施

　　幼儿阶段是心理发展与人格奠基的关键时期，心理健康教育作为促进幼儿情绪管理、社会适应与个性发展的核心途径，需通过科学的活动设计与多元实施策略，为幼儿的终身发展筑牢心理基础。本节从幼儿园心理健康教育活动的设计原则出发，系统阐述主体性、协同性、活动性、渐进性及因材施教等核心原则，强调以幼儿为主体，融合多领域教育与家园社协同共育，在适龄活动中引导幼儿体验、探索与成长；同时结合不同年龄阶段幼儿的心理发展特点，明确园内教学活动、家园合作等实施途径，并提出教师专业素质提升、特殊幼儿心理关怀等关键注意事项，力求构建理论与实践相结合的心理健康教育体系，助力幼儿在积极的情绪体验、良好的社会交往与个性化发展中，实现身心全面和谐发展。

一、幼儿园心理健康教育活动设计的原则

(一)主体性原则

　　幼儿有他们自己的尊严、意志及人格，任何轻视他们人格的言行，都可能引起他们的反感甚至对抗。因此，在心理健康教育过程中，要尊重幼儿的主体地位，注意调动幼儿的自觉性、积极性，引导他们主动参与心理健康教育活动。美国教育学家皮亚杰认为：没有认识主体的能动作用，认识就不能得到发展。只被动地接受教育，不能达到心理教育的目的，要通过各种教育手段达到培养良好心理素质的目的。

(二)协同性原则

　　心理健康教育是素质教育的基础和中介，因此，要提高幼儿的心理素质，只单纯抓"心理"是不可能达到目的的。在实施心理健康教育的过程中，必须与游戏、音乐、体育、美术等活动相互结合、相互渗透，寓教育于各项活动之中。从多角度、多层次、多侧面，在教育体系中渗透，以达到心理健康教育的目的。同时，必须依靠各方面的力量，尤其是社会教育一定要跟上，全社会都要关心幼儿身心健康。

(三)活动性原则

　　心理健康教育必须有心理体验，要通过各种各样的活动来发展心理体验以达到提高心理机能的目的。人的心理活动与人的外在活动的关系是密不可分的。活动是心理发展的基础，人的心理品质是在活动和交往中形成的。随着科学文化的发展，幼儿的活动也日益广泛、多样和复杂，活动的变化必然带来幼儿心理的变化，要让幼儿多参加活动，但这些活动切不可生搬硬套，走形式，而是要从幼儿的心理需要出发，要与幼儿年龄发展阶段相适

应，还要指导幼儿参加适当的、有计划、有目的的、针对性强的行为、心理训练活动，使幼儿在各种尝试中体验成功、失败，使其意志力得到锻炼。

(四)渐进性原则

循序渐进是心理发展的一条普遍规律，个性心理特征的发展同样如此。从心理卫生的角度看，"渐进"意味着遵循幼儿的心理发展顺序，避免因盲目加快导致幼儿心理发展在某些环节上出现"断裂"，从而引发各种不良心理反应。教育活动必须充分照顾到幼儿心理发展的渐进规律，避免因盲目超前、随意省略必要的教育环节造成幼儿非正常学习困难，并进而引发焦虑、自卑、畏难、厌学甚至惧学等不良心理反应。就气质、性格发展而言，其渐进性表现在积少成多、潜移默化、由潜在变化向显在变化发展。因此，对其进行塑造和培养也应逐步递进，不可急于求成。当幼儿在活动中表现出消极的气质行为或偏离性格时，须有针对性地创设积极、健康的行为情境，为其提供逐步调整、改进的条件。反之，若急于求成，一味采取强制性的高压手段或过分严厉的惩罚措施，则不仅不利于幼儿积极地调整、完善自己，而且会引发其抵触抗拒心理，导致消极甚至破坏性情绪。

(五)因材施教原则

个性心理特征教育中的因材施教原则包括两个方面的意义：一是正确区分教育过程中幼儿的能力、气质和性格等因素；二是区别对待不同能力水平和不同气质、性格类型的幼儿。教育过程是一个复杂的过程，在这个过程中，幼儿所表现出来的行为常常有不同的个性心理特征和背景，需有针对性地采取不同的教育措施。属于能力方面的原因应给予理解并进行个别帮助；属于气质方面的原因应进行提醒、劝告，帮助幼儿查找自身不足；属于性格方面的原因则应给予较严厉的批评，以使其留下较深刻的印象，尽快改正。若处理不当，盲目行事，则不仅不利于幼儿的进步，而且很可能挫伤幼儿的积极性和自信心，甚至助长某些不良个性倾向，导致消极的教育后果。同样地，幼儿的能力、气质、性格等也存在个体差异。例如，在能力上，有的幼儿在某方面的能力水平较高，有的较低；有的幼儿能力表现得较早，有的较晚；女童在语言、文学、音乐等方面比男童更早显露才能，而男童则在绘画能力等方面表现得较为突出。四种气质类型，即多血质、胆汁质、黏液质和抑郁质具有明显不同的动力特征，而在性格上同样存在处世态度和行为倾向的差异。

因此，教育过程中也必须注意区别对待上述各方面的差异，在教育方式、目标要求上表现出灵活性和区别性，既不强求一致，也不搞简单划一，真正做到因人而异、因材施教。只有这样，才能确保教育活动不会产生消极的负面效果。在区别不同气质的问题上，对内向气质者，尤其是具有抑郁特征者，需要表扬奖励时宜采取公开的方式，以鼓励其发展外向行为，发扬优点；需要批评时则应注意其气质中的不利因素，采取个别的方式，以避免触及其过于脆弱、敏感的神经，挫伤其较强的自尊心，造成消极抵触情绪。对于胆汁质等外向气质者，则不宜过多采取公开褒奖的方式，否则容易导致其骄傲自满的情绪；在需要批评时，其具有较强的心理承受能力，可适当选择公开处理的方式，以利于其增强克服缺点的动力，同时又不损伤其自尊心。

二、幼儿园心理健康教育活动实施的途径与注意事项

(一)实施的途径

1. 园内教学活动

园内教学活动作为幼儿园心理健康教育的核心实施途径，紧密贴合3~6岁幼儿的心理发展规律与年龄特点，通过系统性的课程设计与生活化的教育场景，为幼儿提供情绪管理、社会适应与自我认知的成长土壤。针对小班幼儿，活动聚焦基础情绪调节与初步社交能力的培养，借助儿歌、简单角色扮演等趣味形式，帮助他们在成人引导下学会表达情绪、适应集体规则。例如，通过"玩具分享游戏"让幼儿体验合作的快乐，逐步建立对幼儿园的安全感与归属感。中班阶段则侧重情绪自主调节与合作意识的提升，教师会创设"同伴冲突情景模拟""任务挑战赛"等活动，引导幼儿理解他人感受、礼貌表达需求，在解决问题的过程中增强幼儿的自信与责任感。例如，在"超市游戏"中鼓励幼儿协商分配角色，学习使用文明用语沟通。大班活动旨在进一步强化复杂情绪管理、社会合作及独立探索能力。通过小组项目、辩论式讨论等形式，帮助幼儿应对挫折、主动帮助同伴；同时通过"模拟小学生活"等主题活动，培养他们对新阶段的积极期待。例如，在团队合作完成手工制作时，引导幼儿分工协作、互相鼓励，提升其抗挫折能力。

园内教学活动并非孤立的心理课程，而是与健康、语言、社会、科学、艺术等领域深度融合，形成渗透式教育模式。健康领域通过"接力赛""障碍跑"等体育游戏，培养幼儿的坚持性与抗挫折能力；语言领域借助《我的情绪小怪兽》等绘本，帮助幼儿识别喜、怒、哀、惧等情绪，并通过故事讨论理解他人视角；社会领域通过"医院""餐厅"等角色扮演游戏让幼儿在模拟社交中学习分享、协商与助人；艺术领域以绘画、音乐活动为载体，支持幼儿用色彩涂鸦或旋律表达内心感受；科学领域通过自然观察活动，潜移默化地培养幼儿专注力与好奇心。这种跨领域融合使心理健康教育自然融入幼儿日常学习，避免了生硬说教，让心理发展目标在多元体验中得以实现。

体验式学习是园内教学活动的重要特征，教师通过创设真实情境、设计游戏化任务，让幼儿在亲身体验中积累积极心理经验。例如，针对幼儿的入园焦虑，教师会组织"情绪闯关"游戏，引导幼儿学习表达不安并寻求帮助；在"心情分享会"上，幼儿讲述当日感受，教师通过具体的正向反馈(如"你今天主动安慰哭泣的小朋友，老师为你骄傲")，强化幼儿亲社会行为。同时，教师注重观察记录幼儿行为表现，实施差异化引导；为内向敏感的幼儿提供更多肢体安抚；对活泼好动的幼儿设置渐进式规则挑战。此外，心理健康教育贯穿于幼儿在园的每一环节：早餐时引导幼儿耐心等待；午睡时播放舒缓音乐帮助幼儿放松；过渡环节组织"情绪卡片游戏"等。此外，通过家长开放日、亲子任务等形式，将"主动沟通""规则意识"等能力延伸至家庭场景，构建"园内引导—家庭巩固"的协同网络，为幼儿心理健康发展营造全方位的支持环境。

2. 家园合作教育

《纲要》指出，家庭是幼儿园重要的合作伙伴。应本着尊重、平等、合作的原则，争取家长的理解、支持和主动参与。借助家园共育理念，深入探究幼儿心理健康教育的建构

路径，具体可以从以下三个角度展开思考。

(1) 开展亲子主题教育活动，助力幼儿健康成长。亲子活动是家长和幼儿之间的一种寓教于乐的活动，也是幼儿教育中的一个重要组成部分，它既可以促进幼儿身体的成长，又可以促进幼儿智力的发展，还可以激发幼儿的良好情绪，为幼儿和幼儿之间、幼儿和家长之间搭建了交往平台，有助于社会性关系的发展和幼儿个性的完善。而个体心理发展具有阶段性与连续性，每个阶段会存在明显的心理差异，呈现不同的心理特点。针对幼儿成长阶段的不同心理特征，开展"亲子互动主题教育"活动，可有效促进幼儿健康成长。在亲子活动中，一方面，可以加强家长与家长、家长与教师、家长与幼儿的沟通，进而有效促进幼儿学会交往与合作；另一方面，幼儿园根据幼儿不同阶段特征精心设计的"亲子互动主题教育"活动内容，能够直接在活动中教给幼儿知识或激发幼儿良好的情绪。比如，幼儿第一次入园常常会产生焦虑情绪，幼儿园则可以开展"亲子入园适应性教育"主题活动。

(2) 有效挖掘家长资源，开展心理健康游戏活动。国外学者戴维斯(Davies)曾提出四种家园共育的类型：①以旨在解决目前教育中存在的问题为主，如约见家长、成立临时咨询委员会等；②以促进家长参与子女的教育为主，如家庭教育指导、家长开放日等；③以利用社区资源来丰富幼儿园教育为主，如参观博物馆、开辟园外教育基地等；④以吸收家长参与教育决策为主，如家长咨询委员会、家长教师协会等。因此，在把握幼儿心理健康教育基本原则(针对性、严谨性、互动性、生活性)的基础上，可有效挖掘家长资源，结合每位家长不同的社会生活阅历、不同的职业特征等，将其转换为心理健康教育活动课程资源，设计贴近幼儿生活场景，增强与家长互动的活动，促使活动更具游戏性、主体性、体验性。在游戏中，使幼儿最大限度地展现自己的真情实感，家长与教师积极配合与启发，陪伴幼儿参加游戏活动，鼓励和引导幼儿积极参与游戏活动，从而使幼儿最大限度地感受自己。这正符合心理健康教育最本质的特点，即体验性、易接受性、潜移默化性与愉悦性。总而言之，最重要的是让幼儿在游戏活动中感受到快乐，愉快地接受这些活动传播的知识与行为。

(3) 借助新媒体互动技术，发挥家长"助教"作用。相关调查显示，微信公众平台作为当前大家使用频率非常高的工具，截至 2016 年第二季度，微信已经覆盖中国 94%以上的智能手机，月活跃用户达 8.06 亿，用户覆盖 200 多个国家、超过 20 种语言。因此，打破传统的家园共育方式，破解家园共育的误区，消除家园双方由于社会经验及从事职业不同引起的误解，可在开展"线下"家园共育活动的同时，借助新媒体增强"线上"家园共育活动，从而加强家长在幼儿心理健康教育中的"助教"作用。"线上"可以发挥 QQ 群、微信群、微博、微信公众号、App 等新媒体互动技术的作用，建构多元化、全方位家园共育管理平台，进一步加强家长在幼儿心理健康教育中的"助教"作用。幼儿园教师可以在幼儿入园时建立幼儿"生活档案袋"，提前对幼儿家长的工作经历、社会阅历、兴趣爱好等方面展开调查并整理记录，后续邀请家长进园，充当"教师"角色，发挥家长在幼儿心理健康成长中的重要作用。"线下"则可以有效发挥家长开放日在家园共育中的作用，邀请不同的职业、经历、兴趣爱好、才能的家长来讲述自己不同的故事，增加幼儿的认知和学习。建立家园合作手册，让教师记录幼儿一日在幼儿园内的表现，以及让家长记录幼儿在家时的表现，对于良好的习惯进行鼓励和表扬，对于不良的习惯进行纠正和指导。

(二)实施的注意事项

1. 注重提高教师的素质

幼教工作者自身的素质与能力,对幼儿心理健康教育活动的设计与实施起着至关重要的作用。因此,若要提升幼儿心理发展水平,首先需要提高幼教工作者在幼儿心理健康教育方面的认知水平与操作能力。实证调查显示,幼儿园里基本没有专业的心理健康教师;心理健康教育相关活动依托五大领域开展,幼教工作者往往是将一些心理学基础知识与幼儿阶段特征相结合,以此形成课堂教学内容,这样的教育难以取得良好效果。因此,提高幼儿教师的心理素养和相关能力刻不容缓。

首先,要争取园长对心理健康教育活动开展的支持。作为幼儿园领导,园长既是各项活动实施的支持者、组织者和管理者,也是各项工作的统筹者,能够为活动开展提供一定资源。园长所拥有的资源,是该领域活动顺利开展的必要条件,这对幼儿心理健康教育活动的开展意义重大。园长一方面要认识到位,另一方面要鼓励教师参与。在对心理健康教育活动开展给予支持的同时,园长还要提供多样的组织方法。幼儿心理健康教育作为一个新兴领域,还没有一套成熟的理论指导幼儿教师进行教学实践,教师在开展活动时只能在逐步探索总结中进行。

其次,要提高幼儿教师的心理素养与教育教学等能力。幼儿教师需具备扎实的基础知识,了解幼儿的心理发展特点和行为表现,并掌握相关领域的教学方式。幼儿教师心理素养的提升与教育教学等能力的提高,可以通过职前和职后的专业培训来实现。幼儿教师应充分了解幼儿心理健康教育内容,不断提高自身对幼儿心理健康教育的认知水平。培训的目的是让幼儿教师树立正确的观念:健康的幼儿,不仅要身体健全,还要自信、乐于交往;幼儿教师应主动了解幼儿。意大利教育学家蒙台梭利强调,教育幼儿要先了解幼儿,幼教工作者应在提高自身专业素养的同时,将幼儿心理健康理论知识高效运用到教学中。幼儿教师可以通过制作观察记录表、心理档案等方式,记录幼儿在一日生活及其他各领域活动中的种种表现。通过培训提升幼儿教师的心理健康素养水平,加强不同级别幼儿园教师之间的沟通尤为重要。职前、职后培训应为幼儿教师掌握幼儿心理健康教育理论与实践知识创造机会,讲解如何开展幼儿心理健康教育活动等内容,提升幼儿教师的教育教学能力。幼儿园可以通过职前教育或职后培训等方式,组建专业的、具有幼儿心理健康教育经验的师资队伍,为幼儿心理健康教育活动的开展及推广做好人力储备。幼教工作者在掌握一定知识的同时,自身也要拥有健康的心理,为幼儿树立榜样。

2. 注重特殊幼儿的心理健康

心理健康教育应面向全体幼儿,通过发展性的心理健康教育,健全幼儿的人格,提高其社会适应能力,进而提升幼儿的心理健康水平。在开展全体性的发展性教育的同时,还需关注某些处于特殊时期或特殊地位的幼儿,积极关心他们的成长。例如,对于父母离异的幼儿,应给予更多关注;对于身体残疾的幼儿,应给予特别尊重;对于性格有缺陷的幼儿,应给予特别引导。这些幼儿特别容易出现行为问题或有偏差的心理表现,应及时"对症下药",以促进他们健康成长。

幼儿园心理健康教育活动案例请扫右侧二维码。

本章小结

本章主要对幼儿心理健康教育进行了概述,介绍了心理健康教育和幼儿心理健康教育的概念,重点分析了幼儿园心理健康教育活动的目标与内容、设计与实施。

思考题

1. 请选取1~2个幼儿园心理健康教育活动的内容,并阐述如何开展。
2. 简单阐述幼儿有哪些常见的心理健康问题,并设计相应的幼儿园心理健康教育活动。

第七章　幼儿园健康教育活动说课

本章学习目标

➢ 了解幼儿园健康教育活动说课的含义与意义。
➢ 能够了解说课与备课、上课的关系。
➢ 重点掌握幼儿园健康教育活动的说课类型、原则与内容。
➢ 能够就幼儿园健康领域活动进行准确的说课。
➢ 重点掌握教师说课应注意的问题。

重点与难点

➢ 幼儿园健康教育活动的说课类型、原则与内容。
➢ 教师说课应注意的问题。

导入案例

　　小张老师刚从学前教育专业本科毕业，就应聘到某市一所五星级公立幼儿园。她十分热爱自己的工作，全身心地投入班级幼儿的保育与教育工作。该幼儿园每周都会召集全体教师开展保教工作研讨活动，内容有时是一周工作总结汇报，有时是观看示范课并进行交流研讨。一次例会结束后，教学院长布置了下次例会的研讨任务，要求每位教师撰写一篇幼儿园健康领域教育活动的说课稿，并进行说课展示，他会对每位说课教师的内容予以点评。这可把小张老师难住了。虽然她上学时学过幼儿园教育活动设计与实施课程，却从未接触过幼儿园教育活动说课。于是，她赶忙通过各种途径学习、了解幼儿园教育活动说课的内容与要求，力求完成下周保育例会的任务。

（资料来源：本书作者整理编写.）

第一节　幼儿园健康教育活动说课概述

　　说课，产生于 20 世纪 80 年代末。1987 年 6 月底，河南省新乡市红旗区教研室要从本区教师中选出参加市"教坛新秀"评选的人员。当时已到学期末，由于时间紧迫，已来不及采用以往听课评比的方式选拔参赛人员。于是，有人提出让有关教师说一说课教学设计，其他教师听一听，评一评。这样做了之后，大家认为通过说课教学设计基本可以体现出教师的业务素质、知识水平和教学能力，并且这种方法省时高效，简便易行。后来就把这种方式称为"说课"。从这次说课开始，至今已经历了30多年的时间。

一、幼儿园健康教育活动说课的含义与意义

(一)幼儿园健康教育活动说课的含义

关于说课的含义，不同领域和学科的专家给出了不同的定义，但从教育学的角度来看，我们比较认同以下定义：说课是指教师以教育教学理论为指导，在精心备课的基础上，面对同行、领导或教学研究人员，主要用口头语言和相关的辅助手段阐述某一学科课程或某一具体课题的教学设计，并与听者一起就课程目标的达成、教学流程的安排、重点难点的把握及教学效果与质量的评价等方面进行预测或反思，共同研讨如何进一步改进和优化教学设计的教学研究过程。下面我们将在说课定义的基础上理解幼儿园健康教育活动说课的含义。

根据上述说课的含义，我们可以给"幼儿园健康教育活动说课"做以下定义：幼儿园健康教育活动说课是指幼儿教师以学前健康教育基础理论为指导，以《纲要》为依据，结合具体的幼儿园健康教育教材内容及幼儿的实际情况，主要用口头语言表述对幼儿园健康教育活动的具体分析、设计及其理论依据的过程。简单地讲，就是说清楚在幼儿园健康教育活动中教什么、怎么教、为什么这样教。教师在"说"的过程中，不仅要将教学方案说出来，更要将隐含于教学方案后面的设计思想、教育理念、具体依据等都说出来。要"说"出教学思路的轨迹，"说"出教学方案是如何设计出来的、教学方案设计的依据是什么、教学预定达到的教学目标及设计的特色是什么等。由显述隐，以隐论显，强调说出教师为什么要如此设计教学。

(二)幼儿园健康教育活动说课的意义

幼儿园健康教育活动说课的目的是依据教学的需要，通过说课活动提高教师素质和健康教育活动的组织质量，为获得良好的教育效果创造必要条件，提供可靠保障。

在教学理论发展史上曾提出很多关于教学过程的阶段说、环节说和步骤说等，它们都是适应当时历史的客观需要而提出的，是对教学理论的发展和创造。例如，德国教育学家提出教学四阶段说，即明了、联想、系统和方法；美国教育学家约翰·杜威(John Dewey)提出教学五步骤说，即创设情境、引起动机、确定问题、研究步骤、总结评价；苏联教育学家凯洛夫提出教学过程四阶段说，即感知、理解、巩固、应用，新中国成立后此学说被引入我国，在此基础上我国的教学论又提出教学工作的五环节说，即备课、上课、课外辅导、作业布置与批改和学业成绩检查与评定。很明显，历来的教学论只研究"教什么"和"怎样教"，却没有研究"为什么这样教"，这就是说，没有解决教学活动的"所以然"问题。河南省新乡市红旗区首创的说课，在古今教学论著和教育词典中前所未见，从而填补了教学理论的空白。

具体来说，幼儿园健康教育活动说课具有以下几方面意义。

(1) 有利于提高幼儿园健康教育教研活动的实效。以往的教研活动一般都停留在上几节课，再请几个人评评课。授课教师处在一种完全被动的地位，听课教师也不一定能理解授

课教师的意图，导致教研实效低下。通过幼儿园健康教育活动的说课，让授课教师说说自己教学的意图，说说自己处理教材的方法和目的，让听课教师更加明白应该怎样去教，为什么要这样教，从而使健康教育教研的主题更明确，重点更突出，提高教研活动的实效。另外，我们还可以通过对健康领域的某一专题的说课，统一思想认识，探讨教学方法，提高教学效率。

(2) 有利于提高教师备课的质量。从总体上看，教师的备课都是很认真的。但是我们的教师往往只是简单地备怎样教，很少有人会去想为什么要这样备，备课缺乏理论依据，导致了备课质量不高。说课活动可以引导教师去思考，思考为什么要这样教学，这就能从根本上提高教师备课的质量。

(3) 有利于提高健康教育活动的组织质量。教师通过说课，可以进一步明确活动组织的重点、难点，厘清教学的思路，从而克服活动中重点不突出、训练不到位等问题，提高幼儿园健康教育活动的组织质量。

(4) 有利于提高教师的素质。一方面，说课要求教师具备一定的理论素养，这就促使教师不断地去学习教育教学的理论，提高自己的理论水平；另一方面，说课要求教师用语言把自己的教学思路及设想表达出来，这在无形中提高了教师的组织能力和表达能力，提高了教师的素质。

二、说课与备课、上课的关系

说课是幼儿园教师改进备课、提高课堂教学质量的重要环节。正确处理说课、备课和上课之间的关系，是幼儿园教学改革的必然要求。三者之间既有区别，又有联系。

(一)说课与备课、上课的区别

1. 说课与备课的区别

(1) 备课着重研究课堂教学中的"教什么、怎样教"等教学内容及实施技术问题，而说课除了要研究上述问题外，还要研究"为什么这样教"的教学理论问题。

(2) 备课所写的教案，是为了满足课堂教学中师幼双边活动顺利进行的需求，要求对教学方案的书写具体、详细。说课所写的讲稿，为满足听课教师的需求，只需对教学方案做纲目式、摘要式、论理性的阐述。

(3) 说课更具理论性，且需以备课为前提。只有备好课，才能说好课。然而，仅仅备好课，若缺少扎实的理论基础，也不一定能说好课。因此备课是说课的前提，理论是说课的基础。练好备课的基本功、平时多读书、注重学习和积累是说好课的前提。

2. 说课与上课的区别

(1) 目的不同。说课是一种教研过程，目的是向听者介绍一次幼儿园活动的活动设想，以完成教研任务、反馈教学信息，从而提高教学效果；而上课是课程实施的过程，要求将教材内容转化为幼儿的理解，进而培养他们的能力，进行思想品德教育，促进幼儿的全面发展。

(2) 对象不同。说课的对象是同行教师、专家；而上课的对象是幼儿。

(3) 内容不同。说课的内容是解说自己对某课题的理解、教学设想、方法、策略及组织教学的理论依据等；而上课的内容是对某课程的内容进行具体分析，向幼儿传授知识及学习的方法。

(4) 意义不同。说课的意义主要是提高课堂教学的效率及教研活动的实效；上课的意义是增加幼儿的基础知识及引导幼儿领悟和应用新知识。

(二)说课与备课、上课的联系

备课是说课、上课的前提和基础，备课的结果直接决定着说课、上课的效果；而说课、上课是备课结果的表述和检验，是将备课成果付诸实践的两个方面，说课注重对教学内容、目标、方法、过程的分析。

三、幼儿园健康教育活动的说课类型

幼儿园健康教育活动说课是幼儿园健康教育教学研究活动的一个有机组成部分，可细分为几种基本类型：①从服务于课堂教学的先后顺序来看，一般可分为健康教育教学活动的课前说课和课后说课；②从改进和优化课堂教学的设计来看，也可分为幼儿园健康教育教学活动的预测型说课和反思型说课；③从教学业务评比的角度来看，又可分为健康教育活动的评比型说课和非评比型说课；④从教学研究的角度来看，还可分为健康教育主题型说课和示范型说课；⑤从说课的主体角度来看，可以分为健康教育活动组织者说课和评课者说课；等等。下面将对幼儿园健康教育活动常用的几种说课类型进行具体的阐述和剖析。

(一)预测型说课

预测型说课也称为课前说课，即学前儿童健康领域教师在认真研读教材与教学资源、领会教材编写意图、分析教学资源、初步完成教学设计的基础上进行的一种说课形式，是教师个体深层次备课后的一种教学预演活动，其目的是改进和优化教学设计。

例如，在幼儿园健康领域教研活动中，园长通常会安排在上课的前一周进行下一周健康教育活动内容的说课活动。在集体备课时，同一年龄班的教师可以互相说课并评价研讨，对上课时可能出现的问题和突发情况进行研究和讨论，以期达到更好的教学效果，科学合理地促进幼儿的全面发展。

(二)反思型说课

反思型说课也称为课后说课，即学前儿童健康领域教师按照既定的教学设计组织活动，并在活动后向所有听课教师或教学研究人员阐述自己所组织的健康教育活动得失的一种说课形式，是建立在教师个体教学活动基础上的一种集体反思与研讨活动。通过这种集体的反思与研讨，说课者和参与研讨的其他教师对教学的成败得失有了更清晰的认识，也为进一步改进和优化教学设计提供了可能。

例如，在教师的教研活动中，园长可定期安排和组织教师进行健康领域教育活动后的说课活动，尤其是同一年龄班的教师可以互相说课，进而研讨和反思，找出活动中存在的问题和不足，共同商讨相应的对策，以期完善教学策略，提升幼儿教师的专业素养和业务能力。

(三)评比型说课

评比型说课，即把说课作为幼儿园健康领域教师教学业务评比的内容或一个项目，对教师运用教育教学理论的能力、理解健康领域课程目标和教材的实际水平、教学流程设计的科学性和合理性等做出客观、公正评判的活动方式。它既是发现和选拔优秀教师的重要评比方法，也是带动教师队伍建设、促进教师专业发展的有效途径。与评比型说课相比，教师在日常教学研究中所进行的说课活动，都属于非评比型说课，它既可以是课前说课方式，也可以是课后说课方式。

评比型说课作为幼儿园健康领域教师业务能力考核的一项指标，既可以在幼儿园内部进行，也可以作为省、市、区教研部门组织的一年一度的大型幼儿教师练兵评比活动中的一项内容，是每个幼儿教师都应具备的一种业务能力。

(四)主题型说课

主题型说课，即以幼儿园健康教育教学工作中遇到的重点、难点或热点问题为主题，引导教师在进行一段时间实践和探索的基础上，采用说课的方式向其他教师、专家和领导汇报其研究成果的教育教学研究活动。显然，主题型说课是一种更深入的问题研究活动，有助于解决教育教学中的重点、难点或热点问题。

在幼儿园，主题型说课一般是在健康领域某一课题研究过程中，课题专家或领导对课题方案实施过程中方案落实情况的检查和验证。对于方案实施中的一线幼儿教师来说，这是更深层次理解方案的机会，也是领会课题研究成果的学习过程，对提高其理论素养有很大帮助。

(五)示范型说课

示范型说课，一般是在选择健康领域优秀教师(如教学能手、学科带头人或特级教师等)代表向听课教师进行示范型说课的基础上，请该教师按照其说课内容上课，然后再组织教师进行评议的教学研究方式。通过这种形式的教学研究活动，听课教师可以通过听说课、看上课、参评课等方式增长见识，开阔视野，不断提高自己运用理论指导教育教学实践的能力，这也是培养教学骨干的有效方式和重要途径。

一般来说，示范型说课比较适合在园内或市区内开展，每学期通常开展1～2次，目的是以点带面，以老带新，全面提升幼儿教师专业素质，尤其是促进刚参加工作的新教师的成长和提高。

四、幼儿园健康教育活动的说课原则

健康教育活动的说课原则是为了达到良好的说课效果，对健康教育活动说课活动提出的总体要求和行动指南。而规范、优化健康教育活动说课活动，正确掌握、灵活运用健康教育活动说课原则有助于教师教学智慧的生成和教师专业化成长。

(一)科学性原则——健康教育活动说课活动的前提

科学性原则既是教学活动的基本原则，也是说课活动的基本原则，它是保证健康教育活动说课质量的前提和基础。科学性原则对说课的基本要求主要体现在以下几个方面。

(1) 教学目标的确定要符合《纲要》关于健康教育活动的界定及活动内容和幼儿实际的发展需要。教学活动的三维目标包括情感态度目标、认知目标及技能目标，这三个目标的确定都要与《纲要》中学前儿童健康教育目标的界定及教育内容分析和学情分析保持高度一致，并制定切实可行的落实途径。

(2) 健康教育活动的学情分析要客观、准确，符合实际。说课过程中教师应基于幼儿已有学习经验和可能面临的困难两个方面，分层次、客观、准确地分析学情，从而为采取相应的教学对策提供可靠的依据。

(3) 健康教育活动内容分析要正确、透彻。说课过程中，教师不仅要从微观上弄清、弄懂各知识点的内涵和外延，做到准确无误，更重要的是要从宏观上正确把握本次活动内容在本领域、本年龄段的地位、作用及其本身的知识结构体系，深刻理解各知识点之间的关系。

幼儿园教育的内容应是广泛的、启蒙的，各方面的内容都应有利于发展幼儿的知识、技能和情感态度等。在选择健康活动教育内容时，既要符合幼儿的兴趣和现有经验，又要有助于形成符合教育目标的新经验；既要贴近幼儿的生活，又要有助于开拓幼儿的经验；既要体现内容的丰富性、时代性，又要注重幼儿学习的必要性、适宜性及与小学教育的衔接等。

(4) 教法设计紧扣教学目标，要符合健康领域类型活动的特点，有利于促进幼儿发展，并且可行性强。说课过程中，教师既要阐明本节活动的总体构想及依据，又要明确具体的教学设计，尤其是关于重点、难点的教法设计的构想及其依据，以使教法设计思路清晰，具有较强的可操作性。

随着幼儿园课程改革的进一步深入，以往所倡导的讲授法、示范法、模仿法等不再占据主导地位，而是更多地辅以问题法、探究法、发现法、体验法、新视听等现代教育方法，以适应当代教育教学改革的需要。但是，这些方法如何运用于自己的教育教学设计中，能否与幼儿当前的学习活动相结合，与特定的活动内容和学习环境相结合，从而达到自己预设的教育目标，这些问题值得每位幼儿教育工作者深入思考。教师设计教学方法时需要兼顾幼儿发展需求和个体差异，同时照顾到幼儿的个性特征和学习风格。例如，对于那些性格孤僻的孩子，我们要设计一些合作性强的游戏活动，采用鼓励参与、亲情拉近等方法促进其与同伴的合作与交流；对于那些社会性发展较弱的孩子，我们可以多组织参观、考察、探访等活动，拓展其社会生活经验，增加人际交往和交流的机会；对于一些想象力丰富但逻辑思维能力发展缓慢的孩子，我们可以设计猜谜、寻宝之类的问题情境，增加其参与集逻辑推理、是非判断、挑选分类和质疑推导于一体的活动机会。

(二)理论联系实际的原则——健康教育活动说课活动的灵魂

说课是说者向听者展示其教学活动设计思路的一种方式，是教学与研究相结合的一种活动。因此，在幼儿园说课活动中，说课人不仅要说清其教学构想，还要说清其构想的理论与实际两个方面的依据，将教育理论与教学实践有机地结合，做到理论与实践的高度统一。具体要求如下。

1. 说课要有理论指导

在说课过程中，对教学内容的分析应以健康领域的核心理论为基础，对幼儿学情的分析则以幼儿心理学、幼儿教育学理论为指导，对教法的设计应以教学论和教学法为依据，力求所述内容有理有据，逻辑严密。

2. 教法设计应上升到理论高度

教师在教学实践中，往往注重对教法本身的探索、积累与运用，而忽略了将其总结上升到理论高度并使之系统化、规律化，因而弱化了教学实践的指导价值。说课中，教师应尽量把自己的每一个教法设计上升到教育教学的理论高度并接受其检验。

3. 理论与实际要有机统一

在说课中，既要避免脱离教学实际，空谈理论；又要避免只谈做法不谈依据；还要避免为增加理论色彩而张冠李戴，从而使理论与实际不一致、不吻合。要做到理论指导实践，实践印证理论，理论与实践高度统一。

(三)实效性原则——健康教育活动说课活动的核心

任何活动的开展都有其明确的目的，说课活动也不例外。说课的目的就是要通过这种简易、速成的形式或手段在较短时间内集思广益，检验和提升教师的教学能力、教研能力，从而优化教学过程，提高教学效率。因此，实效性就成了说课活动的核心。为保证每一次说课活动都能达到预期目的，取得显著成效，至少需要做到以下几点。

1. 目的明确

说课通常具有检查、研究、评价、示范等多种功能。一般来说，检查型说课主要用于领导检查教师的备课情况；研究型说课主要用于同行之间探讨教法；评价型说课主要用于教学评比、竞赛活动；示范型说课则是为了给教师树立说课的样板，供其学习、参考。在开展说课活动前，首先要明确目的，也就是要清楚开展的是哪一类型的说课活动，以便做好相应的准备工作。

2. 针对性强

针对性强主要是就检查型、研究型两种说课活动而言。一般来说，检查型说课主要针对以下问题：教师的工作态度、教师的专业知识、教师的教学能力、教师的教研能力；研究型说课则主要针对承上启下的活动、难度较大的活动、结构复杂的活动及教师之间意见分歧较大的活动等。增强说课的针对性，有助于说课人和评说人做好准备及对问题的集中研究与解决。

3. 准备充分

说课前，说课人、评说人都要围绕本次说课活动的目的进行系统的准备，认真钻研《纲要》和活动内容，分析学情，做到有的放矢。说课人需要准备条理清晰、重点突出、论证充分的说课稿。

4. 评说准确

评说要科学准确，指导性强。说课人说完之后，参与评说的人员应积极发言，抓住教学理论上的重大问题和教学中带有倾向性、普遍性、规律性的问题进行重点评说。主持人还应该将已达成的共识和仍存在分歧的问题分别予以归纳总结，以便在教学中贯彻执行或今后继续进行研究。

(四)创新性原则——健康教育活动说课活动的生命线

说课作为深层次的教研活动，是教师将教学构想转化为教学活动之前的课前预演，其本身也是集体备课的一部分，尤其是研究型说课，其实质就是集体备课。在说课活动中，说课人一方面要立足自身的教学特长和教学风格；另一方面要借助有同行、专家参与评说，众人共同研究的良好契机，树立创新意识和勇气，大胆假设，诚心求证，探索新的教学思路和方法，不断提高自身的业务水平，进而提升教学质量。只有在说课活动中不断发现新问题、解决新问题，才能使说课活动始终保持"新鲜"，充满生机与活力。具体来说，需要做到以下几点。

1. 把握要求，容量适当

把握好度是上好一节活动课的基本要求之一，要处理好提高教学效率与课堂教学要求、容量的关系。一方面，要充分利用单位活动时间，提高教学效率；另一方面，教学活动作为幼儿学习的重要环节，应扎实开展，让幼儿基本掌握活动内容。实际上，学习是一个不断积累的过程，不可能一蹴而就。教师的素养体现在准确把握教学活动中程度、容量的"度"。

将视野转向幼儿，以幼儿的发展需求作为研究、选择内容的内在依据，从而更全面地实现课程内容、形式的整合，促进幼儿的全面发展。小班、中班、大班幼儿有着各自不同的年龄特征和认知特点，因此针对不同年龄段的幼儿必须选择不同的活动内容。

2. 立足于"活动"，寓技于"活动"

说课的侧重点主要在于对教学的设计和分析。说课不同于教学技能比赛或教学展示活动，它必须立足于"活动"本身。因此，说课活动必须把"活动流程"说清楚、说透彻，让听者明白活动是如何逐步开展的，活动的重点、难点是什么，是通过何种方式方法解决的，以及最终的效果如何等。

3. 掌握详略，突出重点

说课时，应在全面介绍情况的基础上，紧紧抓住教师较为关心、渴望了解的重点问题，展示解决和处理问题的办法，以充分发挥说课的交流作用。因此在"说活动流程"时，一定要分清目标中的重点和难点部分，明确重点部分要解决的问题是什么，采用的方式方法是什么，教师是如何导入的，重点部分大约需要多长时间，如何自然地过渡到难点部分等。

4. 避免空泛，力求实在

说课既要有明确的教学要求，又要有具体的落实措施，让人看得清楚、抓得住，充分发挥说课的交流作用。

随着教育改革的不断深入，"说课"这一教研形式正悄然兴起，其综合反映教师素质、教育理论水平及教学业务能力的优势日益凸显。通过深入开展"说课"活动，将持续推动教育教学改革创新，加快师资队伍的培养，助力更多优秀教师迅速成长。

五、幼儿园健康教育活动的说课内容

(一)说课内容

说课内容是关于说什么的问题。原则上，凡是教师在教学准备及实施过程中的相关要素均可纳入说课内容。中小学说课在发展过程中，逐步确立了说课内容要素，形成了说课的基本模式，如"四说"和"六说"模式。"四说"模式是把说课内容分为"说教材""说教法""说学法""说课教学程序"四部分，这是说课最基本的一种模式。这种模式抓住了教学中的核心要素。教材是载体，教法与学法是手段，教学程序是框架。"六说"模式在"四说"模式的基础上增加了"说学情""说板书设计"。除此之外，在中小学说课中，作业的布置、课时的安排等因素也受到关注。

(二)幼儿园健康教育活动说课的内容

幼儿园说课从中小学说课发展而来，借鉴了中小学说课的模式。幼儿园教学有自身的特点和要求，主要体现在以下几点：①幼儿园教学内容不像中小学必须来自教材，教师可以根据幼儿的兴趣和需要设计教学内容；②幼儿的学习对环境的依赖性很大，幼儿园教学中的情境创设及材料准备尤为重要；③幼儿园教学设计中，有活动延伸这一项，要求教师将本次教学活动的内容延续到其他活动中。

幼儿园健康教育活动说课一般有两种模式。一种是与中小学相似的"四说"模式，内容包括"说教材""说教法""说学法""说课教学程序"四部分。另一种则是基于幼儿园教学活动设计的说课模式，包括说健康教育活动的教学内容、教学目标(包括重点、难点)、教学准备、说教法与学法、教学过程设计与活动延伸。下面的案例属于第二种模式的说课，可以详细研读并理解其形式与内容。

"我该换牙了"说课

1. 说活动内容

《纲要》指出，幼儿园必须把保护幼儿的生命和促进幼儿的健康放在工作的首位。对于幼儿来说，换牙是成长的标志，大班幼儿正处于换牙期，但是他们对换牙并不了解，很多幼儿既好奇又害怕，而且随着生活水平的提高，很多孩子常吃甜食，却没有妥善保护好乳牙，导致有蛀牙的幼儿很多。为此，在换牙初期，学习保护新长出的牙齿显得尤为重要。因此，我设计了这个教学活动，旨在让幼儿了解换牙是一种正常的生理现象，学习保护牙齿的方法，为幼儿养成健康的生活方式打下良好的基础。

2. 说活动目标

根据大班幼儿逻辑思维能力已经萌芽的年龄特点和对活动的整体考量，制定了以下活动目标。

1) 知道换牙是一种正常的生理现象，无须害怕

让幼儿对换牙形成正确的认识，消除幼儿的疑虑和恐惧是首先要完成的目标。

2) 学习保护新长出牙齿的方法，养成良好的口腔卫生习惯

健康生活方式的形成是健康教育活动的出发点和归宿。因此，这个目标是活动的重

难点。

3) 体会牙齿健康对身体的重要性

让幼儿体会到牙齿健康的重要性，是养成良好口腔卫生习惯的动力。

3. 说活动准备

围绕活动目标，进行了以下活动准备。

1) 经验准备

活动前进行幼儿换牙调查，了解幼儿换牙情况。给幼儿发换牙记录卡片，让幼儿记录。

2) 材料准备

准备若干张保护牙齿的图片、幻灯片。

4. 说活动方法

根据本次活动目标、内容及大班幼儿年龄特点，我采用以下教学方法。

1) 讨论法

大班幼儿对牙齿已经具备一定的相关知识经验，且逻辑思维能力有所发展。组织幼儿积极参与讨论换牙的话题，提高幼儿的语言表达能力和思维能力。

2) 感知体验法

让幼儿分享自己的换牙经历，亲眼观察身边小朋友的换牙情况，有助于激发幼儿探索、学习的兴趣。

5. 说活动过程

1) 讲述故事，引入课题

我给幼儿讲一个简短的小故事《多多的牙齿》，大致情节是：多多是幼儿园大班的小朋友，一天中午，多多正在幼儿园吃饭，突然，多多两只手捂着嘴"哎哟哎哟"地叫起来。原来多多的牙齿松动了，快要掉了，刚才他吃饭不小心碰到牙齿，疼得忍不住叫起来。

教师：多多的牙齿怎么了？好好的牙齿怎么会掉下来呢？引发幼儿谈论换牙的话题，从而自然导入活动，激发幼儿的好奇心。

2) 找一找"谁换牙了"

(1) 出示调查表，请幼儿将换牙记录卡片贴上。调查表主要是对班上幼儿现阶段换牙情况的一个了解，每个幼儿都参与，把自己的换牙记录卡片贴到指定的位置。

(2) 引导幼儿相互观察。让幼儿认真观察并记录，了解身边小朋友的换牙情况。引导幼儿观察换牙小朋友的牙齿，使幼儿获得对换牙的直接认识。

(3) 说一说换牙情况。在幼儿充分观察后，教师提出问题：谁换牙了？换了几颗牙？谁还没有换牙？为什么小朋友换牙的数量不同？

(4) 统计换牙情况。这一步骤，我会请其他班的幼儿对我班幼儿换牙情况进行统计，使他们认识到换牙是很多小朋友成长过程中都会经历的事情。

3) 议一议：换牙的感受。

(1) 谈谈换牙的感受。我会请正在换牙的幼儿说说自己换牙时的感受。例如，换牙时有什么不方便的地方？自己的牙齿是怎样掉落的？牙齿掉落时有什么现象等。这一步骤的目的是让幼儿了解换牙出现的情况，让幼儿知道换牙时无须害怕，完成目标1。

(2) 了解换牙的卫生。这一步骤教师提出一些问题：如果你的牙齿松动了，能不能用手摇一摇让它快一点儿掉下来？为什么？有的小朋友喜欢用舌头舔刚长出来的牙齿，能不能这样做？为什么？让幼儿知道换牙时应该怎么做，掌握必要的换牙卫生知识。

4）教师小结

换牙是正常现象，没有什么可怕的，说明小朋友长大了，被换掉的是乳牙，新长出的是恒牙，恒牙是要陪伴我们一生的。在换牙时，不要用舌头舔，也不要用手摸，否则长出的牙齿就不整齐了。

5）说一说：怎样保护牙齿

这是本次活动的重点。我通过电教手段、讨论和观察等方法，让幼儿保持浓厚的兴趣，引导幼儿积极讨论和交流保护牙齿的好方法，从而促进幼儿养成良好的个人卫生习惯和饮食习惯。

(1) 健康的牙齿对我们的身体有什么用？我们不仅要让幼儿知道换牙是他们必须经历的一个过程，还要引导幼儿说一说一口健康的牙齿对我们的重要性。这是他们开动脑筋、想办法保护牙齿的动力。

(2) 观看动画片，让幼儿了解如果有蛀牙，会带来什么样的困扰？

(3) 引导幼儿讨论如何保护牙齿。首先，我采用引导语导入本环节：既然牙齿健康对我们的身体很重要，而且如果恒牙不小心碰掉了，或者蛀掉了，就再也长不出新牙，那是很难受的，因此我们要保护好牙齿。

幼儿知道了健康的牙齿对我们身体的重要性，从而加深对牙齿的认识，更加深刻地认识到爱护、保护牙齿的必要性。而大班幼儿已经具备一定的与牙齿相关的知识、经验，因此能说出很多日常生活中保护牙齿的好办法，为养成良好的口腔卫生习惯奠定基础。

(4) 教师和幼儿一起总结保护牙齿的好方法有检查牙齿、早晚刷牙、用正确的方法刷牙、饭后漱口、选择合适的牙刷和牙膏、不咬硬物、不多吃糖、不用手摸等。帮助幼儿整理知识，提升思维。

6. 说活动延展

我设计的活动延展是采取家园共育的方法。请家长为幼儿选择他们喜欢的牙刷、牙膏，培养幼儿对刷牙的兴趣，帮助幼儿养成早晚刷牙及饭后漱口的卫生习惯。

(资料来源：梅纳新. 幼儿教师说课技能训练[M]. 上海：复旦大学出版社，2015.)

第二节　幼儿园健康教育活动说课技能指导

幼儿园健康教育活动要求教师以幼儿园健康教育的科学理论为指导，运用科学的方法解决教学中的矛盾和问题。传统备课中，教师往往侧重教学目的、准备、过程等实践层面的设计，而说课则要求教师从活动目标、教材、准备、教法、学法、教学过程等方面，根据《纲要》中关于幼儿园儿童健康领域的理论与实践的指导，运用教育学、心理学等相关理论，阐明这样做的道理。教师只有把握说课的核心要素，才能有效开展健康教育活动说课。

一、说课教学内容

教学内容是具体形态层面的概念。从教学的角度来看，它指教师在教学实践中呈现的各种材料及所传达的信息。它既包括在教学中对现成教材内容的沿用，也包括教师对教材内容的"重构"，即处理、加工、改编乃至增删、更换。教学内容和教材并不是同一概念。教学内容应包含教材，但不局限于教材。教材是基础材料，教学内容是在分析教材的基础上，对教材进行的二次加工。例如，某教师的说课内容来自教材，但是教师根据幼儿的实际水平，对教材中的内容进行了筛选和处理，包括调整内容的难度、广度，确定内容的重点和难点。我国著名的教育家叶圣陶曾经说过，"教材只能作为授课的依据，要教得好，使学生受益，还得靠教师的善于应用"。

活动内容是关于本次教学活动教师"教什么"幼儿"学什么"的问题，是教学的载体。说"教学内容"，一般要说清楚以下几点。

(一)教学内容的来源及选择依据

1. 说明教学内容的出处

幼儿园健康教育活动的教学内容是从幼儿园健康领域教材中所选，需要说明内容出自哪本教材。如果教学内容是教师根据幼儿的兴趣与需要设计的，则更要予以说明。另外，所选教学内容若涉及地域特色或是园本课程特色，也可以进行说明。

2. 说明选择教学内容的依据

说明为什么要选择此项内容。阐述选择教学内容依据时，需从内容与健康领域目标的关系、内容蕴含的促进幼儿发展的价值、内容与幼儿年龄适宜性的关系等方面进行说明。

(二)教学内容的分析及处理

1. 说明对教学内容的取舍和重点的选择

说明如何根据学前儿童健康教育的教学目标、教材特点和幼儿发展实际，确定教学内容及这样处理的理由。

2. 说明对教学内容的理解

阐述教学内容的特点及对教学内容的准确理解。

(三)说课教学内容应注意的问题

1. 交代清楚教学的具体内容

有的教师在说课教学内容时，听者不清楚幼儿到底要学什么。例如，某教师在进行中班健康领域安全教育活动"交通安全我知道"时说："我说的是中班安全教育活动'交通安全我知道'，这项内容对丰富幼儿的安全知识、增强幼儿的自我保护意识具有很大价值。"该教师未能明确幼儿到底学什么，如"交通安全"都包括哪些内容。这个例子中，教师把"课题名称"等同于教学内容，实际上，课题名称并不涵盖教学内容。

2. 交代清楚选择教学内容的依据

一般来说，来自幼儿园教材的内容，教材编者已经考虑了整合的目的性。整合目的性是指选择的教育内容必须符合并有助于实现课程目标。当教学内容是教师根据幼儿兴趣点设计的内容时，则要说明该内容是否有助于实现课程目标。例如，某教师发现幼儿对雾霾天气认识模糊，很多幼儿认为雾霾是一种天气现象，就像风、雨、雪一样，还有个别幼儿认为是下雾了，而且对于防范雾霾对身体健康伤害的小常识也不甚了解。《纲要》健康领域目标要求幼儿"知道必要的安全保健常识，学习保护自己"，于是教师设计了探究"雾霾"的教育活动。这项教育内容有助于实现"学习保护自己"的教育目标。

二、说课学情

学情涵盖了教育对象的年龄特征、认知能力、学习方式及已有知识和经验等方面。有的教师虽然准确把握了教学目标和内容，但是教学效果不佳，其重要原因就是没有充分把握幼儿的学习情况。

(一)说课学情的重要性

分析学情是教学设计的重要组成部分，与教学设计的其他要素关系密切。首先，学情分析是教学目标设定的基础。只有了解幼儿的已有经验和认知特点，才能确定其在不同领域和不同学习活动中的最近发展区。其次，学情分析是确定教学内容的依据。只有根据具体的幼儿情况才能界定教学内容的广度、深度、关键点。没有学情分析的内容是无的放矢。最后，学情分析是教学活动设计的落脚点。没有幼儿的知识经验基础，教学很可能成为空中楼阁，难以顺利实施。

(二)说课学情的具体内容

1. 说幼儿的年龄特点

年龄特点包括3~6岁幼儿年龄的一般特点及小班、中班、大班幼儿的年龄特点。例如，大班幼儿表现出以下年龄特点：自我评价能力逐步发展，情感的稳定性和有意性增长，自理能力和劳动能力明显提高，合作意识逐渐增强，规则意识逐步形成，动作控制能力明显增强，爱学好问，有极强的求知欲望。

2. 说幼儿的认知能力

分析幼儿的认知特点和能力，包括幼儿在健康领域学习中的认知发展水平。例如，不同年龄幼儿的语言发展特点、水平；不同年龄幼儿的"数"概念发展特点、水平；不同年龄幼儿的社会性发展特点与水平；不同年龄幼儿的观察能力、思维能力、操作能力；等等。对幼儿能力的培养是教学的重要目标。同时，幼儿现有能力水平也是开展教学活动的重要因素与资源。正确、准确地分析幼儿的能力，是正确、准确地设计教学目标的前提。

3. 说幼儿已有的知识经验

对幼儿知识、技能的分析是对幼儿情况最基本的分析。它主要指幼儿在学习新内容时所具有的基本的、前提性的知识经验与技能，这是幼儿学习新内容的基础。针对教学内容，分析幼儿已具备的相关知识和经验。如果幼儿不具备这些知识，需要在课前丰富幼儿的知识经验，还可以适当调整教学难度和教学方法。

4. 说幼儿的学习方式与特点

《指南》指出，幼儿的学习是以直接经验为基础，在游戏和日常生活中进行的。要珍视游戏和生活的独特价值，创设丰富的教育环境，合理安排一日生活，最大限度地支持和满足幼儿通过直接感知、实际操作和亲身体验等方式获取经验的需要。是否掌握幼儿的学习方式和特点，决定着教师所采用的教学方法和手段是否适合幼儿。

(三)说课学情的注意事项

1. 要重视说课学情

有些教师说课时，往往比较注重内容选择、方法运用、材料准备和过程设计，对分析学情不够重视，体现在说课时忽视学情，或三言两语一带而过。学情分析是对以"幼儿为中心"的教学理念的具体体现，因此，必须从思想上重视学情分析。在说课中，无论是把学情和教学内容一起作为教学资源加以分析，还是单独阐述，都必须有对幼儿学情的分析和思考。

2. 说课学情要说得具体、准确

分析学情的目的在于更好地制定教学目标和选择教学方法，正确的学情分析既可以体现教师对某年龄幼儿的了解程度，同时也能够为正确地选择教学方法奠定基础。每个年龄段的幼儿都有各自不同的特点，不论是生理上、心理上还是认知方面，都要针对所说领域及教学内容有针对性地分析学情，不要生搬硬套一些与教学内容无关的幼儿特点。有的教师从一些教材或者辅导材料上摘抄一些模式句，对学情分析用词模糊。例如，在说幼儿思维特点时，无论哪个年龄班都说"幼儿的思维以具体形象为主"。小班、中班、大班幼儿的思维水平不同，小班幼儿是从直觉行动思维向具体形象思维发展，中班幼儿是典型的具体形象思维，大班幼儿抽象逻辑思维开始萌芽。分析学情时，应基于幼儿身心发展的普遍规律，根据所说内容和年龄班把学情说得具体、准确。

三、说课目标及重难点

活动目标是指教学活动的主体在具体教学活动中所要达到的预期结果、标准，是具体的、微观的，制约着教学活动设计的方向，对教学活动起着指导作用。活动目标既是教学设计的出发点，也是教学效果的检验标准，还是选择课程内容、课程组织方式和教育策略的依据。

说活动目标，就是要说明活动目标的确立和实现活动目标的基本思路。教师要紧紧围绕活动目标，以充分的理论依据和实践经验说明实现活动目标的进程、步骤，以及组织目标实现程度的检测等方面的基本思路。

(一)说课目标及重难点的具体内容

对于目标的制定，我们通常会从认知、能力、情感几方面来考虑，因此在制定说课活

动目标时就要清楚地说明认知、能力、情感等几方面的要求和层次。把握活动目标是说课的重要环节，正确理解、分析、把握目标是教学活动成功的基础。说课活动目标可以从以下两方面进行。

1. 说课目标制定的依据

说课目标制定的依据可以是国家《纲要》、地方课程标准，或者是某一年龄段幼儿普遍的年龄特征和发展规律，也可以是根据本班幼儿发展现状的个性化考量。

2. 说课对目标的理解和分析

说课对目标的理解和分析就是要说出选择目标的原因和理由，对目标的理解和分析要有理有据。例如，大班体育活动"袋鼠旅行"说课中，教师是这样"说活动目标"的："我在此次活动中制定了三个目标，第一，练习两腿并拢跳过不同高度和宽度的障碍物；第二，掌握双腿跳跃技能；第三，体验体育游戏的乐趣。练习是形成技能、能力的有效方法。所以，在活动中的练习是首先要完成的目标，经过练习，形成技能是体育活动的核心目标，体验体育游戏的乐趣是幼儿投入体育活动的动力。"我们能够看出教师在说课中分析了此次活动的首要目标与核心目标。在分析、制定目标时主要考虑两个方面：一是幼儿的最近发展区，使目标稍高于幼儿的实际水平；二是从"知识本位"转变为"儿童发展本位"，落脚点要放在提高幼儿能力和素质上，促进幼儿在原有水平上的提高。

3. 说课重难点的确定和解决

说课活动目标时既要说明本节课的重点、难点及确定它们的依据，即为什么是重点，难点在哪里，又要重点说明突出教学重点、突破教学难点的策略。一般来说，教学重点是活动内容知识结构中带有共性的知识和概括性强的知识。教学重点除知识重点外，还包括能力和情感的重点。教学难点是那些比较抽象、离生活较远或过程比较复杂的知识。在教学实践中，常见的教学难点有三种：一种是与教学重点相同的教学难点，即既是教学重点又是教学难点；一种是教学难点并不是教学重点，但与教学重点有直接关系；一种是与教学重点无关或没有直接关系的教学难点。

确定教学难点要依据内容知识体系、幼儿认知能力及教学条件等，并要具体分析教学难点和教学重点之间的关系。教师专业能力的重要体现在有效突出重点、突破难点上。这是教师在教学活动中投入精力最大、付出劳动最多的方面，也是衡量教师的教学深度和教学水平的标志。因此，教师在说课时，必须从知识结构、教学要素的优化，内容的选择和思维训练，教学方法和教学媒体的选用，反馈信息的处理和强化等维度，说明突出教学重点、突破教学难点的基本策略。

(二)说课目标及重难点的注意事项

1. 教学目标制定要准确

在说课教学目标时，首先需确保目标设定科学合理。如果教学目标存在问题，说课时这些问题就会暴露出来。教学目标制定常见的问题包括：①目标空泛、抽象、笼统，缺乏可操作性；②目标难度不高，不符合年龄特点；③目标维度单一，层次不清或逻辑矛盾。

2. 说清楚确定教学重难点的依据

说课时，有的教师只是简单地说出确定的重点、难点内容，对为什么是难点则不予解释或解释不清楚。确定难点后，要说明确定的依据，即需具体说明难点在幼儿认知发展中的具体表现。

四、说课教学准备的内容与注意事项

说课活动准备包括为完成教学目标所需进行的知识经验准备和物质准备。知识经验的准备是指幼儿相关生活经验的准备和已有的知识技能储备。物质准备则包括环境的创设、教具和学具的准备。在准备教具与学具时要考虑以下几个方面：一是讲究教具与学具的利用价值和实用性，避免因过度追求教具多样性和变化性而偏离教学目标，影响教学目标的完成，有些教具准备得十分精美，但在活动中只是展示一下，没有操作和利用的价值，这样既浪费时间又降低效率，我们应当审慎选用；二是提供的教具和学具要反映幼儿不同层次发展水平的要求；三是避免教具太多，过于新奇和刺激；四是提供的教具和学具要便于幼儿主动探索和学习。

(一)说课教学准备的内容

1. 说明教学准备的内容

需明确说明教学所需的知识经验准备和物质准备，如准备了哪些材料、材料的种类和数量等。

2. 说明准备材料的依据、思路及在教学中发挥的作用

依据教学准备的相关要求，有重点地说明准备材料的思路。例如，在数学活动"有趣的椭圆形"中，教师进行材料准备时说道，"请幼儿每人带一件椭圆形的东西"。幼儿在收集材料的过程中，自然就获得了对椭圆形的认识经验。

(二)说课教学准备的注意事项

教学准备在整个说课中虽不宜占用过多时间，但这并不意味着教学准备不重要，关键在于要说得详略得当，具体需注意以下两点。

1. 重点说明主要材料及投放依据

说课教学准备时，务必避免逐一罗列材料的表述方式。例如，有的教师说，我准备了……还准备了……又准备……将所有的准备都列举一遍，给人的感觉就像是在说流水账。教学准备中有主要材料和辅助材料，需要阐述主要材料如何为达成教学目标服务。一些辅助材料如移动黑板、纸笔等则无须详细说明。

2. 巧妙设计说课教学准备的方式

如果采用课件辅助说课，就要充分发挥课件的直观性，把教学准备的内容展示出来。课件上可以呈现教具、学具、教学环境布置图片，结合课件重点阐述投放材料的依据即可。例如，某教师在说健康领域体育活动"小兔采蘑菇"时，将场地布置图用课件呈现出来，

听者一看便十分清楚，说课者无须再作介绍。另外，也可以准备好教学中的主要教具、学具，在说的时候进行演示，这样不仅能使说课显得生动活泼，还能展示教师制作玩教具的能力，实现双重效益。

五、说课教法和说课学法

教法和学法存在辩证统一的关系。教法和学法是不可分割的，教法中包含着学法，学法里体现着教法，二者共同存在于教学过程之中。但是，教法与学法又是两个不同的教学主体进行的不同活动，因此它们彼此又具有相对独立性，不可相互代替。教育学告诉我们，教学过程本质是教与学相互作用的统一体，其任务在于通过教和学这种相互作用的统一活动，开发教育对象的潜能，发展教育对象的身心素质。因此，教法与学法既可合并阐述，也可分别说明。当前幼儿园教学的指导思想是"以学定教"，"教"必须建立在幼儿"学"的基础上。因此，分开说更有利于说课者思考教与学的关系，更重视学法指导。下面，阐述如何说教法和说学法。

(一)说课教法与说课学法概述

说课教法是指阐述在教学过程中运用哪些方法，其中贯穿着说课的理论依据，即为什么要这样教。说教法时，需明确教师在教学中的角色。《纲要》指出，教师应成为幼儿学习活动的支持者、引导者和合作者。因此，说教法时，要说明在教学活动中，教师如何组织教学，如何引导幼儿学习，如何参与幼儿的学习，如何最大限度地调动幼儿学习的积极性。教师要根据不同领域的教学内容、幼儿年龄特点、教学媒体、教师特长等因素确定主要的教法。简而言之，说教法要说明：选用何种方法，选择这种方法的根据，运用此方法应注意哪些问题。

说学法即说明在教学活动中幼儿学习知识和技能的方法，主要是解决幼儿学习过程中"怎样学"的问题。为了说好学法，首先，要深入研究幼儿，了解幼儿的年龄特征和发展特点，理解幼儿的学习方式；其次，要说清楚指导幼儿学会何种学习方法，培养幼儿哪种能力，如何使幼儿真正成为学习的主体；最后，还要注意对某种方法指导过程的阐述，如教师通过怎样的情境设计，幼儿在什么样的活动中，形成哪些良好学习品质，即让幼儿"会学""乐学"。

(二)说教法与说学法应注意的问题

1. 以启发式教学为指导思想

任何教学方法的运用，都要让幼儿在积极的思维活动中学习。没有这样的指导思想，即使采用了操作实验等方法，也可能会变为教师控制下的被动操作。

2. 对教法和学法阐述要严谨

有的教师在说课教学方法时，会出现自编教学方法术语和随意解释概念的情况。例如，有的教师将讨论法与谈话法混称为"讨论谈话法"，或杜撰"猜测讨论法"等。又如，有的教师说运用了"布置场景法"，正确的应是"情境教学法"，布置场景是情境教学法的具体做法；还有的教师说运用了"师幼互动法""激励法"，师幼互动和激励策略并非独立的教学方法。对于上述问题，教师一定要避免。其所说的教育教学方法应是大家公认的、学前教育理论体系中的规范教学方法。

3. 说教法和说学法不必面面俱到

说教法和说学法时，要阐述本次教学主要采用的方法，一些辅助方法点到即可。说课应突出本领域核心教学方法，兼顾辅助教学方法。例如，说体育活动时，动作示范法是基本方法。因此，可以先说并详细说。

【案例】

中班健康活动"赶野鸭"的学法分析

以幼儿为主体，创造条件让幼儿参加创造活动，不仅提高了他们的认知，锻炼了能力，更升华了情感。本次活动中，幼儿的学法如下。

(1) 游戏法：游戏活动是孩子最重要的学习形式，《纲要》也重申，幼儿园教育应"尊重幼儿身心发展的规律和学习特点，以游戏为基本活动"。游戏是激发和引导幼儿参与活动的重要手段，符合幼儿身心发展特点，满足幼儿身心需要。游戏过程能激发幼儿一直以积极、轻松、愉快、自觉的心情参与活动。因此，整个活动游戏贯穿教学过程始终。

(2) 自主探索法：尝试和探索是幼儿获得知识和技能的最佳途径。这个过程中遇到的成功和失败对幼儿来说，都是宝贵的经验。提供幼儿自由探索和尽情发挥的自由运动空间，让每个幼儿都有机会参与尝试，比组织练习更符合幼儿天性。在活动中，让幼儿自主地尝试、自主地探索。

(3) 竞赛法：当动作练习达到一定程度时，幼儿会失去兴趣。中班幼儿已有初步的竞争意识，并较注重结果，此时安排竞赛性游戏符合中班幼儿的心理特点，能有效地激发他们的兴趣和积极性。同时还能培养幼儿之间的合作意识和集体荣誉感。

(资料来源：李艳丽，李伟. 幼儿园教研之说课、听课与评课[M]. 北京：中国轻工业出版社，2016.)

六、说课教学过程设计

(一)教学过程设计的基础知识

1. 教学过程设计的概念

教学过程设计是教师为达成活动目标对教学活动内容呈现、教学方法运用所设定的步骤和顺序，是对相互关联的一系列教与学的活动的具体安排。教学过程展现的是一次教学活动的基本框架结构，是教师对教学活动如何有序开展的思考，其中蕴含了教师基本的教育理念和儿童发展观。

2. 幼儿园教学过程的基本环节及设计

幼儿园教学过程包括开始部分、基本部分和结束部分三大环节。

(1) 开始部分。活动开始部分的目的是激发幼儿学习兴趣，集中幼儿注意力。教师根据教学内容、幼儿年龄特点设计恰当的导入方式。常用的方式包括：直接导入，教师用简明的语言直接告诉幼儿活动的内容，使幼儿马上明确活动任务；问题导入，设计与教学相关的问题，引起幼儿的好奇心和学习愿望；前经验导入，根据幼儿前期的经验来发起活动；文艺作品导入，利用故事、谜语、视频、游戏等方式导入，集中幼儿的注意力，引起他们的兴趣；教具导入，通过出示图片、玩具等方式引起幼儿的学习兴趣。导入部分一般时长为 3～5 分钟，要求紧扣教学内容。

(2) 基本部分。活动基本部分由设计合理的若干教学步骤组成。五大领域教学活动类型基本部分设计思路虽各有侧重，但核心要求相同。要求每个环节围绕目标设计；处理好环节的详略，如重点环节是什么；厘清层层深入的脉络。设计时要考虑教学步骤之间的关系和顺序，要符合认识事物的规律，即由易到难，由简到繁，由具体到抽象，由感性到理性。认知发展过程遵循循序渐进的内在规律，如提取原有经验、感知新的信息、吸纳新的信息等。一个好的教学过程应有一个最佳结构。

(3) 结束部分。活动结束部分的目的是对教学活动进行总结、提升，激发幼儿继续探索的兴趣。教师采用适当的方式结束活动。常用的结束方式包括自然结束法(直接告诉幼儿活动结束了，带领幼儿收拾整理物品)、总结评价法(教师对本次活动的关键或核心问题进行精辟的总结或概述，或对幼儿的学习品质进行讲评，提升幼儿认知水平和良好的学习品质)、后续延伸法(根据本次活动的重点设置相关问题，为后续活动做铺垫)。

3．关于活动延伸

活动延伸是指独立于教学过程之外的拓展设计。活动延伸是指教师为本次教学活动设计的与教学内容相关的后续活动。活动延伸彰显幼儿园教育的整合性与发展性特征。在幼儿园教育中，应使幼儿在一段时间内获得的经验得到整合。因此，活动延伸不是可有可无，也不是形式化。教师应设计切实可行的活动延伸方式及内容。活动延伸的途径主要有三种，一是家园共育，二是区角渗透，三是延伸到日常生活、游戏及其他领域活动中。在说课中，活动延伸放在教学过程之后说。需要明确区分活动结束与活动延伸的界限。说活动延伸时要说清楚活动延伸的方式、活动延伸与活动目标达成及幼儿的适应性关系。

(二)说课教学过程设计的内容

说课教学过程设计是说课的核心环节，其阐述质量直接影响说课效果。教学过程是教师的教学观念、思想方法、策略和技术在教学活动中的具体体现。教学过程设计的思路关注的是教学活动中教与学活动的结构，以及为目标达成所采用的方法手段和措施。教学过程设计要求以目标为主线，结构合理，重视教师主导和幼儿主体作用的发挥，要展现教师如何激发幼儿学习兴趣、如何展开教学内容、如何安排教学程序。说课教学过程设计一般要说明以下内容。

(1) 说课教学的整体思路和环节：需明确教学环节设计，包括导入、展开、结束的具体安排。

(2) 说课教法处理和幼儿之间的联系：阐明为实现目标所采用的教学策略及师幼互动设计，以及这样安排的目的和达到的效果。

(3) 说明各教学环节的设计思路、理论依据及预期效果。

(4) 说课重点与难点的处理：在教学过程中，明确突出重点和解决难点，及具体实施方法等。

(三)说课教学过程设计应注意的问题

1. 重视说课教学过程的理论依据

说课与实际教学存在本质区别。说课教学过程设计除了要说明教学中所能表现出来的"教什么""怎样教"外，还要体现出"为什么这样教"的构思过程，这是说课教学过程的核心要素。有的教师将重点放在对"教什么""怎样教"的阐述上，忽视了对"为什么这样教"的理论阐述，简单认为说课教学程序就是对教学过程环节的简述，缺乏应有的理论分析。要改变这种状况，必须牢记说课的"说理性"这一本质特征。说课教学过程设计，除了说清楚程序自身，还要说明程序设计的理论依据。从这个意义上来说，"说理"在教学程序中应是主要的，而对教学程序自身的说明则是次要的，它是教育理论在教学实践中的具体呈现。因此，应认清说课的基本特征，即说"为什么这样教"。

2. 说课教学过程要详略得当，重点突出

说课教学过程不能平铺直叙，要注意把握内容的主次。应基于教学理念，从宏观上把握教学程序设计，大胆地删减无关紧要的程式性内容，特别是一些过于细致的具体内容，以达到突出重点、全面兼顾的目的。有的教师说课教学过程时，缺乏对教学环节的提炼和概括，往往陷入对具体活动做法的描述，使整个说课显得拖沓琐碎，缺乏清晰的线索。

3. 说课教学过程要具有系统性

教学过程是教师围绕教学目标，依据教学内容特点，采用一定的教学方法并进行相应的学法指导，与幼儿共同开展的有序活动过程。它是前三个内容综合且有机的体现与运用，不是简单的并列关系和机械的混合体。有的教师说课教学过程时，对过程具体内容说得多，而对过程的程序构建、步骤安排的顺序考虑得少，对"序"的科学性、实效性钻研和探究很不够。"序"的安排不是可有可无，也不是随意为之，好的教学过程必须有一个最佳的组合结构。因此，说课教学过程，要把内容有机地融入其中，将教学过程与教学内容、目标、重难点之间的对应关系及教法的具体实施、学法指导的具体方法等相关内容交代清楚。

4. 说课教学过程要避免理论牵强附会

教学过程的设计，应遵循一定的教学思想和教育理论。在说课实践中，有的教师往往先设计好教学环节，再找理论依据，类似给教案"穿靴戴帽"，使理论和内容设计脱节。还有的教师空说理论，所说理论大而空洞，如满篇都是"某某教育家说""根据建构主义理论、生态学理论"之类的话，这些理论对教学过程设计起不到应有的指导作用。出现这种情况的主要原因是教师理论学习不足，不能理论联系实际。说课的目的是促进教师理论素养与专业能力的提升。因此，在说课中，要加强理论学习，这样才能体现说课的真正意义。

七、说课教学效果

教学效果(或教学特色)反映教学目标的达成度，体现教学特色。教学效果的预测，既是教师实现教学目标的期望，又体现了教师对教学目标的自我把握程度。教师在说课时，应

对幼儿的认知水平、能力发展状况、思想品德的养成等方面做出具体的、可能的预测，并阐述教学评价、反馈与调节的措施及构想。这是以反馈调控为手段，力求反馈全面(兼顾全体)、及时，并且要有多种应变的调控措施。

八、说课教师应具备的基本素质

1. 教师应有良好的心理素质，冷静、沉着、充满信心

良好的心理素质是教师说好课的基础条件。说课要求说课者需保持稳定的心理状态和沉着冷静的临场表现，在说课中树立坚定的信心，相信通过自身不断努力，教学水平一定能得到充分的发挥。

2. 充满激情，慷慨自如

说课时不但要精神饱满，而且要充满激情，要让听者感受到说课者的专业自信，从而引起听者共鸣。

3. 语言标准、简练、亲切自然

说课是展现教师语言表达能力和思维品质的过程。

首先，使用普通话。目前，全社会都在大力推广普通话，在说课过程中，使用普通话，有助于说课成功。

其次，语言要准确、紧凑连贯。说课的对象是同行或领导，说课的时间不宜过长，一般以20~25分钟为宜。说课应是上课的预演，而不是课后总结，因此语言应注意准确性。例如，"我在教学中采取了什么样的教学方法"和"准备采取的方法"在语义上是不同的，不能混淆。说课的语言应具有较强的针对性，表达要简练干脆，要有声有色，灵活多变，前后连贯紧凑，过渡流畅自然。

幼儿园健康教育活动说课案例请扫右侧二维码。

本章小结

本章首先介绍了幼儿园健康教育活动说课的相关理论，包括幼儿园健康教育活动说课的含义、意义、内容、类型与原则，为说课实践提供了理论支撑。其次，系统指导幼儿园健康教育活动说课的实践技能，包括说课各内容的技能与注意事项。最后，呈现了幼儿园健康教育活动说课的经典案例。

思考题

1. 请分析幼儿园健康教育活动说课的意义。

2. 请辨析说课与备课、上课的区别与联系。

3. 请结合实例谈谈幼儿园健康教育活动的说课原则。

4. 请结合《纲要》与《指南》的内容，自行设计一个幼儿园健康领域的教学活动，并进行说课，要求说课内容全面、规范。

第八章 幼儿园健康教育活动听课

导入案例

一节精彩且成功的示范课，能让幼儿在玩中学习、在学习中玩耍，最大限度地支持和满足幼儿通过直接感知、实际操作与亲身体验等方式获取经验的需求。教师会因此收获满满的成就感，听课者也会觉得这是一种享受，并且在听课过程中自身也能得到不少成长。王老师是一位资深的公立大型幼儿园园长，对此她深有体会。刚参加工作时，她不断向经验丰富的优秀教师学习，观摩他们的示范课，从而在专业上不断成长。如今身为园长，她更有责任持续组织新入职的教师听课、看课，借助优质公开课推动新教师的专业成长。那么，幼儿园教师究竟该如何聆听一节示范课，又如何在听课过程中提升自己呢？

(资料来源：本书作者整理编写.)

第一节 幼儿园健康教育活动听课概述

听课，也有人称之为"看课"或"教学活动观摩"，是教师专业成长过程中的一项常规工作。随着教师职业生涯的开启，听课也成为教师成长的"必修课"。不管是听课、看课还是教学活动观摩，都并非单一、被动地听或看。教师在外显的听、记过程中，还要进行揣摩，也就是进行内在的思考与考量。同一堂课，因听课者的身份、目的不同，听课的方式、关注点、收获也会各不相同。教师只有清晰理解了听课的概念、意义、方法、类型，才能通过听课这一途径获得专业上的发展。

一、幼儿园健康教育活动听课的概念与特点

(一)幼儿园健康教育活动听课的概念

听课通常是教育行政部门和教学业务部门检查、指导及各种层面上的教研活动的重要内容，更是教师、教研人员的一项必不可少的、经常性的工作职责与任务。听课不是教学研究的目的，而是手段和途径，通过听课达到甄别、认定课堂教学优劣的目的，从而提升课堂教学研究的水平和质量。

幼儿园健康教育活动听课是指教师或研究者凭借眼、耳、手等感官，运用相关的辅助工具(记录本、调查表、录音录像设备等)，从幼儿园健康教育活动情境中获取相关的信息资料，实现从感性到理性的一种学习方式，是评价及研究学前儿童健康教育与教学的方法。

对于听课，我们可以从以下四个方面加以理解。

1. 听

听，其本义是用耳朵感受声音。在观摩教学活动的过程中，执教者的教学意图及幼儿的思维水平，常常通过语言展现出来。因此，观摩者需要认真倾听并汲取其中的信息。

本书所提及的听课，是指聆听集体教学活动。集体教学活动是指教师有目的、有计划开展的，以儿童为主体、教师为主导的双边互动活动。也就是说，集体教学活动是一种过程性学习。对于观摩者而言，在集体教学活动的观摩过程中能听到什么呢？听到的内容主要体现在三个方面：一是听教师说了什么，以此理解教师的活动意图与教学水平；二是听幼儿说了什么，以此了解幼儿真实的思维过程与发展水平；三是听教师向幼儿问了什么以及幼儿的反馈内容，以此了解教师如何循循善诱地引导幼儿开展教育活动，促进幼儿发展。

观摩活动中的听，能让听课教师置身于真实的教学情境中。若能听懂，就能体会执教者的语言艺术，捕捉其语言背后隐含的教学意图、教育理念，以及相关支持性策略。当然，有时教学活动中会存在值得商榷的提问与回应，而这正是值得反思的良好契机。

2. 看

看，即用眼睛进行观察。有关资料显示，80%以上的外界信息是通过视觉获取的。可见，"看"这一视觉通道对于获取信息至关重要，这也解释了为什么"听课"也可称为"看课"。听课中的看，能让观摩者仔细观察执教者的教育行为、情感态度以及幼儿在真实课堂情境中的表现，进而揣摩活动的意图、流程和效果等。

当观摩者高度认同、欣赏教学活动的设计或执教者的教育策略时，自身的教学经验就会得到积累；当观摩者对活动内容或环节产生怀疑、思考时，教学反思能力就会得到提升。这些都是观摩者通过"看"获得的有价值的学习。

看课的过程是个体通过视觉系统接受课堂环境的刺激，经过加工和分析后产生的主观感受，因此人们的看课过程存在差异，即关注的角度不同，产生的感受也不同。比如，有的关注执教者的教学态度与执教水平；有的关注幼儿的实际参与情况；有的关注活动本身，如活动的目标定位、流程设计、效果达成等。这些都是观摩者根据自身意愿做出的选择。

值得注意的是，观摩者应选择合适的位置进行观察，视线要能覆盖整个活动区域，既

能看清执教者的教具操作或图片演示，又能听清执教者的语言，最重要的是，以不影响执教者和幼儿的活动为宜。

3. 想

想，即思考、反思。为什么要思考？因为思考是教师专业成长的方式和途径。作为活动的观摩者，想就是基于前文所述的听与看，从旁观者的角度审视现场教学活动与自身经验的差距，当出现偏差时能积极反思、找出问题的关键，预想调整方案的过程。因此，这意味着教师在听课时，除了倾听、观察，还应进行分析与反思。这种分析与反思，能帮助观摩者发现教学活动中的优势与问题，有助于他们思考问题的具体解决办法，提升自我素养。

4. 记

记，即记录。在活动观摩中，如果只听、只看、只思考而不记录，活动结束后很容易遗忘。观摩者不仅要记录，而且要记录全面、准确。因为活动的点评需要详尽的记录作为依据，教师的反思需要有针对性的记录作为参考。那么，在活动观摩中，可以记录哪些内容呢？首先，观摩者可以记录活动的准备、环节、策略以及教师与幼儿的语言等，包括值得留意的队形、座位排列、图片和图示等细节，这是对教学现场信息的收集。其次，观摩者应该记录听课时自己内心的思考。当然，这些思考不一定要局限于对活动本身进行好坏评价，也可以是观摩者在活动开展过程中的即时想法。对于一线教师来说，很多时候听到了却记不下来。确实，用笔记录有一定难度，尤其是要详细、准确地记录课堂上执教者的语言和幼儿的话语。这时，观摩者可以借助现代信息技术设备，如摄像机等，将活动拍摄下来。后期若需要文字呈现，再进行详细记录。这些记录下来的信息非常重要，我们往往能从教师与幼儿的对话中找到评价活动的线索，从而审视自己对活动的判断与分析是否合理。

集体教学活动中师幼互动情况是检验课堂效果的指标之一。作为观摩者，应尽可能记录师幼互动的全过程，从师幼的言语和行为中捕捉有价值的信息，学习执教者在组织过程中的优点，反思执教者在临场执教过程中的问题。观摩者要有反思意识，多问几个为什么，比如，他为什么这么说？活动意图是什么？为什么幼儿回答不上来？还可以怎么说……所有这些反思，都需要以详尽、准确的听课记录作为依据。因此，对于幼儿园教师来说，认真上好一堂课很重要，用心记好一堂课同样重要。

(二)幼儿园健康教育活动听课的特点

1. 目的性

幼儿园健康教育活动听课通常有一定的目的和要求。听课者需要明确为什么去听课？听什么类型的课？要解决什么问题？听课者会根据听课的目的来选择时间、地点和听课对象，并有选择和有侧重地听取部分课程或学习某些内容。

例如，新教师听课最主要的目的就是观摩学习，主要观察上课教师是怎样教的，重点、难点是如何突破的，教学手段和教学媒体是如何运用的，课堂气氛是否活跃，以及如何将所学知识运用于教学。如果是听优秀教师的课，那么主要观察教师的创新能力、综合能力和教育机智等，以及教师如何创造性地运用已经掌握的知识和技能。

2. 选择性

在进行儿童健康教育活动听课的过程中，要有意识、有目的地听课，这就意味着要进行选择。该听哪些课，不该听哪些课，什么时候听课，要获取什么信息等都表明听课是有选择性的。

例如，幼儿园要培养和考核学前儿童健康教育的年轻教师，就会选择听年轻教师的课；要推荐教师参加学前教育健康教育活动优质课比赛，就会听部分优秀教师的课；要了解课堂教学的现状，就会不打招呼进行随时、随地、随机的听课。

3. 主观性

虽然课堂教学是一种客观的实践活动，但听课活动中的主观因素很多。一是什么时候到什么地方去听什么人的课，基本上是听课者自己确定的。二是听课者和被听课者及幼儿都是有主观意识的人，课堂教学的实际情况可能会因听课者的参与发生变化。三是听课者的听课行为受其教育思想、教学经验及对被听课者的印象等因素制约。这种主观性既有积极的一面，也有消极的一面，听课者要运用技巧放大其积极影响。

4. 理论性

幼儿园健康教育活动听课需要掌握一定的方法和技能，需要一定的学前教育教学理论作为支撑。听课者即使听本专业以外的课，也要能听出一些成功的地方和不足之处，这本身就需要听课者有一定的教育学、心理学的理论基础，以及学前儿童健康教育知识，并掌握教育改革的新思想。在听课的过程中及听完课后，听课者要进行一些思考和分析，要运用教育研究方法中某些研究策略对被听课者做一些定量或定性的评价，这也需要相关的理论做指导。

5. 情境性

幼儿园健康教育活动是幼儿园经常进行的活动，课堂又是一种比较自然的情境，而听课又是在现场进行的一种活动。听课者和被听课者都处于一定的情境中，不同的时间、地点、条件可能会导致不同的过程和结果，即使是同一位教师在不同的班级面对不同的幼儿所组织的教育活动，其效果也是不一样的，从而可能会得到不同的评价。因此，我们所获得的听课资料及有关的感觉和理解是离不开一定情境的，而且是带有偶然性和不确定性的。听课者一定要融入情境中，并且以具体的情境为教育背景去分析课堂中教师和幼儿的状态及教学的效果。

6. 指导性与评价性

绝大多数听课活动在结束后要形成个人或集体的认识和意见，而且在所有听课活动中，领导对教师、上级对下级、专家对教师及幼儿园内部的研讨课、公开课等的听课占绝大多数，形成的评价要以一定的方式反馈给幼儿园或教师，要提出一定的指导性意见和要求及相应的改进措施等，并且指导意见要具体，具有可操作性。

二、幼儿园健康教育活动听课的作用与意义

为什么要听课？这是因为无论是对于教师、幼儿园还是幼儿来说，听课都具有重要的

意义。

(一)有助于提高幼儿园健康教育教师的专业素养

"他山之石，可以攻玉。"听课过程能让观摩的教师在一个特定的场景中非常清楚地了解、审视、反思教学，因此听课是让他们开拓视野、提升自身素养的良好手段。听不同水平的教师的课可以改正自身的教学缺点，转变观念，改进教学策略。听名师的课和有经验的教师的课可以借鉴长处、汲取经验，提高驾驭教学的能力，尤其是新教师入职后的第一年，活动观摩应该贯穿始终。

听课的过程也是执教者自我历练、自我审视、自我反思、自我成长的过程。累并快乐着，是教师开展公开课最真实的写照。

因此，不管是观摩者还是执教者，听课对于他们汲取先进的教学理念、切磋教学技能、共同提高教学水平都有着不可忽视的意义与价值。

(二)听课有助于检测幼儿园健康教育活动的质量

首先，教学质量是对教学水平和教学效果的评价。教育部门、相关管理人员为了及时了解某市或者某区幼儿园的教学水平，园领导为了提高本园的教学质量，往往都会采用听课的方式收集相关信息作为评估或者教改的依据。

其次，听课也有利于推广先进的教学理念。教学质量高的幼儿园往往拥有先进的教学理念，教育行政人员通过听课了解这些理念后可加以推广，以促进不同幼儿园教学理念的更新。当然，听课也有利于查找并解决共性的问题。

总之，听课可以为检查、督导、评估幼儿园的健康教育教学质量提供最直接的参考依据。

(三)听课有助于了解幼儿的健康领域学习与发展状况

在以往听课过程中，大家比较关注这节课的教学效果，习惯将目光集中在执教者身上，注重执教者的现场发挥，相对忽略了幼儿的表现。即使关注到幼儿的表现，也常常被表面热闹的景象迷惑，认为只要孩子们上得开心就是好课，这样就失去了听课最本质的意义。学前健康教育教学活动的终极目标是什么？是为了促进幼儿在健康领域的学习与发展。因此，观摩者在听课时不仅要把视角从教师转向幼儿，更重要的是要关注幼儿真正意义上的学习，而不是表面的形式与气氛。

首先，听课有助于观察幼儿的情感态度。《指南》的颁布与实施为幼儿教师关注幼儿的学习与发展指明了方向。观摩活动中，听课教师可以观察到幼儿的学习状态，了解他们在活动中是积极主动参与还是被动消极等待，是保持良好的兴趣和求知欲还是兴味索然、无所事事。

其次，听课有助于发现幼儿的学习品质。在观摩活动中，我们能发现幼儿是否表现出一定的反应能力、理解能力、思维能力等，是否保持了良好的专注力、坚持性等学习品质。

最后，听课有利于评价幼儿健康教育领域的学习情况。学前健康教育教学活动能比较客观地呈现幼儿实际的健康领域学习情况，因此观摩者能对幼儿个体或群体进行较为全面的评价，为进一步调整健康教育教学策略或者实施个体针对性教育提供有效的支持。

三、幼儿园健康教育活动听课的原则

很多幼儿教师认为，听课简单、直观、生动，似乎无须准备什么。事实上，这样的理解很容易让听课者产生盲目性，成为无目的、无计划的活动，导致听课的效率低下。为了提升听课的效率，听课前，听课者不仅要做好充分的准备，而且要明确听课的任务及角色定位，做到心中有计划。此外，听课还要保持客观、公正的态度。因此，学前儿童健康教育活动听课需要遵循以下原则。

(一)明确目的，有的放矢

听课需要有明确的目的，每一次听课都不能为了听课而听课，而应有明确的目的。

观摩者的观摩目的，决定了观摩前的准备、观摩时的针对性和观摩后的行为表现。观摩者为什么来听课？是来学习取经的还是来指导执教者的课堂教学水平的，是来择优推荐的还是来调研观摩的……这对于观摩者来说非常重要：如果是来学习的，就应该从学习者的角度多关注自己缺失而执教者优秀的方面，从而拓宽视野，取长补短；如果是来指导的，则应站在引领者的角度寻找执教者的不足之处，提出改进的方案；如果是为了某种比赛来推选优质课，就需要从专家的角度比较多个听课内容及执教者的教学水平并做出分析、评判；如果是为了调研，就需要把调研的问题与课堂进行链接，根据现场活动情况得出调研结论。

(二)准备充分，减少盲目

听课前，听课者不仅需要了解听课的时间、地点、执教者及听课的班级，更要了解公开课的内容、领域及幼儿的年龄段等信息。有条件的话，还要熟悉教案文本、教学背景等。听课者这样做能有效地避免在听课过程中产生盲目性，对听课的主题、目标、内容、要求等做到心中有数，才能做到临场不乱。

(三)关注整体，记录恰当

教学活动是一个完整的实践过程，往往由许多因素构成。例如，人的因素，包括上课教师、幼儿等。又如，物的因素，包括教具、学具等。这些因素既各具作用，又相互关联、相互影响。只有把握了整体性原则，才能发挥其整体功能。教学过程既是师幼互动的过程，又是彼此沟通、分享交流的过程。因此，观摩者需要在听课过程中把握以下两个方面。

1. 不仅要观察教师的教，更要关注孩子的学

听课活动中，教师通常处于主导者地位。观摩者在观摩时，除了关注教师的外在形象外，更需要以专业的眼光观察教师的语言技巧，观察教师是如何促进幼儿富有趣味且有意义的学习的，以及教师的教育策略是否促进了幼儿的多元发展，提高了幼儿的学习品质。

另外，观摩者在观察教师的同时还需关注幼儿的发展，关注幼儿在活动中是否获得了愉快的情绪体验，关注他们在活动中能否获得表达、表现的机会，以及在活动中是否按照

个体差异得到不同程度的发展。《指南》指出，尊重幼儿发展的个体差异，这就要求教师既要准确把握幼儿发展的阶段性特征，又要充分尊重幼儿发展连续性进程上的个体差异，支持和引导每个幼儿从原有水平向更高水平发展。

2. 不仅要关注课的效果，更要关注课的过程

笔者经常听到观摩者在观摩活动后，给出这样的评价，"总体不错""整体还可以"。其实，这些评价只是观摩者对活动的总体印象或者大致感觉。除了这些，观摩者还要关注执教者上课的过程。比如，教学目标是否已达成？如果没有达成，是哪个环节出了问题？教师的提问是否恰当？为什么孩子们答非所问？教师的追问很巧妙，重点突破就在这里。关注上课过程中的亮点或者问题是非常有价值的，因为它们可以为观摩者合理评价、有效诊断课堂提供有力的依据。

因此，听课教师要以整体的眼光看待活动，既要注重教与学的和谐统一，关注教师在上课过程中教育策略的运用，以及幼儿的活动情况；又要关注教师、幼儿、教具、学具等的整体互动情况。只有具备了这种整体意识，听课才能更加全面。

观摩者在关注听课的整体意义的同时需要做恰当的记录。一般首先要记录听课的内容、听课班级、执教者、听课日期、活动目标、活动准备等；其次，采用实录的方式记录活动的过程，包括教师的教育教学策略、幼儿的具体回应等，即教师的教和幼儿的学；再次，根据这些实录适时做出环节的点评；最后，结合实际课例进行亮点采集与问题反思。

(四)尊重事实，客观反映

听课者必须客观地反映上课情况的真实价值。这就要求听课者必须实事求是地以课堂的真实情况为基础，恰如其分地进行评价和分析。

1. 就事论事

受主观因素和先前经验的影响，听课者有时候会抓住无关因素而忽略关键的问题，进而误解或者曲解活动的实际意义；有时候由于听课者个人对执教者的偏爱，产生爱屋及乌的倾向，忽视了活动中存在的问题；有时候则戴着"有色眼镜"，抓住别人的缺点不放。教师在听课过程中务必要避免这些现象。

听课者应从促进教师专业成长的角度提出一些建设性的意见，应针对活动本身进行评价，既要肯定执教者的优势，又要诚恳地指出其问题所在。

2. 公平公正

听课教师要如实地记录课堂呈现的情境，因为不管是进行评价、评估还是进行研讨、交流，都需要建立在真实、客观的听课基础之上。因此，记录的时候应尽可能还原活动现场，避免使用主观色彩浓厚的字词；为了避免手工记录的不完整性，根据实际需要，还可以采用摄像机或者照相机全程拍摄的方式进行记录，以再现真实的活动现场，为进一步梳理和记录提供依据。

第二节　幼儿园健康教育活动听课的类型

听课类型的划分是相对的。总的来说，幼儿园课程的类型决定了听课的类型。不同领域的活动、不同类型的活动对听课的要求是不同的。听课的类型包括对新教师的认识课，对成熟教师的总结课，对业务能力的评价课，对教学状况的检查课，对问题教师的指导课，对自我发展的研究课等。

根据当前幼教课程改革的需要和幼儿园教学的实际状况，我们可以将幼儿园健康教育活动听课划分为以下几种类型，即观摩型听课、评比型听课、检查型听课、调研型听课和反思型听课。这种划分不是绝对的，而且在实际的教学研究和听课过程中有可能存在交叉。听同一节课有可能达到几种听课目的，这就要求我们在听课过程中，既能做到功能的区分，又能做到有机的联系和整合。

一、观摩型听课

观摩型听课是以交流、分享、学习为目的的听课活动，是一种比较普遍的群众性听课活动。比如，某幼儿园组织骨干教师进行观摩活动展示，邀请其他教师或者家长等前来观摩。

(一)观摩型听课的意义

1. 具有示范引领作用

观摩型听课涵盖不同的层面，如省、市组织的关于《指南》推进的观摩活动，区、县组织的名师优质课观摩活动，幼儿园内围绕早期阅读等某个话题开展的观摩活动，等等。

观摩型听课中，执教者往往是教师团队中具有较高水平的优秀骨干教师，或者是学科带头人、特级教师等。他们为观摩者提供了优秀的活动范例，供观摩者学习、借鉴。在观摩活动之后，观摩者往往需要结合自己的思考撰写活动观后感，以深化观摩学习的效果，促进自己的专业成长。

优秀教师的课堂总是会给现场观摩的教师起到较好的示范引领作用，在促进彼此交流的同时也提升了观摩教师的教学素养。

2. 具有分享推广意义

观摩型听课中，执教教师一般具有先进的教育理念，或者该活动在当前教育背景下承载着创新的使命，具有推广、引荐的意义，能在一定范围或者区域内起到积极的影响作用。

听课过程是一种直观的学习实践过程，但是由于种种原因，观摩型听课并不都是成功、理想的，因此观摩型听课的质量也会参差不齐。对于成功的观摩型活动，观摩者要注重吸纳其蕴含的先进教育理念，学习优秀教师的教学把控能力；对于看上去不那么精彩的活动，或者争议颇多的观摩课，观摩者要善于思考，寻找活动的问题及其症结所在。其实，发现问题本身就是一种水平的提升。作为观摩者，要怀揣谦卑的心态真切地感受活动氛围，从观摩现场中发现问题，分析缘由，认真做好记录与反思，这同样也是一种不可多得的教育实践。

(二)观摩型听课的一般形式

观摩型听课的一般形式包括交流幼儿园教学理念的公开课，展现教学风采、切磋教学技能的示范课和推广先进教学理念的展示课。这些活动，有的是由省、市、区教育机构组织的，有的是由幼儿园组织的，也有的是由教师发起的。

(三)观摩型听课的步骤

观摩者在观摩型听课活动中，一般要遵循以下听课步骤。①明确听课的目的，带着明确的目的参与听课。②了解执教者的水平，对执教活动所属的领域、执教活动适用的幼儿的年龄段、执教班级有所了解。③准备听课活动所需要的材料，并且熟悉教材、教学准备及活动流程。④认真记录活动中的优点，记录并思考活动中的问题与困惑。⑤与执教者交流听课感受，供执教教师参考。

(四)观摩型听课的注意要点

在观摩型听课中，观摩者需要注意以下两点。

1. 尊重执教者的展示活动，把每一次听课都当作学习的过程

观摩者在整个观摩过程中不应故意挑刺，而是应该以欣赏的角度挖掘活动的闪光点，学习活动中的优点，找到自己最受启发的内容，这样才能拓宽视野，巩固专业技能。要尊重执教者，保持安静。观摩位置应尽量选在不影响上课教师和幼儿的区域，在上课的过程中不要随意讨论活动环节，切忌随意走动，以免影响课堂秩序。要仔细倾听，做好笔记。观摩者要同时关注执教者的教与幼儿的学，要捕捉活动的亮点为自己以后的课堂实践提供参考，要记录自己的疑惑或者问题，待活动结束后与执教者或其他听课者进行交流。

2. 坦诚交流个人的看法，把每一次交流都当作提升的契机

观摩活动结束后，观摩者一般会和执教者进行及时的交流。执教者首先进行自评，观摩者也纷纷提出自己中肯的建议，要以民主、平等的方式进行交流和互动。值得注意的是，基于观摩课的交流和互动重在吸取优点，探讨问题，促进观摩者和执教者的互助、互惠，这才是观摩型听课的重要意义所在。

二、评比型听课

评比型听课，顾名思义，是指对课程及教师表现进行比较，评议其高低或优劣。评比型听课的目的是评出优秀的选手或者推出优质课，因此评比型听课的参与者必须严格按照比赛的要求和标准进行评价，注重横向比较，力求公平、公正地开展评比活动。一般来说，评比活动既包括省、市、区的各项专业比赛，又包括幼儿园的教学比武等。

(一)评比型听课的意义

1. 推选优秀

评比型听课，是指通过听课的方式选拔优秀的教师或者优质课。一般来说，参赛者需要经过逐层推荐或者竞争，且每次竞争都会有一个结果。因此，每一次评比型听课都有一定的规则，所有参与者和听课者都必须遵守。

2. 注重过程

评比型听课需要听课者根据听课的要求对活动的各项指标进行量化，以此推出优胜者或者优质课。当优胜者或优质课在原有层面或者范围内胜出后，将参加更高层次或者更大范围的竞争，因此这就需要非常专业、权威、公正的人员担任听课者，这样可以使推评活动更具说服力和公信力。评比型听课结束后，这些听课者还能提出宝贵的建议，以促进教师在评比过程中获得专业发展。

(二)评比型听课的一般形式

评比型听课通常包括优质课评选、优秀教师选拔课等类型，可由幼儿园、市教研室、区教研室等组织开展。同时，它也是选拔与培养人才的一种方式，通过个别典型的优秀教师来带动其他教师。部分评比型听课是自由命题，旨在让教师发挥自身的特长，如某区教龄为 5 年的教师的展示活动，由教育部门指定一个主题，具体内容由教师自选；有的评比型听课是统一命题，如同课异构，要求参赛教师必须围绕某一课题进行展示，不得超出范围或背离课题。

(三)评比型听课的步骤

在评比型听课过程中，听课者在听课时一般要遵循以下步骤。

(1) 了解评比要求，明确评比任务。

(2) 理解发布的命题要求。

(3) 解读评比的标准。

(4) 听课并根据实际情况打分，完成课堂记录。

(5) 若条件允许，与执教教师进行交流，分享听课建议。

(6) 提交听课评价表，由有关负责部门汇总，公布听课评比的结果。

(四)评比型听课的注意要点

在评比型听课过程中，听课者一般要注意以下几点。

1. 公平性

评比型听课因其具有推优评先的作用，所以听课者需考虑周全，在评比时确保公平、公正，要推选出富有创意的优质课及真正有能力的教师。有时为了保障听课结果的公平、公正，主办方还会设置"专家评委"和"群众评委"，按照不同权重系数设置比分，汇总后得出评比结果，这样的结果更令人信服。

2．评估性

与观摩型听课不同的是，评比型听课的推优过程需要得出一个结果，而这个结果是听课者经过客观分析得出的，是对评比过程的评估。不过，对于听课者来说，不应将评比课作为衡量教师个人水平的"标签"，而应注重交流教学经验，切磋教学技能，以此激励教师探索教学规律。

3．导向性

评比型听课推出的优质课或者评选出的优秀教师，应起到正面的榜样示范作用，甚至代表着一种值得推崇的教学价值观。因此，在开展评比型听课时，担任评委的听课者应该推选出具有正确导向课例等活动，这样才能在无形中发挥正面的引领作用。一般来说，评比型听课需要邀请资深的专家担任听课评委。

三、检查型听课

检查型听课，一般是指教育部门的领导或者某幼儿园领导，定期或不定期地对所管辖幼儿园的教师或者该园教师通过听课进行检查。这种类型的听课目标明确，对于检查什么、怎样检查、什么时候去检查及检查的目的是什么，听课者事先要有明确的认识或预知。

(一)检查型听课的意义

检查型听课有助于保障幼儿园的教育教学质量，有利于教师的专业成长，这是因为听课者可以通过反馈检查情况来督促幼儿园提高教学质量，激励教师提高教学水平。为了保证听课的真实性，提高检查的公平性，大多数情况下听课者是临时抽取班级或者教师进行听课的。

(二)检查型听课的一般形式

检查型听课因检查的对象、目的、时间不同，具体类型也不同。

因检查的对象和目的不同，检查型听课大致分为以下几种：以考查教师教学水平为目的的检查型听课，如管理者走访幼儿园选择某位教师的班级进行听课；以观察幼儿发展水平为目的的检查型听课，如进入相应的年龄班重点关注孩子在活动中的发展状况；以考查整个幼儿园教学质量为目的的检查型听课，如上级部门到下级单位进行督查听课，会将考查教师和观察幼儿情况进行综合考量等。

因检查的时间不同，检查型听课可以分为定期检查和不定期检查，定期检查通常会在学期初、学期中、学期末时开展。

(三)检查型听课的步骤

在检查型听课过程中，听课者一般要遵循以下步骤。

(1) 明确检查的目的、内容，了解活动主题及执教教师的水平。

(2) 针对检查的重点进行听课并记录。

(3) 分析检查的重点的达成情况。

(4) 总结情况，公布结果。

(四)检查型听课的特点

1) 突然性

一般来说，无论是教学业务指导部门，还是学校领导的听课，只要是出于检查的目的，为得到客观真实的第一手信息资料，很少会提前通知。听课者有目的、有计划、有意识地去听课，而被听课教师、班级事先并不十分清楚或提前知道的时间不太长，因此会有"突然袭击"的感觉。对听课者来说，实际上大多也是随机的。

2) 真实性

由于"突然袭击"，很少刻意准备，检查型听课大多在教学常态下进行。当然也不可能做到完全一致，因为听课者的介入会或多或少地影响教师。由于教师的心态变化，有些课可能比平时好，也有可能不如平时。总体上讲，检查型听课了解到的情况基本上是客观的，是最接近被听课教学单位和教师常态的教学实际。

3) 灵活性

听课者可根据自己工作职能需要，采取灵活多样的听课形式，什么时候听、听哪些幼儿园的课、听什么类型教师的课、采取什么形式、是集体调研还是个别调研等都可以灵活掌握。

(五)检查型听课的注意要点

检查型听课有时会引起某些教师的误解，他们认为自己被抽到是领导对自己的工作不信任的缘故。因此，听课者在听课时需要注意以下几点。

1. 课前沟通

虽然有些检查型听课是突击性的，但是检查者在走进课堂后，最好与执教教师沟通一下当天听课的目的，这样容易使执教教师放下包袱，消除不必要的误解，利于他们在常态下组织活动。

2. 平易近人

无论是教育部门的领导还是幼儿园的领导，被听课的任课教师都不只是下属，在听课的过程中他们更是合作伙伴。因此，在检查型听课过程中，听课者不要过于严肃，以免引发执教教师不必要的紧张情绪；也不要交头接耳，以免对课堂造成不必要的干扰。

3. 有问题意识

检查型听课的效果往往体现在听课者听课后与执教教师的交谈上，即听课者就检查中的问题与执教教师进行沟通，让执教教师真正了解自身存在的问题及原因。同时，还需要沟通一下解决问题的方式或策略，以促进执教教师课堂教学水平的提高。因此在听课时，听课者应该具有问题意识，应关注教师上课过程中及幼儿目前存在的问题。

四、调研型听课

调研型听课，是指为了探寻某种教育教学问题的现状、进展，通过听课的方式进行调查分析，获取问题的基本特征。与检查型听课相比，相同的是它们都具有明确的听课目标与计划，不同的是调研型听课更侧重于对问题的探讨分析与经验获得。

(一)调研型听课的意义

调研型听课的目的是更好地了解调研问题的现状或进展，因此它具有导向性、真实性和研讨性的特点，能在一定程度上解决教师遇到的实际问题。

(二)调研型听课的一般形式

调研型听课一般有以下三种形式。

1. 督导式调研型听课

督导式调研型听课，是指教育部门通过实地查看、现场听课等方式，促进教育教学任务的推进和落实。

2. 走访式调研型听课

走访式调研型听课，是指相关部门为了了解某地、某幼儿园的实际教学情况，采取现场听课的方式进行调研，为后续推行的相关活动做准备。

3. 研讨式调研型听课

研讨式调研型听课，是指听课者围绕某一个需要调研的问题或焦点进行现场听课活动。比如，要想了解某种教材的使用情况或者早期阅读的开展情况，听课者就可以进行相应的研讨式调研型听课。

(三)调研型听课的特点

1. 目的性

调研型听课者的目的十分明确。课前往往对调研内容进行反复论证，明确为什么调研、怎样调研、调研后怎么办等问题。由于目的明确，其主动性和针对性都很强。

2. 探讨性

调研型听课活动属于实验研究性质，听课者的主要目的不是评价教师，而是与授课者一起探讨某些问题。同时，组织者也期望与听课者共同进行探讨，随时发现一些没有预料到但值得研究的问题。

3. 选择性

调研型听课的选择性表现在：准确选择研讨的问题、探究方法和途径；准确选择听课对象，如一般选择具有开拓创新精神的、有一定教学经验和发展潜力的青年教师；准确选择调研听课人员，如实践经验丰富的优秀教师、某方面有专长的专家、同行教师、对该问题有研讨兴趣的教师等。

4. 导向性

调研型听课目的明确，且调研的问题往往经过认真筛选和论证，或在这个问题上已经有了初步认识，需要在调研中不断完善。因此，这类听课活动的导向性是比较明确的。

5. 反复性

调研型听课往往需要多次反复,如可以在不同的幼儿园间重复,可以在不同的教师间重复。但听课者应相对固定,他们与不同的授课者共同讨论教学设计、教学方法问题,不断反思总结,经过多次反复,逐步提升调研的质量。

(四)调研型听课的步骤

在调研型听课过程中,听课者一般需要遵循以下几个步骤。

(1) 明确调研的问题,理解调研问题的背景。

(2) 确定调研课的执教者、人数、领域、展示地点等。

(3) 设计调研的计划与流程。

(4) 根据课堂观察得出调研的情况或现状。

(5) 总结调研结果并提出改进建议。

(五)调研型听课的注意要点

在调研型听课过程中,听课者要注意以下两点。

1. 要有周密安排

调研型听课前,听课者需要对调研的时间、执教者、上课的内容等做一个整体的安排,然后对听课的结果进行汇总、分析、提炼,撰写相应的调研报告。比如,"成长组培养"负责人想要了解三年内新教师在课堂教学方面存在的主要问题,就需要确定在哪些范围内、选择什么领域比较合适,然后记录并梳理、汇总新教师在课堂教学中反映的问题。

2. 可以反复循环

对调研的结果有疑问或者产生新的调研问题时,听课者可以反复进行调研。听课者需要对每一次调研结果进行探讨,提出调整或者优化的建议,也有可能为下一次继续研讨生成问题或者方案。

五、反思型听课

(一)反思型听课的意义

反思型听课,即教师自己听自己的课。教师通过听自己的课进行自我反思。利用录音、录像的方式记录自己上课的过程,在课后自己听、自己看、自己分析,或邀请团队共同参与指导。这是对自己的教学工作进行反思的有效方法,是一种自我监督,会使教师尽快提高教学组织管理能力、应变能力和语言运用水平。这种方式经常应用于行动研究中,具有独特的意义。

1. 审视问题,适当调整

当教师以旁观者的视角审视自己的教学活动时,能更加清楚地认识到自己的不足。这种审视和观察可促进教师的专业发展,促使他们找到自己的问题并加以调整。

2. 反复揣摩，螺旋提升

教师在进行专业研究，如开展小课题研究时，可以借助多媒体设备先记录活动的整个过程，然后反复观看，对自己的语言、行为及活动细节进行反复揣摩，提出调整策略，之后再对活动进行进一步的实践研究。

(二)反思型听课的一般形式

自我反思课和小课题研究课都是常见的反思型听课形式。

(三)反思型听课的步骤

在进行反思型听课时，教师需要遵循以下步骤。
(1) 录制上课的视频。
(2) 观摩录制的视频并进行记录。
(3) 针对问题及不成熟的地方进行反复推敲与反思。
(4) 厘清活动的不足并进行调整和优化。

(四)反思型听课的注意要点

反思型听课是自我反思教学的良好途径。不过，教师在进行反思型听课时，需要注意以下两点。

1. 集思广益，发挥团队的作用

为了增强反思的效果，教师在录下自己上课的过程后，不妨以团队的形式进行研究，让大家的智慧相互碰撞，在群策群力中发挥研修团队的合力作用。

2. 静下心来，正视反思的问题

与其他类型听课不同的是，反思型听课的执教者同时也是听课者。这个双重身份更要求执教教师要静下心来，"咀嚼"教学活动的过程，不仅要看到自己的长处，更要用心体会自己的不足。一位教师在课后反思中曾这样写道：以旁观者的身份看自己上的课，带来的感受是如此强烈。反思型听课，不仅需要教师能听得进批评，以接纳的心态面对不同的"声音"，也需要慢慢领悟和反思问题的症结所在，进一步思考如何调整、优化教学活动，弥补自身的不足，促进自己的专业成长。

上述这些类型的听课并不是孤立存在的，有时候一节课既属于调研型听课，又属于观摩型听课，或者既属于观摩型听课，又属于检查型听课。而且各种类型的听课可以相互转换。比如，让执教者本人对这些课进行观摩，那么这些课就可以转变为反思型听课。总之，不管参与什么类型的听课，都要做一个用心的听课者。

第三节　幼儿园健康教育活动听课的方法与内容

有人说，听课要"全副武装"，事实上这种说法并不夸张。听课前需要做好充分的准备，明确听课内容，打一场有准备的硬仗。为了让听课达到预期的效果，听课者需要遵循

一定的原则，运用一些有效的方法和策略。

一、听课的方法

听课者从坐下来的那一刻起，就必须明确接下来要做什么。听课并非随意看看，而是需要运用一些方法，以提升听课效率。依据划分维度的不同，听课方法有多种类型。通常，我们采用以下方法进行听课。

(一)扫描法

扫描法，是指用扫视的方式对周围环境及课堂大致情况进行观察。听课者一进入教学现场，就应先环顾四周，了解活动的物质环境创设，如座位的安排、体育设施的摆放、空间大小及玩教具的提供等。"第一感觉"往往能让听课者获取诸多信息。听课时，听课者也应关注教师和孩子相处的整体氛围，感受教学活动现场心理环境的营造。扫描法有助于听课者全面感知课堂的大致状况并进行整体把握，对教学活动中出现的问题或某种现象保持敏锐。值得注意的是，听课者不能先入为主，而应以开放、接纳的心态持续关注活动现场，为寻找有价值的观察点做好准备。

例如，在观摩中班体育活动"勇敢跳跳跳"时，观摩者看到宽敞的场地上有 22 张凳子、4 块海绵垫。执教教师身着运动服，在音乐声中带领幼儿做热身运动，他们把凳子当作林中的大树穿梭其中。场地上洋溢着运动气息。

上述案例中，听课者以扫描的方式关注到活动开启阶段的整体情况。这样的场景，让我们感受到执教教师准备充分，孩子们在活动中热情高涨。此外，环节安排也十分合理，教师和孩子们一同在营造的森林情境中锻炼。这样的观察，为听课者继续关注教学活动奠定了基础。

(二)聚焦法

聚焦法，是指听课教师在熟悉整体环境后，以聚焦的方法关注活动某一方面的开展情况。聚焦法能让教师在某个话题的背景下进行有针对性的观察。比如，在教学游戏化的话题背景下，观察教师如何增强集体教学过程的游戏性。又如，在师幼互动的话题背景下，观察教师如何回应孩子的话语。

(三)随机捕捉法

随机捕捉法，是指听课前观摩者没有明确的关注重点，而是在听课过程中发现、挖掘典型且有价值的问题。因此在实际操作中，它往往可以将扫描法和聚焦法有机结合，即一开始给人留下深刻印象的问题往往会成为重点捕捉的契机。

例如，在观摩小班健康活动"踩踩踩"时，观摩教师看到上课教师准备了很多材料，如会响的塑料玩具 15 件、脚踏打气筒 15 个、大小鞋盒 25 个等。这些材料立刻引起了观摩教师的注意，于是她列了材料清单，接下来开始聚焦观察材料的使用和幼儿的表现情况，以此关注健康活动中教师提供材料的合理性。

教师的兴趣、爱好、经验不同，随机捕捉法的运用也各有差异。比如，新教师往往很关注上课教师的教学策略，会随机捕捉上课教师在课堂中运用的组织方式；经验丰富的教师会比较注重活动过程中师幼互动的情况，会从幼儿的回应中评价其学习状态；在美术领域有特长的教师，则对活动中提供的教具、图片的新颖性、制作方法等非常留意。可见，随机捕捉法不失为考量观摩者听课水平的一个好办法。

在实际观摩的过程中，上述三种方法往往都是结合使用的。此外，在某些活动中，听课者不妨走近孩子，倾听他们对作品的表达，以深入了解他们内心的想法。

二、听课的内容

集体教学活动目标的定位、流程的设计、教具的选择和策略的实施不仅渗透着教师的教育理念，而且体现着教师的教学水平和幼儿的学习效果。因此，在观摩集体教学活动过程时，观摩者需要关注以下内容。

(一)品味教育理念

教育理念，即关于教育方法的观念。教师是课堂中平等的"首席"，不仅是幼儿学习的支持者、合作者，而且是教育理念的实施者。每一位教师都有自己的价值判断，如"应该是这样""什么是不合适的"等，这些无形之中影响着师幼相处的点滴。因此，观摩者可以通过观察教师在课堂中的言行来品味教师渗透在教学过程中的教育理念。

根据《指南》和《纲要》的要求，观摩者可以从以下几方面品味教育理念。

1. 是否有利于幼儿的长远发展

学前阶段的孩子正处于人生的启蒙时期，有着独特的学习方式。因此，我们不仅要着眼当下，而且要关注他们的未来，以推动其可持续发展。在听课过程中，我们要关注执教教师的理念是否有助于孩子的长远发展。每个孩子在课堂上的表现各不相同，对于表现欲强、勇于表达的孩子，执教教师既要给予他们充分的表达机会，又要鼓励他们冷静思考；对于比较内敛、不善言辞的孩子，执教教师在充分鼓励他们的同时要善于捕捉他们每一个敢于表现的"闪光点"；对于那些让自己"头疼"的孩子，如爱搞怪、常游离于活动之外的孩子等，执教教师要运用智慧进行个别的沟通，在了解问题的成因后再实施教育策略，真正做到"一把钥匙开一把锁"。总之，教师要用发展的眼光看待幼儿，不要做"拔苗助长"的事情。这是听课过程中观摩者需要用心品味的。

2. 是否以儿童为本

"以儿童为本"的核心就是尊重儿童的本质，把儿童的全面、可持续发展作为教育的出发点，要尊重和理解不同年龄段儿童的特点。

在大班健康安全教育活动"游乐场安全守则"中，执教教师设置了幼儿抢答的环节。本来预设由教师担任评委，但是活动过程中，孩子们的参与热情高涨，并且有个幼儿主动提出担任活动评委。教师欣然答应，请他来评判同伴在游戏中的胜负，自己则回归小朋友的角色，为孩子加油助威。

观摩这个活动，观摩者能发现执教教师与幼儿之间存在平等、和谐的关系。答应幼儿想当评委的要求，并换位为孩子加油，这些细节体现了执教教师尊重幼儿的教育理念，也调动了幼儿活动的积极性，提高了集体活动的效率。

在大班饮食与营养教育活动"蔬菜和肉"中，教师在引导幼儿理解故事的过程中，采用自主辩论的方式，设置 A、B 两个场景，鼓励幼儿果断做出选择，表达自己的观点。活动中，幼儿兴趣浓厚，场面气氛热烈。教师作为倾听者，鼓励幼儿提出自己的观点，让幼儿在选择和表达的过程中明白：蔬菜有蔬菜的营养价值，吃肉也有其好处，两者并不冲突，引导他们认识到全面均衡饮食的重要性。

通过以上活动观摩者能发现，执教教师根据大班幼儿的学习特点，设置了供幼儿自由表达的 A、B 两个场景，鼓励他们根据自身的生活经验表达自己的想法。在组织过程中，当幼儿的意见不一致时，执教教师并没有直接给予谁对谁错的判断，而是鼓励幼儿说出自己的理由，充分尊重幼儿的独特见解，从而调动了他们的积极性，促进了他们的语言、思维、社会性等方面的发展，使"以儿童为本"的理念得以充分体现。

3. 是否促进幼儿的全面发展

集体教学活动是一个复杂的工程，每一个活动并不是单一存在的，而是与幼儿的身体、智力、德育、美育等各个方面紧密相关。比如，健康教育活动中，可能渗透着语言、社会领域的要求；语言活动中，可能隐含着数学、艺术领域的目标。集体活动只是一个载体，在观摩过程中，我们需要以整合的眼光去品味。

(二)评估教学目标

目标是教学过程的出发点和归宿。一般来说，幼儿园活动包含三个层面的目标，即认知目标、技能目标和情感态度目标。其中，技能目标又包括动作技能、智力技能和自我认知技能。但是在实际操作中，有时也可以呈现其中两个层面的目标，并且通常把重点目标放在首位。在听课过程中评估目标，一般从以下几方面入手。

1. 评估目标的准确性

目标的定位是教师对教学内容和幼儿需求的理解，它主导着教学活动的方向。观摩者要评估集体教学活动目标的定位是否准确，也就是说，目标的定位必须是准确无误的，切忌偏离幼儿的年龄特点。

2. 评估目标的针对性

观摩者在评估目标时，还要注意目标是否具有针对性。切忌目标过于宽泛，放之四海而皆准。

因此，在听课过程中，评估目标的针对性，有助于观摩者关注执教者在设计活动时是否抓住了幼儿的年龄段特点，关注执教者是否依据幼儿的发展水平设计与之相匹配的教学流程。听课过程给予观摩者和执教者的共同启示为：制定的目标既要准确也要具体，要符合幼儿的心理发展特点和实际水平，要实现"目标是活动的归宿"这一本义。

3. 评估目标的弹性

幼儿间存在个体差异，教师在制定活动目标时既要关注大多数孩子，又要给不同能力和水平的孩子一定的提升空间。因此，在听课过程中，除了评估目标的准确性与针对性外，要听得懂、听得进，及时记录，而且要深入思考进行分析评定。

2. 做好知识准备

首先，要学习教育理论。我们听一节课不能只停留在感性认识上，应将其上升到理性层面来认识。这就需要借助相关的教育理论。理论学习包括教育学、心理学、教学法、教育哲学等。特别是要学习《指南》，转变教学观念，树立现代教育观。每位听课者，都应该在听课前反思、审视自己对课堂的认识程度，以减少对课堂行为的误解，防止不能正确地把握课堂。在反思自己对课堂认识的基础上，听课者也要反思自己的教学观念。

其次，要学习和掌握有关领域活动的课程改革信息。社会在进步，新一轮课程改革在深入，各个学科、各个领域都会涌现出许多新的教研科研成果，包括新的知识、新的方法、新的理论。平时听课者应善于学习，关注报刊上有关学科的教学改革经验和理论研究，获取新的信息，了解、掌握该学科教学改革的新形势和新成果。这样能不断提高听课的质量，听课者能站在应有的高度，敏锐、准确地发现授课教师的优缺点。

3. 熟悉与听课有关的教学内容

熟悉教材，了解这节课编者的意图，弄清新旧知识的内在联系，熟知教学内容的重难点。明确这节课的教学目标，听课时只有明确了教学目标，才能看出教师教学的完成情况。可以针对这节课在头脑中设计出课堂教学的初步方案，粗略地勾勒出大体的教学框架，为评课提供一个参照体系。这可通过两个途径实现：一是在听课前查看相关教材，熟悉有关内容；二是在听课初期用极短的时间迅速浏览有关内容。熟悉听课内容的目的是便于在听课过程中，判断讲课教师是否抓住教材的重点、难点，为后面的评价阶段做好准备。

4. 了解教师和幼儿情况

听课者在课前需开展一些有关教师和幼儿情况的调查工作。要了解听课班级幼儿的基本情况，如幼儿的学习基础、智力水平及班级管理情况。多了解幼儿的特点，可在一定程度上减少听课过程中的误判。不同学习基础的幼儿，在活动中的接受程度也存在差异，而来自不同家庭背景、不同区域的幼儿，其习惯也会有所不同。因而，听课者需要事先了解幼儿现有的学习水平、学习态度和学习能力，以及幼儿对将要学习的知识的准备情况。而且，还要了解幼儿所在班级的类型、特点和水平。在进入课堂之前，听课者还应该适当了解授课教师的相关情况，如教师的教龄、文化程度、职称职务、业务水平、教学经历等。同时，听课者也要尽可能了解教师在课前的准备情况。比如，其对课程标准的理解，对于教学目标的定位及其形成基础，对于本次教学活动环节的设计和安排，等等。此外，通过分析教师的教学设计，能够解读出隐藏在教师背后的内在教育观念。听课者在与教师谈话的过程中要善于挖掘这方面的深层观念。

5. 做好物质准备

进入课堂之前，听课者需要做好物质资料方面的准备：要携带听课专用的笔记本和笔，并填好听课需要记录的基本信息，以便专心听课。如果需要使用一些定量方法来观察课堂教学，则一定要准备好量表、计时器等。假如需要一些仪器，如录音机、采访机、摄像机等，则要事先进行检查调试，以免课上不能正常运行，甚至因为出现故障影响听课效果。

二、听课中的记录

听课记录是重要的教学研讨资料，是教学指导与评价的依据，它应该如实反映课堂教学的原貌，让听课者能依据听课记录，通过合理想象，在脑海中再现教学实况。

(一)教师听课过程中的注意事项

1. 关注教学环节设计

要关注教学环节设计，即情境创设—新课的导入—新知识的探究—新知识的巩固、应用与拓展等。教师能够做到随机应变，灵活调整，并调控课堂，以达到激活课堂的目的。各环节如何控制时间，完成每一环节并实现自然过渡。听课时还要注意思考，教师为什么这样安排课堂教学环节，大的环节内又是如何安排小的环节，怎样使课堂结构符合本节课的教学目的、教材特点和幼儿实际，各个步骤或环节之间是否安排得有条不紊，一环紧扣一环。什么时候教师引导，什么时候幼儿自主探究，什么时候幼儿合作交流，什么时候幼儿练习展示，什么时候反馈评议，什么时候质疑讨论，什么时候归纳小结，是否做到合理安排、科学调配，充分发挥每一分钟时间的效能。

2. 关注重点，突出难点

听课时，要关注教师是否运用举例说明、引导比较、直观演示等手段，有效调用幼儿已有的知识，再现知识间的纵横联系。要观察教师如何运用比较、分析、综合等逻辑思维方式帮助幼儿突破重点、难点，理解和掌握新知识。解决问题时要关注如何将书本知识转化为幼儿的精神财富，如何组织幼儿通过自主探究，亲身体验，学会新知识。

3. 关注教学方法与学习方法

听课时，要关注教师如何在教学过程中与幼儿积极互动、共同发展。从以教师的"教"为中心，向以幼儿的"学"为中心转移，学习如何处理好知识传授与能力培养之间的关系，如何创设幼儿主动参与的教学环境，激发幼儿的学习积极性，培养幼儿学习能力。

4. 关注辅助手段的应用

听课时，还要认真琢磨教师如何把信息技术与学科教学进行整合，充分发挥信息技术的作用，为幼儿的学习创设丰富多彩的教学情境，从而激发幼儿学习兴趣，提高课堂教学实效。

5. 关注练习设计与知识拓展

听课者要关注练习设计是否具有针对性、层次性、拓展性，能否达到巩固知识、培养能力的目的。同时，要关注练习形式是否多样，是否引导幼儿运用所学知识解决日常生活中的实际问题，提高幼儿解决实际问题的能力。

根据以上关注的内容，听课者要对教学活动做好记录。听课记录的基本内容包括两个方面：一是课堂实录；二是课堂评析。在听课记录本上，左边是课堂实录，右边是课堂评析。

(二)课堂实录

1. 课堂实录的内容

(1) 要记录听课的基本信息,包括听课的日期、活动领域、年龄段、执教者、活动名称和活动类型等。

(2) 要记录活动的基本过程,包括按照先后顺序提纲挈领地记录活动内容;记录时间分配,即各个活动环节的时间分配,包括教师讲解的时间和幼儿操作活动所用的时间;记录教法和学法的选择和运用、情境创设、过渡性的语言、引导的技巧、激励的方法、活动组织的方式、教师挖掘和利用课堂生成资源的情况、教师处理课堂偶发事件的方式与方法等。

(3) 要记录教育思想、领域渗透、教学内容处理、教学方法改革等值得讨论的内容。

(4) 要记录幼儿在活动中的表现,如幼儿的动作、语言、表情、探究的行为等。

(5) 要记录教育活动的效果。

2. 课堂实录的形式

课堂实录记录的详细程度,要根据每次听课的目的和教学内容来确定,通常有以下三种形式。

(1) 简录,简要记录教学步骤、方法、板书等。

(2) 详录,比较详细地把教学步骤都记录下来。

(3) 实录,记录教师开始讲课、师幼活动直到下课的全过程。

(三)课堂评析

课堂评析是记录听课者对本节课教学优缺点的初步分析与评估,以及提出的建议。评析内容包括教材的处理与教学思路、目标;教学重点、难点、关键;课堂结构设计;教学方法的选择;教学手段的运用;教学基本功;教学思想;等等。通常,可以设计相应的听课记录表来进行记录,如表 8-1 所示。

表 8-1 听课记录表

教学活动		听课班级		执教教师		听课日期	
活动目标							
活动准备							

续表

活动实践	现场记录（教师的教和幼儿的学）
亮点采集与问题反思：	

三、听课后的反思

教师听课的目的是借鉴他人长处为己所用，发现他人短处并引以为鉴。因此，每次听课之后都要对听课内容进行及时的反思。课后反思就是教师在听课后自觉地对自己的听课内容进行全面而深入的思考和总结。它是一种用来提高自身业务能力，改进教学实践的学习方式。

(一)听课之后的反思内容

听课之后的反思包括以下基本内容。

1. 从教学目标、内容、重点、方法等的协同程度方面反思

反思教学目标是否明确，主要看教师和幼儿是否都清楚各自的教与学的目标；反思教学重点是否突出，难点是否突破，主要看是否把握了知识规律和教学规律，是否遵循了同化、顺应的规律，是否讲清了理解知识的关键点；反思教学方法组合是否得当，主要看所

采用的基本的教学方法，教学方法组合的原则，教学方法选择的依据等。教学目标是统领性的，是教学展开的依据和核心，它只有与内容、重点和方法相互协调，才能最终落到实处。

2. 从课堂教学结构的适宜程度方面反思

课堂教学是按照一定的顺序展开的，有着这样或那样的步骤，表现为若干个不同的环节。这些环节安排的适宜程度直接影响到教学目标的达成度。反思课堂教学结构的适宜程度，主要是看课堂教学程序的展开是否符合幼儿认知的特点和一般规律。

3. 从师幼关系是否协调方面反思

师幼关系是否协调包括：教师对活动内容的组织，对学习任务的表达、解释与顺序安排是否适合幼儿；幼儿对教材和教师指导的理解是否透彻；幼儿参与教学过程的动机是否强烈；课堂上教师与幼儿呈现怎样的关系，互动是如何展开的，互动的类型有哪些；幼儿有没有主动发言、提问的机会，有没有表达自己情感和观点的机会；等等。

4. 从时量分配、容量是否合理适中方面反思

时量分配主要看重点、难点的教学与教学高潮的呈现是否一致；各教学环节的时量与教学任务是否匹配；是否安排了充足的幼儿活动时间。容量主要看教学是否做到有张有弛；知识呈现是否有密有疏。

5. 从教学手段的运用是否适当方面反思

教学手段要服务于教学方法和教学组织形式，主要看在当时当地条件下，是否充分运用了能够运用的教学手段，效果是否尽可能达到最好。

6. 从训练是否贯穿课堂教学的始终方面反思

训练是否贯穿课堂教学的始终，主要看课堂教学是否一直对幼儿进行观察能力、表达(口头表达和书面表达)能力、操作能力、思维能力(核心)的训练。

7. 从教学效果是否显著方面反思

教学效果是否显著，主要看幼儿的学习积极性是否高涨；幼儿的学习效果是否显著；师幼的情感体验是否愉悦、欢畅。

8. 从教师的基本功是否扎实方面反思

教师的基本功是否扎实，主要看教师的导入、讲解、课堂教学语言、提问、板书、变化、反应、反馈、演示等教学技能是否得到充分发挥。

(二)听课后的反思需要处理的问题

1. 听课后要尽可能及时地与授课教师进行交流

听课后，听课教师要秉持虚心、诚恳的态度，尽可能及时地与授课教师交流课堂教学的相关内容，最好先听授课教师讲自己的授课体会，然后再有针对性地提出自己的疑问。例如，对经验不足的青年教师，不应过多地指出其存在的问题，而应重点指出其突出问题，

并以建议的形式提出，要尽可能挖掘他们教学中的闪光点，让他们多一些成功的感受；对有经验的教师，要实事求是地指出其存在的问题和需要改进的地方，提出更新、更高的要求，使他们认识到还有改进的空间和提高的可能，激励他们继续努力，向专家型教师的方向发展。这种交流虽然也需要指出成功和不足或改进的地方，但交换意见时要抓住重点，多谈优点和经验，明确的问题不含糊，存在的问题不回避，要尽可能以平等商量的语气，以鼓励为主。在通常情况下，一般不进行定性的分析和评价。

2. 虚心学习他人教学中的闪光之处

我们在听课时，首先一定要抱着一种虚心学习的态度，积极调动自己敏锐的观察力，善于发现他人教学中的闪光之处，然后慢慢品味，细细揣摩，再将其应用到自己的课堂上进行实践印证，这样久而久之，自己的教学水平自然会不断提高。

3. 正确对待他人课堂中出现的问题

要使我们自己在听课中真正得到提高，不要无视、轻视、蔑视甚至嘲笑他人课堂上的疏漏之处，要静下心来认真分析课堂出现问题的原因，思考自己以后在实践中针对这一问题应该怎样去做。只有这样，我们才能站在前人失败的肩膀上取得成功。

4. 在分析总结他人课堂时要注意比较、研究，取长补短

每个教师在长期教学活动中都可能形成自己独特的教学风格，不同的教师会有不同的教法。听课的老师要善于进行比较、研究，准确地评价各种教学方法的长处和短处，并结合自己的教学实际，吸收他人的有益经验，改进自己的教学。

幼儿园健康教育活动听课实例请扫右侧二维码。

本章小结

本章首先介绍了幼儿园健康教育活动听课的相关理论，包括幼儿园健康教育活动听课的概念、特点、作用、意义与原则，为做好听课实践活动奠定了坚实的基础。其次，对幼儿园健康教育听课的方法与内容进行了详尽的介绍。最后，就幼儿园健康教育活动听课的过程进行系统的指导，并展示了相关经典案例。

思考题

1. 请简述幼儿园健康教育活动听课的概念与特点。
2. 请辩证分析幼儿园健康教育活动听课的作用与意义。
3. 请结合实例阐释幼儿园健康教育活动听课的原则。
4. 请简述幼儿园健康教育活动听课的类型。

参 考 文 献

[1] 顾荣芳. 学前儿童健康教育论[M]. 南京：江苏教育出版社，2009.

[2] 王娟. 学前儿童健康教育[M]. 2 版. 上海：复旦大学出版社，2016.

[3] 叶平枝等. 幼儿园健康领域教育精要——关键经验与活动指导[M]. 北京：教育科学出版社，2015.

[4] 李季湄，冯晓霞. 《3—6 岁儿童学习与发展指南》解读[M]. 北京：人民教育出版社，2013.

[5] 梅纳新. 幼儿教师说课技能训练[M]. 上海：复旦大学出版社，2015.

[6] 但菲，赵小华，刘晓娟. 幼儿园说课、听课与评课[M]. 北京：北京师范大学出版社，2012.

[7] 夏力. 回归生活：幼儿园教育活动案例及评析[M]. 2 版. 上海：复旦大学出版社，2017.

[8] 王哼. 幼儿园五大领域精选说课 50 例[M]. 福州：福建教育出版社，2022.

[9] 高庆春，梁周全. 学前儿童健康教育[M]. 2 版. 北京：高等教育出版社，2014.

[10] 田楠. 3—6 岁幼儿健康生活素养培育研究——以重庆城镇幼儿园为例[D]. 重庆：西南大学，2021.

[11] 王潇. 幼儿园健康教育与活动指导(微课版)[M]. 2 版. 上海：华东师范大学出版社，2021.

[12] 刘馨. 学前儿童体育[M]. 2 版. 北京：北京师范大学出版社，2012.

[13] 李君. 学前儿童健康教育[M]. 2 版. 北京：科学出版社，2012.

[14] 高庆春. 学前儿童健康教育[M]. 4 版. 北京：高等教育出版社，2022.

[15] 庞建萍，柳倩. 学前儿童健康教育与活动指导[M]. 2 版. 上海：华东师范大学出版社，2014.

[16] 人民教育出版社体育室. 幼儿园体育活动的理论与方法[M]. 北京：人民教育出版社，2013.

[17] 刘文. 幼儿心理健康教育[M]. 2 版. 北京：中国轻工业出版社，2021.

[18] 丁芳，熊哲宏. 智慧的发生——皮亚杰学派心理学[M]. 济南：山东教育出版社，2009.

[19] 何成文. 幼儿体育活动的创新与实践[M]. 北京：北京师范大学出版社，2010.

[20] 吴琼. 学前儿童健康教育[M]. 长春：东北师范大学出版社，2021.

[21] 孙端，顾敏康. 学前儿童在园安全责任的多方博弈[J]. 学前教育研究，2022(4)：83-86.

[22] 单敏月. 学前儿童健康教育与活动指导[M]. 2 版. 上海：华东师范大学出版社，2021.

[23] 王亚娟. 《3—6 岁儿童学习与发展指南》：幼儿健康成长的现实参照[J]. 陕西教育学院学报，2013，29(1)：115-118.

[24] 顾荣芳. 试论幼儿健康教育的渗透与融合——兼议《纲要》幼儿健康教育思想的贯彻[J]. 学前教育研究，2002(1)：14-16.

[25] 王悦. 幼儿园安全教育现状及对策研究——以安阳市十二所幼儿园为例[D]. 郑州：河南大学，2011.

[26] 陈旭微. 美国幼儿饮食营养教育的实施背景与形式及对我国的启示[J]. 学前教育研究，2016(3)：15-28.

[27] 吴凡琪. 食育在幼儿园推行的重要性及策略[J]. 亚太教育，2022(11)：22-24.

[28] 中华人民共和国教育部. 3—6 岁儿童学习与发展指南[Z]. 2012.

[29] 陈彦君. 传统饮食文化在幼儿园食育活动中的应用研究[D]. 成都：成都大学，2022.

[30] 王萍. 学前儿童保育学[M]. 2 版. 北京：清华大学出版社，2020.

[31] 王敏. 中班幼儿心理健康教育活动方案的设计与实验研究[D]. 沈阳：沈阳师范大学，2023.

[32] 郭艳君. 浅谈幼儿心理健康教育[J]. 天津教育，2012(6)：36-37.

[33] 康米，黄容蓉. 浅析家园共育背景下幼儿心理健康教育的构建路径[J]. 教育现代化，2019，6(34)：89-91.

[34] 陈晓菁. 幼儿心理健康教育的渗透途径及策略——以幼儿园教学活动为例[J]. 吉林省教育学院学报，2018，34(4)：122-125.

[35] 杜燕红. 学前儿童心理健康教育[M]. 郑州：大象出版社，2009.

[36] 华炜. 学前儿童心理健康教育[M]. 北京：中国人民大学出版社，2015.

还需要评估目标是否具有一定的空间，即目标是否具有弹性。品味目标意味着对集体教学活动主旨的把握，能更准确地理解幼儿的发展水平，注重幼儿的年龄特点；能更加关注幼儿个体的特点，充分尊重儿童。

(三)揣摩教学流程

教学活动是由许多相互关联的环节组成的。教学活动环节，即教师在教学活动过程中为达成教学活动目标而对教学活动内容呈现、教学方法运用所设定的步骤和顺序，是对相互关联的一系列教与学的活动的具体安排。因此，在听课的过程中，观摩者需要自下而上地审视、分析、揣摩教学流程的合理性，观察教学流程是否紧紧围绕目标细化，是否兼顾动静交替，是否为孩子们提供了充分感受、表达、创造的机会。具体做法如下。

1. 观察教学流程的设计

教学活动是预先设计好的，有一定的顺序与过程，而这个过程是由一个个存在内在联系的环节串联起来的。观摩者应注重观察教学的流程，若环节清晰、顺畅，就能推动幼儿的思维发展，助力他们的成长；反之，则会导致活动进展不顺利，幼儿学习困难。

2. 观察教学流程的实施

在具体组织过程中，执教教师是否按照预设的流程实施活动？当活动中出现了新的契机，执教教师能否抓住？哪些策略的实施效果与目标的达成关联不大？执教教师是否与幼儿进行了良好的互动？是否重视幼儿有价值的行为？这些都是值得观摩者认真观察的内容。

此外，观摩者在揣摩教学流程时也在进行理性的思考，包括点与面两个维度。

第一，点式思考具有即时性、随机性的特点。在听课过程中，当观摩者受到启发、产生共鸣时，会思考为什么上课的教师要这样安排、组织，会试着分析其背后的深层含义。因此，听课过程中伴随的思考是一个随机反思的过程，能力强的教师往往会在听课的过程中找到教学活动的优点或者问题，获得反思性成长。同时，这些思考也为最后的整体性评价提供了参照。

第二，面式思考具有概括性、归纳性的特点。当活动进行到一个阶段时，观摩者会对之前的活动进行回顾，总结执教教师的所说、所做，揣摩其所想。比如，梳理出第一个环节安排的意图，理解接下来各环节组织的用意。在整个活动流程结束后，进行整体性评价，从中领悟执教教师对活动的整体预设及把握。

(四)评估教师的能力

教学技能是幼儿园教师必备的基本功之一，它对取得良好的教学效果、实现教学的创新具有积极作用。而课堂是考验一位教师教学执行力和教学水平的平台，因此观摩者能在教学现场看到执教教师的能力，从而了解、评估他们的教学技能水平。

1. 语言组织能力

执教教师的语言组织能力直接影响活动的效果。执教教师的提问、追问、反馈都是课堂中不可或缺的策略。

2．现场把控能力

3～6 岁幼儿具有好动、易兴奋的心理特点。因此，听课过程中我们要关注教师现场把控的能力，分析教师是否使用了适宜的教学手段，是否合理、科学地安排了活动的环节，让幼儿顺利地参与教学活动。此外，由于课堂的不确定性和幼儿水平的参差不齐，教学活动中往往会出现"意外"，这也需要教师充满机智地进行应对，以保证教学活动的顺利开展。

3．发展助推能力

良好的师幼互动可以助推幼儿不断成长。观摩者可以通过多种感官收集课堂上师幼互动的信息。

(五)观察幼儿的表现

作为教学活动的主体——孩子，他们都是独特的个体，在能力水平、情感气质等方面存在差异。幼儿的实际课堂表现往往是他们生活经验与能力水平的客观反映，因此观摩者需要静下心来读懂幼儿，以此分析、判断幼儿的发展情况。

以往听课过程中，观摩者比较重视观察教师的方方面面，如今已逐渐认识到观察孩子的重要性。这不仅带来了教育观念的转变，而且对课堂效率的提高具有指导意义。在实际听课过程中，观摩者可以运用表情观测法、行为判断法、作品分析法和语言倾听法等方式用心观察孩子的表现。

1．表情观测法

表情观测法，是指通过观察孩子的表情来了解孩子的兴趣、参与欲等。孩子的表情能反映活动的内容是否适合他们，以及教师的引导是否有效等。比如，在之前的中班活动"爱护我的身体"中，观摩者看到孩子们纷纷跟着老师饶有兴趣地讨论，他们的眼神充满欣喜和渴望。从他们愉悦的表情中可以看出，本活动的内容适宜，教师在组织过程中方法得当、引导有方。在教学现场，如果观摩者看到孩子们注意力分散、眼神游离、窃窃私语，不断做出与活动无关的事情，那么这节课的活动效果显然未能达到预期目标。如果出现这样的情况，观摩者接下来就要分析其原因了。

2．行为判断法

课堂观察中要想观察幼儿的表现，还可以采用行为判断法。行为判断法，是指从幼儿的动作中解读、判断他们的发展情况，从而反思活动的设计是否合理。

3．作品分析法

作品分析法，是指通过幼儿的作品来评价他们的学习状态与效果，主要应用在美术活动中。在开展美术活动时，教师运用线条和色彩等元素进行教学，与其他活动相比，师幼之间的对话明显要少，幼儿有很多时间自主作画，而作品就是他们绘画技能和思维水平的载体。因此，观摩活动时观摩者可以通过幼儿现场的表现和对幼儿作品的解读来客观评析幼儿的能力与水平。

4. 语言倾听法

语言倾听法，是指仔细倾听幼儿在活动中的语言，以观察他们的思维水平和心理动态。在教学活动开展过程中，幼儿的语言有的是自发的，有的是为了回应教师的问题。观摩者特别要注意观察幼儿在教师的引导下注意力是否集中，是否对教师的教育策略进行积极回应，是否紧紧围绕教师的问题进行互动。

(六)评估教具

教具，是指以教育人为目的的实物。在幼儿园集体教学活动中，教具是指幼儿园教师用来辅助教学活动开展的实物、图片、幻灯片等。观摩者评估教具能为整体的评价活动提供参考。

1. 判断教师演示教具运用的适宜性

通常，教师演示教具可以分为直观教具与电化教具两种。直观教具，是指实物、挂图、卡片等。电化教具，是指投影仪、录音机、计算机等。每一种教具都有其优势和劣势。直观教具具有成本低、使用方便的特点，但是随着教育技术的不断发展，电化教具在幼儿园集体活动中开始普遍应用。电化教具的使用不仅能增强视觉效果，引发幼儿的直觉思维，还能为活动增添色彩。

观摩者在听课时，要注意观察教师演示的教具是否适合幼儿的认知水平，是否与活动内容及目标紧密相关，是否能助推教学流程的顺利开展，是否能增强活动的趣味性及活动效果等。最关键的是，要看它能否真正为幼儿活动的开展提供支持和帮助。

2. 发现幼儿操作学具设计的合理性

幼儿操作学具不仅能激发幼儿的兴趣，而且能促进他们的发展。观摩者在听课时，要注意观察幼儿操作学具是否与教学任务紧密关联，是否能激发幼儿的探索欲望，是否具有较强的操作性等。

但是，如果教师过多地提供电子教具或者在教具准备上过于强调视觉效果，往往会适得其反。因此在听课过程中，观摩者要特别关注教具的使用情况，尤其要注意以下两种现象。

第一，喧宾夺主。这成语比喻客人占了主人的地位或外来的、次要的事物侵占了原有的、主要的事物的地位。如果教师设计的教具过于花哨、复杂，导致幼儿对其过分关注，那么教具在活动中不仅没有发挥应有的作用，还影响了活动效果。

第二，过分替代。观摩者常常看到，某些教师认为动感强的画面更吸引孩子，于是一味地追求课堂中动态的效果，让 PPT、视频代替图片或者玩偶，使孩子总是处于兴奋、惊奇的状态，这就走向了另一个极端。事实上，静态的图片是培养幼儿观察能力、静心思考的良好途径，因此过分替代也不可取。在集体教学活动中，教师应该合理地利用传统教具与电子教具。当图片、头饰、玩偶等能满足活动的需求时，运用传统教具即可；当传统教具不能解决问题时，如需要特殊的声效和光效，可以运用电子教具。

综上所述，观摩者在以旁观者的角度审视教具的使用情况时，要关注执教教师运用得是否合理、巧妙、灵活，能否把传统的教具和先进的电子教具及各种媒体技术结合起来，发挥它们各自的优势和潜在价值，优化教学活动。事实上，合适的教具就是最好的教具。

第四节　幼儿园健康教育活动听课过程与实例

听课既是教师学习提高的主要方式，又是教学工作的重要组成部分，也是教学研究的有效手段。但是一些教师在听课时存在很多问题。要掌握听课，必须做好以下几方面工作。

一、听课前的准备

在正式进入课堂听课之前，听课者需要做好准备，做到有"备"而来。忽视听课前的准备，必然会在听课过程中遗漏许多重要信息，降低听课者从中获益的可能性，同时也会极大地影响听课效果。

(一)听课准备的作用

1. 提高课堂观察与课后评析的针对性

课堂观察与课后评析质量的高低，不仅与听课者的业务素质和态度直接相关，而且与听课者的课前准备密切相关。经过充分准备，听课者在听课前就能进入角色，听课时有了较为明确的参照物，能够有针对性地思考、比较与学习，从而对课堂教学有更深刻的感受和体会。而且，充分的课前准备还能帮助听课者及时捕捉讲课教师的优点、特点，及时记录讲课教师教学过程中的不足、失误和值得商榷的地方。此外，有了认真细致的课前准备，听课者在课后评析时，因为拥有充实、客观的材料，说理会更加充分、准确，见解也可能更加深刻、精练，从而使自己的发言更具说服力。

2. 推动听课者的学习与成长

做好听课前的准备，听课者就不再仅仅是学习者或评判者，而是兼具"操作者"的角色，试着站在授课者的立场去观察课堂中发生的一切。经过充分的"课前准备"，听课者能够提高自己的教学设计能力，有效地取人之长，避己之短，完善自己。

3. 营造良好的教研氛围

充分的课前准备，能让上课教师和听课教师都事先认真做好业务上的准备。上课者与听课者在课前与课后的交流、讨论，实现彼此的良性互动，真正实现听课的目的，使听课者有备而来，满载而归。

(二)听课准备工作

盲目性是效率的大敌，教师听课前应做好以下准备工作。

1. 做好心理准备

教师听课前的心理准备包括态度与情绪两个方面。态度上，听课者应以学习者的身份听课，做到诚恳、平等、交流，切忌抱着挑剔、检查的态度听课，以免引起授课教师的反感甚至不配合，影响教学活动效果。情绪上，听课是一项艰苦的劳动，它要求听课者不仅

教师教育系列教材
JIAOSHI JIAOYU XILIE JIAOCAI

清华大学出版社

文泉云盘
防盗码

官方微信号

ISBN 978-7-302-70126-2

9 787302 701262 >

定价：49.80元